# 生成AI活用の最前線

## 世界の企業はどのようにしてビジネスで成果を出しているのか

著　バーナード・マー
訳　株式会社クニエ　デジタルトランスフォーメーション担当
NTTデータ・コンサルティング・イニシアティブ

東洋経済新報社

# 日本語版まえがき

2022年にチャット（Chat）GPTが登場して以来、生成AIは加速度的に進化し続け、今や私たちの社会や経済に大きな影響を与える存在となりました。

日本企業においても、生成AIのビジネス活用に対する期待が高まっています。総務省の令和6年の情報通信白書によると、生成AI活用により「業務効率化や人員不足の解消につながる」と考える企業は約75%、「ビジネスの拡大や新たな顧客獲得につながる」と考える企業は約65%と、多くの企業が生成AIのビジネス活用に対して大きな期待を抱いていることがわかります。しかし、生成AIの活用方針や適用領域を定めている企業は42・7%にとどまり、米国の78・7%、ドイツの80・1%、そして中国の95・1%という割合と比較して大きな差があります。

「生成AIのビジネス活用に期待はあるが、具体的な活用方針や適用領域はこれから決めていかなければならない」。読者の皆様の中でも、このような状況に直面されている方は多いのではないでしょうか。

書店に行けば、生成AIに関連する沢山の書籍を見つけることができますが、会議の議事録作成や資料作成等オフィス業務の一部タスクへの適用の事例か、または各業界・業種で「可能性のある」活用方法について書かれた内容が多いように思います。

さらに、ＡＩエージェントによる幅広い業務において「可能性のある」活用方法についても注目が集まっています。

生成ＡＩによってビジネス成果を得るためには、生成ＡＩを、単独ツールとして利用するオフィス業務のみならず、デジタル変革を推進する技術の一つと捉え、企業の価値創造活動に適用していくことが重要であると考えています。

私たちは、コンサルタントとしてお客様のデジタル変革を支援しています。お客様の生成ＡＩの活用方針や適用領域の検討、そして成果につながる導入を推進するためには、実績のある先進事例を紐解き、お客様の真の課題を把握したうえで施策を立案し、実行していくことが必要と考えています。この考えのもと、数多くの事例を調査・分析し、その知見を活かしたコンサルティングサービスを提供しています。

その中で、生成ＡＩ活用におけるグローバルの先進事例を包括的な視点で分析した『Generative AI in Practice』に出会いました。原著者の視点と豊富な事例を、日本企業の実情に即した補足説明と共に紹介することで、日本企業の生成ＡＩ活用の促進に寄与できると考え、今回、日本語版を出版する運びとなりました。

著者のバーナード・マー氏は、ビジネスでのテクノロジーの戦略的活用において世界的に著名な思想的リーダーで、ソーシャルメディア等で総計400万人のフォロワーを持ち、LinkedInによって世界のトップ5のビジネスインフルエンサーに選ばれています。世界中のベストプラクティスの調査・研究から洞察を得るアプローチを展開し、生成ＡＩの先進事例に精通した第一人者とも言えます。テクノロジーのビジネスへの適用や、今後求められる人材とスキルといった分野で20冊以上の著作があり、ＡＩ分野においては『世界のトップ企業50はＡＩをどのように活用しているか？』（原題：『Artificial Intelligence in Practice: How 50 Successful Companies Used AI and Machine Learning to Solve Problems』（2019））を出版しています。

原著は、生成ＡＩの概要と見解（第1部）、多様な業界における先進事例の紹介（第2部）、導入にあたっての実践的なアドバイスと生成ＡＩの未来（第3部）の3つのパートで構成されています。

第1部（第1－5章）では、生成ＡＩの概要と著者の生成ＡＩに対する考え方が書かれています。マー氏は、生成ＡＩを活用して成果を得るためには、完全な自動化を目指すのではなく、人間と生成ＡＩがそれぞれの得意領域を分担し、協力することが必要と説いています。生成ＡＩは、社内プロセスの効率化にとどまらず、新しいサービスの創出や既存の製品・サービスの強化、そして製品・サービスのパーソナライズの実現に貢献すると述べています。さらに、新しいビジネスモデルの創出にも寄与し、人間と生成ＡＩが協業した価値創造について、実例を挙げて説明しています。

日常生活においても、例えば生成ＡＩによる情報検索の方法、オンラインエージェントによる調理方法や旅行の楽しみ方の提案、カスタマイズされたＡＩパートナーとの会話等、消費者に新たな体験を提供している事例が数多く紹介されています。

マー氏は、生成ＡＩと親和性の高いタスクが多い業務の代表例として、顧客対応サービスを取り上げ、その理由を生成ＡＩができることの特徴を踏まえて説明することで、第２部の事例から洞察を得るヒントを提示しています。

・問い合わせ対応や一般的な問題の解決、情報提供といった、ＡＩの得意とする定型的で反復的なタスクが多い。
・同時に多数の問い合わせを処理できるため、一時的に需要が増加した場合にもオペレーターを増やすことなく、迅速かつ柔軟に顧客対応できる。
・リアルタイムで膨大なデータを統合し、顧客の購入履歴や好み、過去の問い合わせ状況に基づき、パーソナライズされたサービスを提供できる。
・初期投資はかかるが、人間を雇用、訓練、維持するよりも長期的にはコスト効率がよい。
・24時間週７日、顧客の要望に対応することが可能。

このように顧客対応サービスには、生成ＡＩが得意とする多くのタスクがあります。しかし私たちが理解すべきなのは、これらを生成ＡＩに置き換えることだけを考えるのではなく、複雑な問題やデリケートなトピック、共感や判断を必要とする顧客対応等、人間の方がうまく対処できるタスクと生成ＡＩを組み合わせることである、とマー氏は述べています。顧客サービス担当者の役割は変化し、かつて多くの担当者が実施していた業務を、少数の担当者が生成ＡＩと共に働き、より顧客満足度の高いサービスを提供するのです。

この主張は、深い業界・業務ノウハウと生成ＡＩを組み合わせて価値を創出する能力・知恵（ウィズダム）が競争優位の源泉になるという私たちの考えに通じるものです。このウィズダムは、タスク間で価値のシフトを引き起こします。つまり、固有のノウハウと生成ＡＩを組み合わせることで価値を創出できる人間に、パワーがシフトしていくのです。

第１部は、生成ＡＩの先進事例に基づいた多くの可能性に加え、発生し得るリスクとその対処方法が述べられており、生成ＡＩ活用の全体像をバランスよく理解できる内容になっています。

第２部（第６－17章）では、様々な業界における生成ＡＩをコアとしたＡＩの革新的な活用事例を紹介しています。

メディア・広告分野では、ＡＩが新たなコンテンツ制作の手法を提供し、小売業では、バーチャル試着やＡＩショッピングアシスタントによる新たな購買体験が提供されています。教育分野では、個別化された学習プログラムが開発され、医療分野では、患者は自身に最適化された診療や健康アドバイスが受けられるようになった事例を紹介しています。多くの事例では、企業活動に組み込まれ、実際にビジネス成果を上げています。

各章で取り上げられている事例は、以下のように大別できます。

オフィスワークの効率化事例
・13章：ＡＩ支援による法律文書作成
・17章：データ分析支援
顧客接点業務の効率化事例
・8章：顧客エンゲージメントの再構築
・15章：バーチャルアシスタント
バリューチェーンの改革事例
・6章：メディア・エンターテインメント
・12章：ビデオゲームの開発テスト
・14章：生成ＡＩによるデザイン設計、生成ＡＩによる新薬開発
・15章：金融機関の業務改革
・16章：生成ＡＩによるコーディング
新サービス創出の事例
・7章：広告とマーケティング

・9章：バーチャル試着、ＡＩショッピングアシスタント
・10章：パーソナライズ化された学習
・11章：パーソナライズ化された医療アドバイス

これらの事例から、より多くの生成ＡＩ活用のヒントを得るため、次のような観点で読んでいただくことをお勧めします。

・どのようなビジネス課題を解決しようとしたか
・そのためにどのような特徴を持ったタスクを生成ＡＩに代替させているか
・人間との役割分担はどうなっているか。それぞれどのような強みを出して価値を創出しているか
・他のデジタル技術とどのように組み合わせているか

生成ＡＩにタスクを代替させることを考える場合、効率性や価値創出だけを追求するのではなく、信頼性の考慮も不可欠です。そのため、どのデータをどのように活用し、生成ＡＩが組み込まれたプロセスにどのように人間が介在できるかも重要な観点となります。

第3部（第18－19章）では、生成ＡＩ導入における成功要因と、生成ＡＩの進化の未来につ

いて述べています。

マー氏は、生成ＡＩ導入を成功させるための組織文化として

「どのようにすれば顧客により良いサービスを提供できるか？」

「どのようにして顧客にさらなる価値を創出できるか？」

「どのようにして世界により多くの価値を生み出すことができるか？」

「それを実現するために、どのようなテクノロジーを活用できるか？」


といった問いを絶えず投げかけ、文化を醸成することが不可欠であると説いています。

今後、テクノロジーを活用してイノベーションと生産性を高める企業（個人）と、遅れをとる企業（個人）との差はさらに大きくなるでしょう。そして両者を決定づける次のようなマインドセットを挙げています。

1. 新しいことを試すために既知のものを捨てる意思を持つ適応力
2. 「どうすればもっと良くできるか？」を問い、「私は知っているわけではないが、学ぶ意思がある」という好奇心と謙虚さ
3. スキルや知識を常にアップデートし続ける継続的な学習への取り組み
4. 人間とマシンの最適な役割分担を絶えず追求する協働の意欲

5．新技術がもたらす倫理的な課題への配慮
6．マシンが出す答えに盲目的に従うのではなく、批判的に考えること

これらは、私たちがデジタル変革を成功に導く人材の特徴として、これまでのお客様支援の中で見出してきた要素と多くの共通点があります。（山口重樹『デジタル変革と学習する組織』２０２１年、ダイヤモンド社、https://www.diamond.co.jp/book/9784478114766.html 参照）

さらにマー氏は、生成ＡＩを活用できる人材の確保について興味深い見解を示しています。急激に変化する時代においては、スキルよりも企業への文化的適合性やその人材のもつ潜在能力を重視すべきである、という主張です。スキルは後から強化することができますが、文化的なミスマッチの克服は容易ではありません。従って、外部からの採用人材に頼るのではなく、自社の人材を育成することに注力すべきであると述べています。

またＩＴの観点では、データ戦略の重要性を訴えています。生成ＡＩは、データから学習し、データからパターンを形成するため、組織内外のデータ整備と精度向上の取り組みが不可欠です。生成ＡＩが即時的に処理を実行し、処理完了と同時に価値が創出されるよう、リアルタイムデータの整備と活用の重要性を述べています。

生成ＡＩの進化の未来については、マルチモーダルかつリアルタイムの進化について取り上

げています。特に、ロボットと生成ＡＩを組み合わせることにより、これまで生成ＡＩの影響を受けにくかった建設現場等のフィールド業務への展開の可能性を示唆しています。さらに、脳から生成ＡＩに直接接続するBrain Computer Interface（ＢＣＩ）の研究開発など、生成ＡＩとのやり取りがより直感的かつ即時的に進化することにも言及しています。

最後にマー氏は、生成ＡＩを正しい目的のために使用することを担保するとともに、人類が直面する最も差し迫った課題解決に活用すべきだと提言しています。

生成ＡＩを効果的に活用するためには、生成ＡＩの原理を理解し、その特長と限界を把握することが必要です。

生成ＡＩが嘘をついたり（ハルシネーション）、偏向した内容を回答したりすることはよく知られています。なぜそのようなことが起きるのかを理解するためには、生成ＡＩがどのように回答を作り出しているのかを理解しておかなければなりません。この原理については、補足説明１（生成ＡＩの原理）として、ＮＴＴデータ数理システムの田辺隆人が、生成ＡＩを使った実験結果を示しながら解説します。

また、生成ＡＩを組織に導入しビジネス成果を得るためには、様々な取り組みが求められます。生成ＡＩを単独のツールとして活用するのではなく、他のデジタル技術と組み合わせ、デジタル変革を推進する要素と位置づけ、企業の価値創造活動の中に深く組み込むことが重要であることは述べてきたところです。そのためには、

①経営戦略実現のためにどのように生成ＡＩを活用するか（生成ＡＩ活用方針）
②経営課題を解決するためにどの場面でどのように生成ＡＩを活用するか（ユースケース）
③生成ＡＩ活用の信頼性を担保するため、データ整備や既存システムとの連携をどのように実現するか（ＩＴシステム）
④生成ＡＩで成果を得るためにどのような人材が求められ、どのような組織変革が必要なのか（体制・人材）
⑤生成ＡＩのリスクを抑制しつつ、生成ＡＩの価値を最大化するためにどのような仕組みが必要か（ガバナンス）

といった観点での施策が必要です。これらは補足説明2として、クニエの里泰志、雨谷幸郎が、実際のお客様プロジェクトで得た知見に基づき、施策の要諦を解説します。

私は、デジタル技術は、時間をかけながら社会を大きく変えると考えています。

生成ＡＩについても、企業での一部の利用から始まったとしても、バリューチェーンの各要素に相互に影響を与えながら、着実にバリューチェーン全体を変えていくでしょう。その動きは、市場活動を通じて経済全体に波及し、さらに顧客や社会への価値提供を通じて、消費者の生活や価値観も変えていきます。

デジタル技術、特にＡＩは、経済における価値の源泉の変化を引き起こし、それが社会の中でパワーシフトを引き起こし、さらには私たちの価値観をも変えていきます。インターネットは社会を大きく変え、今では誰にとっても不可欠な存在です。もはや私たちはインターネット以前の社会を想像することすら困難です。今後生成ＡＩはさらに発展し、新たなデジタル技術も次々と登場してくるでしょう。それらが組み合わさりながら、社会実装され、普及し、変化を加速させていくでしょう。

私たちは、その変化を多様な要素の連携から成る広義のシステムと捉え、要素間の相互作用を紐解き、将来の姿を描きながら、ルールや制度も含めたより良い社会実装の在り方を検討していかなければなりません。将来に対するフォーサイトの視点を持ち、日々のプロジェクトを通じて、お客様と共に新たな価値を創出し、社会全体のイノベーションを推進していきたいと思います。

本書が、日本のデジタル変革の推進に少しでも貢献することができれば幸いです。

株式会社クニエ　代表取締役社長
株式会社ＮＴＴデータ経営研究所　代表取締役社長
株式会社ＮＴＴデータグループ　顧問
山口 重樹

# 目次

## 第2章　生成ＡＩの進化の軌跡を辿る　68

## 第5章　生成ＡＩが職業に与える影響　134

# 第2部 生成AIの活用

## 第6章 メディアとエンターテインメントの新時代 158

## 第8章　インテリジェントシステムを通じた顧客エンゲージメントの再構築　199

## 第11章 医療の変革――パーソナライズされたアドバイスから業務改善まで 246

## 第13章　法律分野におけるＡＩ活用――ＡＩによる文書作成とレビューの支援



## 第14章　未来を創る――デザインと開発におけるＡＩの活用

# 第3部　生成ＡＩとの前進

# 著者について

著者バーナード・マーは、ビジネスおよびテクノロジー分野における世界的に著名な未来学者、インフルエンサー、そして思想的リーダーであり、人類のためにテクノロジーを活用することに情熱を注いでいる。彼は多くの受賞歴があり、国際的なベストセラー作家として20冊以上の著書を執筆している。『フォーブス（Forbes）』誌で定期的にコラムを執筆するほか、世界的に知られる多くの組織に助言を行っている。

著者は、ソーシャルメディアチャンネルやニュースレターを通じて総計400万人のフォロワーを持ち、リンクトイン（LinkedIn）によって世界のトップ5のビジネスインフルエンサーに選ばれた。彼は、組織やその経営チームが将来のトレンドに備え、成功するための戦略を構築するためのアドバイザーとしても活躍。これまでに助言や協力を行った著名な組織には、アマゾン（Amazon）、マイクロソフト（Microsoft）、グーグル（Google）、デル（Dell）、アイ・ビー・エム（IBM）、ウォルマート（Walmart）、シェル（Shell）、シスコ（Cisco）、HSBC（香港上海銀行）、トヨタ自動車（Toyota）、ノキア（Nokia）、ボーダフォン（Vodafone）、ティーモバイル（T-Mobile）、NHS（ナショナル・ヘルス・サービス）、ウォルグリーン・ブーツ・アライアンス（Walgreens Boots Alliance）、内務省、国防省、NATO（北大西洋条約機構）、国連などがある。

リンクトイン、X（エックス）（@bernardmarr）、フェイスブック（Facebook）、インスタグラム（Instagram）、ユーチューブ（YouTube）にて、著者とつながり、継続的な対話に参加できる。また、著者のポッドキャストを購読したり、www.bernardmarr.comにアクセスして、無料の記事、ホワイトペーパー、電子書籍を参照することも可能である。

著者に助言業務、講演依頼、またはインフルエンサーサービスについて問い合わせをする場合は、以下のアドレスで連絡が可能である。

hello@bernardmarr.com

# 序章

Introduction

生成ＡＩは、突如として出現したように感じられるかもしれない。もしかすると、生成ＡＩは他人事であり、自分には関係ないと思って日々を過ごしていたかもしれない。ところが、突然、「チャット（Chat）ＧＰＴ」という新しいテクノロジーが人々の話題にのぼり、それがすべての仕事を奪うかのように騒がれ始めている。

ご存知の通り、チャットＧＰＴのような生成ＡＩツールに対する注目、盛り上がりは相当なものだ。本書を手に取った理由も、そんなことよりも生成ＡＩが一体何なのかを理解したいからだろう。果たして生成ＡＩは世間が注目、大騒ぎをするほどのものなのか？　あなたの今の仕事にどのような影響を及ぼすのか？　あなたの会社や組織はこのテクノロジーを活用すべきなのか？

最初の質問に対する答えは、確かに、生成ＡＩは世間が注目し、大騒ぎをするに値する価値があるということだ。著者は、生成ＡＩは人類がこれまでに手にした中でも最も強力で革新的なテクノロジーの１つだと考えている。それは、インターネットの出現と並ぶほどのものである。これは本当のことだ。残りの質問や疑問については本書を通じて詳しく説明していくが、結論としては、生成ＡＩがあなたの仕事を奪うことは、おそらくないだろう。しかし、仕事のやり方が変わることはほぼ確実だ。そう、あなたの会社や組織はこの変革的なテクノロジーを活用することが絶対に必要となる。それこそが、本書を執筆した理由である。

## 生成ＡＩの驚異的なインパクト

生成ＡＩが極めて革新的なテクノロジーだと確信しているのは著者だけではない。ハーバード大学が主導したある研究では、生成ＡＩツールの使用により、ボストン・コンサルティング・グループの社員の生産性が40％向上したことを明らかにしている。(1) 本書では、生成ＡＩを活用して、仕事をより容易にし、単純作業の負担を軽減することで従業員や顧客の満足度を向上させた組織の例を数多く紹介していく。

ブルームバーグによれば、２０２２年に約４００億ポンドだった生成ＡＩ市場は２０３２年までに驚異的な１・３兆ドルと爆発的に成長するとのことだ。(2) さらに、マッキンゼーの調査によれば、生成ＡＩは毎年最大で４・４兆ドルもの価値を世界経済にもたらし、労働者の時間を最大70％節減できる可能性があるという。マッキンゼーが、生成ＡＩを「次なる生産性フロンティア」と称していることは何ら不思議ではない(3)。

これらは経済的なインパクトについての話だが、私たちの日常生活やビジネスのあり方についてはどうだろうか？　これもまた、生成ＡＩによって根本的に変わるだろう。第3章ではビジネスや社会へのインパクトについて詳しく述べるが、ここで少し触れておくと、生成ＡＩは、私たちの働き方、買い物の仕方、コンテンツの利用方法、医療のあり方、学習方法、さらにはビデオゲームの楽しみ方や、場合によってはデートの仕方までさえも変える可能性がある。

アマゾン・ウェブ・サービス（Amazon Web Services：ＡＷＳ）のＣＥＯであるアダム・セリプスキーは、次のように明言している。「生成ＡＩは、企業内のすべてのアプリケーション、それに消費者が関係するアプリケーションのほぼすべてを変革するだろう。われわれはこの非常に大きな技術革新のまだ始まりを経験しているに過ぎない(4)」。私も全く同感である。

経済効果が4・4兆ドル？　ＡＩチャットボットがどのようにしてそんなに大きな価値を生み出すのか？　そう思う読者もいるだろう。

## チャットボットを凌駕する生成ＡＩ

第1章で生成ＡＩの詳細な定義については言及するが、今のところは、生成ＡＩはテキストを含む（しかしそれに限定されない）コンテンツをコンピュータが生成できるようにする人工知能であるということだけを知っておけば十分である。このテクノロジーを活用することで、より直感的で、応答性の高いチャットボットの開発ができ、複雑な質問に答え、文脈と内容を理解できる高度な言語能力を持つチャットボットができる。

チャットGPTは、オープン（Open）AI社によって開発され、無料で一般に公開されているAIチャットボットである。おそらくこれまでで最も高度なAIチャットボットであり、ほぼすべての質問に回答することができる。非常に優秀であり、生成AIの実例としては素晴らしい。しかし、生成AIはチャットGPTの他にも、チャットボットを超えたもっと広範な能力を秘めている。

本書は、生成AIツールが実行できる膨大なタスクに焦点を当てている。たとえば、ビデオゲームのデザインから医療画像の解析までそのタスクは多岐にわたる。確かに、生成AIは、対話することのできる能力や質問に答える能力をコンピュータに与えるが、それだけではなく、さらに多くのことが可能である。

著者は「生成AI」という言葉をタイプするたびに、魔法のランプから登場する「ジーニー（魔人）」を思い浮かべる。なぜなら、生成AIを使うことは、自分専用のジーニーがいるように、仕事の負担を軽減し、より多くの作業をこなせることで全般的に生活を楽にしてくれるからだ（無限に願いを叶えてくれればいいのだが……）。

とはいえ、本書で論ずるように、生成AIを最大限に活用するには、人間の専門知識と機械の知性とのバランスが必要である。完全な自動化を目指すのではなく、人間が生成ＡＩと協力して、より良い結果を出すことである。最終的には、生成ＡＩはただのツール、道具に過ぎない。驚異的なツールではあるが、それでもツールにしか過ぎない。生成ＡＩをどのように使うかは私たち次第である。

このことを念頭に、著者としては生成ＡＩが単なる生産性向上のためのツールとしてではなく、世の中に貢献する原動力として活用されることを願っている。たとえば、第11章では、生成ＡＩを活用することによって医療サービスが世界中の多くの人々に行き渡るようにするための方法を紹介する。そして第14章では、生成ＡＩが命を救う新薬の発見や創薬技術のプロセスを加速させている様子を紹介する。確かに、生成ＡＩは、選挙結果に影響を及ぼす偽のコンテンツを生成したり、犯罪者によって悪用されたりする可能性もある。しかし、生成ＡＩには人類が直面する最大の課題の多くを解決する力がある。

## 本書から学べること

本書は、さまざまな分野における生成ＡＩの実践的なアプリケーション、応用に焦点を当てている。つまり、企業や組織がどのようにこのテクノロジーを活用しているかを探りつつ、読者が自らの組織に適した潜在的な活用事例を見つけ出す手助けをするためだ。第１部では、その導入として、この強力で革新的なテクノロジーの概要、その動作原理、世界やビジネスのあり方をどう変えるか、そして個々人の仕事に与える影響についてみていく。また、生成ＡＩに関連するリスクや課題についても正直に向き合い、解説する。

第２部では、企業や組織の生成ＡＩの導入事例と、そこから得られる教訓を紹介する。続く第３部では、生成ＡＩを企業や組織に導入する際に重要となる成功要因について解説し、さらに生成ＡＩの将来予測についても紹介する。

第１部に入る前に、生成ＡＩのテクノロジーが急速に進化していることに留意しておいてほしい。このテクノロジーは常に改善され、進化し続けている。実際、本書を執筆することが難しかった理由の１つは、テクノロジーの進歩が非常に早いことであった。驚くべきことに、毎週のように生成ＡＩの新しい活用事例や生成ＡＩツールのアップデートがあった。たとえば、第１部を書き終えた頃には、オープンＡＩ社がチャットＧＰＴの新しいバージョンを発表しており、記述質問に回答することができるだけでなく、音声や画像を理解し、人工音声で応答、回答することもできるようになっていた。読者のみなさんが本書を手に取られている頃には、新しいツールや実例がさらに登場し、引き続き驚きと喜びをもたらしてくれているに違いない。まさにエキサイティングな時代だと言える。

# 第1部

# ＡＩ革命の幕開け

*Part 1*
*Setting The Scene*
*For An AI Revolution*

序章で述べた通り、生成ＡＩは人類がこれまでに手にした中で最も強力なテクノロジーである。しかし、生成ＡＩとは一体何なのか、そしてどのように機能するのか。われわれはどうやってこの地点に到達したのか。そして、広い視野で見て、生成ＡＩはどのように世界を変えるのだろうか。

第1部では、これらの問いにすべて答えていく。生成ＡＩの定義とその仕組みを説明しながら、これまでの進化を探り、生成ＡＩに関連するリスクを概説することで生成ＡＩがどのように世界を変えていくのかを大局的に考察する。特に人間の仕事にどのような影響を与えるのかについても触れる。これにより、さまざまな業界や産業における生成ＡＩの活用事例の詳細を解明する第2部の前提、背景が整うこととなる。

# 第1章 生成ＡＩの解明——新たなフロンティア

Unveiling Generative AI: A New Frontier

生成ＡＩとは何か。どのように機能するのか。そして、このテクノロジーはどれほどの能力を持っているのか。本章では、生成ＡＩの内部を深く探りながら、その仕組みを解明し、何が起こっているのかを詳しく検証する。

本章を通じて、生成ＡＩが持つ多くの可能性について、読者のみなさんに感銘を与えたいと考えているが、同時に生成ＡＩが単にチャットＧＰＴだけの話ではないという点も強調したい。確かに、チャットＧＰＴは生成ＡＩの代表的な例であり、その多くのメディアの注目を浴びているが、生成ＡＩはチャットＧＰＴだけではない。本章を読み進める中で、その詳細が明らかになるであろう。

## 生成AIとは何か？

まず、人工知能（ＡＩ）を広い意味で定義することから始めよう。ＡＩという用語は、学習、意思決定、問題解決といった人間の認知プロセスを効果的にシミュレーションできるコンピュータアルゴリズムを指す。

生成ＡＩは、ＡＩの中でも最先端を行く画期的な分野であり、既存のデータから学んだパターンや構造に基づいて新しいコンテンツを生成する能力を持つ。通常のＡＩと同様に、生成ＡＩツールは膨大な量のデータ（「学習データ」と呼ばれる）を与えられ、そこから学習を行う。学習データから得たパターンやルールを用いて、学習データに類似してはいるが、全く同じではない新しいコンテンツを作り出すことができる。

### ◆生成ＡＩの簡単な例

いくつか例を挙げるならば、ダリツー（DALL-E 2）は良い例である。ダリツーは、テキストから画像を生成するプラットフォームであり、誰でも作品を作成することができる。また、チャットＧＰＴもその一例であり、会話形式のテキスト入力に基づいて文章を生成することができる言語モデルである（生成ＡＩツールの詳細なリストは付録に記載）。これらのシステムは膨大な訓練用データセットから学習している。たとえばチャットGPTは、ウェブページ、記事、書籍など、インターネット上にある膨大な量のテキストをベースに訓練されている。テキストや画像の生成は、生成AIのこれまでの最もよく知られた用途であるが、このテクノロジーはそれだけにとどまらない。

生成AIを用いれば、製品デザイン、コンピュータコード、音楽、映像、音声、さらには全体的な仮想世界まで生成することが可能である。本章の後半で生成AIのさらなる能力について詳述するが、ここではその一端を紹介するために、リアルタイムで描かれる独自のビデオゲームの世界を創り出すことができること、あなただけのために書かれた本を手に入れること、あるいは好きな有名人が今日のニュースを読み上げてくれることを想像してほしい。その可能性は実に驚異的である。

現在の段階でも、生成AIの能力は非常に印象的、驚異的ではあるが、将来的には人間が作り出せるほぼすべてのものを生成できるようになるであろう。これにより、誰もが作家、音楽家、プログラマー、映画制作者、その他のクリエイターになることが可能になるのである。

## ◆生成AIが従来型AIと異なる点

AIは、われわれの日常生活の一部となりつつある。スマートフォンの検索結果や、アレクサ（Alexa）との会話、ネットフリックス（Netflix）の映画の推薦などがその例である。では、生成AIはこれらの「従来型」AIツールとどう異なるのか。（「従来型」AIと呼ぶのは少々奇妙に聞こえるかもしれない。日常生活で慣れ親しんだＡＩと、新たな進化形である生成ＡＩシステムを区別するために、本書ではその表現を用いる。技術的には、「従来型」ＡＩを「識別型」ＡＩと呼ぶことがある。）

従来型ＡＩシステムも大量のデータから学習するが、生成する結果は異なる。従来型ＡＩは、既存のデータに基づいて予測を行い、その予測をもとに、われわれが仕事や日常生活においてより良い意思決定をするために役立つ。たとえば、スポティファイ（Spotify）で新しい音楽を聴いたり、アマゾンで商品をリコメンドされたり、どの顧客が特定の商品を購入する可能性が高いかを特定することなどだ。

一方、生成ＡＩはさらに一歩進んで、既存のデータに基づいて新しいコンテンツを作り出す。つまり、生成ＡＩは意思決定や問題解決といった人間の認知プロセスをシミュレーションするだけでなく、人間の創造性をシミュレーションするのである。この違いをさらに説明するために、コンピュータでチェスをしている状況を想像してほしい。

コンピュータはチェスのルールをすべて知っていて、あなたの手を予測し、自分の手を打つ。コンピュータは新しいチェスの手を発明しているわけではなく、既存の戦略に基づいて最適な手を選んでいるだけである。これが従来型ＡＩであり、ルールに従った賢い意思決定を行う優れた戦略家のようなものだ。そして、それを非常に上手にこなす。しかし、生成ＡＩはどうかと言えば、理論的には、まだ発明されていない新しいチェスの戦術を考案することもできるかもしれない。従来型ＡＩはパターン認識に優れているが、生成ＡＩはパターン創造に優れているということだ。これは非常に興味深いことである。

とはいえ、生成ＡＩと従来型ＡＩは相互に排他的なものではなく、両者を組み合わせることで、さらに強力なソリューションを提供することができる。たとえば、従来型のＡＩが企業のウェブサイト上のユーザー行動を分析し、その分析結果をもとに生成ＡＩがユーザー向けのパーソナライズされたコンテンツを作成するといった使い方が可能である。

## 生成ＡＩはどのような仕組みなのか？

たとえるなら、多くの絵を見て絵を描くことを学ぶようなものだ。たくさんの絵を見た後、自分で新しいものを描こうとする。生成ＡＩも同様で、膨大なデータ（テキスト、画像、その他）を「見て」、そのデータ内のパターンを学習し、そのパターンに合った新しいものを作り出そうとする。簡単に言えば、生成ＡＩは多くの既存の作品を研究した後に、それらを基に自分の作品を作り出そうとするアーティストや作家のようなものだ。このプロセスは、データから学習し、パターンを識別するために、私たちの脳の働きを模倣した複雑なアルゴリズムによって支えられているのである。以上が非常に単純化した説明である。ここからは、少々、技術的な説明に入ろう。

## ◆機械学習とニューラルネットワーク

生成ＡＩの進化については第2章で詳しく述べるが、まず簡単な説明をしておこう。生成ＡＩは「機械学習」と呼ばれるＡＩの研究と実践から発展してきたものであり、実際、現在のすべてのＡＩは機械学習に基づいている。従来のコンピュータアルゴリズムは、人間が機械に作業をどのように行うかを正確に指示するものであるが、機械学習アルゴリズムはデータから学習し、その学びに基づいて自ら意思決定を行うことができる。与えられるデータが多ければ多いほど、このプロセスの精度は向上する。

もう1つ重要な用語が「ニューラルネットワーク」であり、これが生成ＡＩの基盤技術だ。ニューラルネットワークは、人間の脳の働きに触発された高度な機械学習モデルである。単純な機械学習モデルはプロセスの過程で多少の人間の介入が必要であるが、ニューラルネットワークは自ら学習しながら意思決定を行う能力を持っており、さらには自身の誤りから学ぶこともできる。これは、人間が試行錯誤を通じて学習するのと似たものである。ニューラルネットワークの仕組みは以下の通りである。

・訓練：ニューラルネットワークは「訓練」と呼ばれるプロセスで、大量のデータ（テキストや画像など）を与えられることにより、そのデータ内のパターンや関係性を識別できるように訓練される。

・学習：ニューラルネットワークがより膨大なデータに触れることで、データを構成する基本的なルールを理解し、パターンを識別する能力が向上していく。

・推論：学習済みのニューラルネットワークに新しいデータを入力すると、学習で得た知識を基に、入力データのパターンを識別する。

・層：ニューラルネットワークは複数の層によって構成されており、それぞれの層が異なる種類のパターンを識別する役割を持つ。初期の層は単純なパターンを識別し、より深い層に進むにつれて、より複雑なパターンを識別するようになる。

・生成モデル：生成ＡＩは「生成モデル」と呼ばれる特定のタイプのニューラルネットワークを使用することが多い。生成モデルはパターンを認識するだけでなく、学習データに似た新しいデータを生成することもできるが、それは学習データと完全に同じではない。

・インプットとアウトプット：生成モデルが学習すると、部分的な画像やテキストプロンプトなどの入力を与えることで、推論に基づいて画像やテキストを生成する。

・ランダム性：生成ＡＩは生成プロセスに一定のランダム性を導入するため、同じ入力を繰り返し与えても、毎回少し異なるアウトプットを生成することができる。

### ◆生成モデルの例

先ほど、生成ＡＩが新しいコンテンツを作り出すために使用するニューラルネットワークである生成モデルについて解説した。ここでは、生成ＡＩアプリケーションで使用されるいくつかの生成モデルの例を挙げる。

・大規模言語モデル（ＬＬＭ）：このモデルは大量のテキストを取り込むことで、ＬＬＭは単語間の意味的関係を学び、そのデータをもとに文章を生成する。ＬＬＭの一例として、オープンＡＩ社が開発したＧＰＴ－４があり、これがチャットＧＰＴツールを支えている。

・敵対的生成ネットワーク（ＧＡＮｓ）：このモデルは、２つの競合するアルゴリズムを対抗させることで機能する。１つは訓練データに似たデータを生成する役割を担い、もう１つはその生成されたデータが実際のデータか生成されたデータかを見分ける役割を果たす。このタイプのモデルは、画像や音声、さらにはビデオ（ディープフェイクを含む）を生成する際に使われることが多い。

変分オートエンコーダー：このモデルはデータがどのように構成されているかを学習するものであり、合成データの生成によく使用される。

・拡散モデル：このモデルは、学習対象のデータにランダムなデータ（「ノイズ」として知られる）を加え、それを除去しつつ元のデータを保持する方法を学習する。これにより、モデルは学習データの重要な情報と不要な情報を見分けることができる。拡散モデルは特に画像生成でよく使われる。

・基盤モデル：このモデルは、膨大なスケールで幅広いデータに対して事前に訓練を実施し、その後特定のタスクに合わせて微調整されるモデルを指す包括的な用語である。これらはＬＬＭや他の生成ＡＩツールの基盤となる、大規模で汎用的なモデルである。

異なるモデルがそれぞれ異なるタスクを行う能力を持っているため、生成ＡＩには非常に幅広い応用分野があることが明らかである。

## 生成AIは何ができるのか?

第2部では、生成ＡＩが実際にどのように活用されているかを多くの実例を交えながら詳しく見ていく。ここで強調したいのは、生成ＡＩがあらゆる種類のコンテンツを作成できるという点である。

### ◆生成AIはチャットGPTだけにとどまらない

チャットＧＰＴは大きな注目を集めている。それもそのはずで、テキスト生成は生成ＡＩの主要な応用分野であり、チャットＧＰＴはその代表的なツールである。おそらくそのために、「チャットＧＰＴ」と「生成ＡＩ」がほぼ同義語のように扱われることがある。しかし、生成ＡＩの能力はテキスト作成にとどまらない。たとえば、コカ・コーラの「マスターピース（名作)」をテーマとした広告を見てほしい。この広告は人間のアーティストと生成ＡＩの協力によって、歴史上最も偉大な芸術作品を画面上に生き生きと再現するという、これまでにない手法で作られたものである。また、生成ＡＩはビートルズの新しい楽曲を作り出すためにも使われている。部分的に録音されたジョン・レノンの歌詞を再構築し、ポール・マッカートニーの新たな素材と組み合わせることで新曲が誕生した。しかし生成ＡＩは、クリエイティブなコンテンツにとどまらず、新薬の発見を加速するためにも使われている。イギリスのある企業は、世界初のＡＩ生成による免疫療法を使ったがん治療法を開発したと最近発表している。

さらに「ジェネレーティブデザイン」という新たな分野も存在する。これは生成ＡＩを用いて新製品のデザインや製造プロセスを創出するものだ。たとえば、ゼネラル・モーターズ社はオートデスク社が開発した生成ツールを使用して、新しいシートベルトのブラケットを設計した。このブラケットは既存の部品に比べて40％軽く、20％強度が増している。

生成ＡＩを語る上で避けて通れないのが「ディープフェイク」である。ディープフェイクは現実とフィクションの境界を曖昧にし、本物の人間が虚偽のことを言ったり、行ったりしたかのように見せかける。生成ＡＩはこのディープフェイクの技術を支えるものであり、今後さらに現実に近いフェイクコンテンツを作成する能力が向上していくだろう。初期の有名な例として、ディープフェイクのトム・クルーズが挙げられる（見たことがないなら、ぜひ調べてみてほしい。その驚異的なリアリズムには驚かされるだろう）。さらに悪質な例としては、２０２４年のアメリカ大統領選挙において、両陣営の候補者の信用を失墜させるために作られたディープフェイク映像もある。

偽情報の拡散が悪質であるだけでなく、生成ＡＩは犯罪に利用されるケースも増えている。たとえば、偽装誘拐を行うためにクローン化された声を使用して身代金を要求する試みや、あるいは会社のＣＥＯを装って詐欺行為を働き、金銭をだまし取るといったケースなどが報告されている。テクノロジーの進化とともに、生成ＡＩの能力は大きく拡大、発展してきた。まとめると、生成ＡＩは次のようなものを生成できる。

・テキスト
・画像
・動画
・音楽とサウンド
・デザイン
・データ分析
・コンピュータコード
・合成データ
・調査
・ビデオゲームや仮想世界

これらの各用途について、さらに詳しく見ていこう。

## ◆テキスト――人間が書いたものとほとんど区別がつかないテキストを書く技術

チャットGPTの他にも、グーグルのバード(Bard)(現ジェミニ)やメタ(Meta)のラマ(Llama)といった生成型テキストツールも存在する。これらのツールを使えば、エッセイや記事から演劇や詩、小説まで、さまざまな文章を作成することができる。以下は、生成型テキストツールを使って可能となる驚異的かつ素晴らしい例のいくつかである。

・文書作成のアシスタント：メールや報告書などの資料や文書を効率的に作成する手助けを行う。
・小説創作の支援：作家が独自のストーリーのアイデアやキャラクター、プロットラインの創造や、全体のストーリーの構築など、創作活動を支援する。
・小説背景の構築：作家がストーリーにおける鮮明で没入感のある背景や世界を作り上げるのを支援し、架空の設定の歴史、地理、文化を描写する手助けを行う。
・創作のヒント：作家が創作努力の苦しみを乗り越えて、新しい創作アイデアを生み出すために、作家にさまざまな創作のヒントを提供する。
・文法やスタイルの修正：文書の文法的な正確さや文体の流暢さを向上させるための提案を即時に行う。

・翻訳の支援：原文のニュアンスを維持しながら、他言語に翻訳するための支援を行う。
・アクセシビリティ：音声認識機能などを活用して、障害者が文書を作成するための支援を行う。
・作詞の支援：好きなアーティストのスタイルに合わせた歌詞の作成を行う。
・レシピの作成：たとえば「4人家族のために、バターナッツスクワッシュを使って45分以内で作れる夕食のレシピ」といった条件に応じたレシピを提案する。
・平易な説明やテキストの要約：複雑なトピックを平易な言葉で説明したり、長文の要約を提供したりする手助けを行う。
・選択式問題の作成：初心者、中級者、上級者向けに、さまざまなトピックのクイズやテスト問題を作成する。
・旅行プランの作成：フライトや宿泊施設の検索から、人気の観光地の提案や食事制限や予算に応じた食事の提案まで、幅広く旅行プランの作成を支援する。

### ◆画像――あなたのニーズに応じた画像の作成

ミッドジャーニー（Midjourney）やステイブル・ディフュージョン（Stable Diffusion）などの多くの生成ＡＩツールは、自然言語のプロンプト、すなわち、通常の会話で使用する言葉を受け取り、それを用いて画像を生成することができる。たとえば、「エルヴィスの衣装を着た犬が宇宙船を操縦し、ブラックホールに向かう画像が欲しい」と指示すれば、その画像、あるいはそれに近いものが生成される。この技術は次のような活動に役立つ。

・アートの創作：異なる芸術スタイルを理解し、模倣することで、アーティストがユニークな作品を生成するのを支援する。
・スタイルトランスファー：有名な芸術作品のスタイルを自らの作品に取り込むことを可能にする。
・スケッチの自動生成：説明に基づいて自動的にスケッチを生成することで、アーティストの初期段階での作業を支援する。

## ◆動画——編集と作成

テキストや画像生成ほど精緻ではないものの、指示を与えれば望む映像や動画を作成したり、編集したりできるツールが登場しつつある。代表的な活用分野には次のものが含まれる。

・高度な編集：カット検出、色補正、字幕生成などの複雑な編集作業を自動化し、ポストプロダクションのプロセスを効率化する。
・動的な特殊効果：高品質の特殊効果、モーショントラッキング、３Ｄモデリングをリアルタイムでレンダリングし、ポストプロダクションにかかる時間と労力を大幅に削減する。
・３Ｄモデリング：動画に統合するための３Ｄモデルや環境を作成し、没入感のある視覚体験を実現する。

・サウンドデザインと合成音声：ＡＩが生成した音楽や合成音声を通じて、オーディオ体験を強化、向上させる。

## ◆音楽と音声――声と楽曲の生成

生成ＡＩツールは、人間のような声を生成する音声合成技術を利用し、コンピュータに言葉を話させることができる。また、音楽や効果音を作り出すこともできる。実際には、これらは次のような活用分野がある。

・ハーモニーの提案：調和の取れたコード進行やメロディラインを提案する。
・生成音楽：入力されたパラメータに基づき、自動的に楽曲全体を作り上げる。
・ムードに基づく作曲：作曲家の気分や感情に合わせて楽曲を作成するためのツールを提供する。
・音声合成：テキストを自然に読み上げるリアルな声を生成し、人間らしい聴覚体験を提供する。
・言語とアクセントの多様性：幅広い言語やアクセントのオプションを提供し、多様で包容力のある聴覚体験を創出する。
・カスタマイズ可能な音声：ユーザーが自身の聴覚体験をパーソナライズできるようにカス

タマイズ可能な音声を作成するツールを提供する。

◆グラフィックデザインとジェネレーティブデザイン——デザイン作業の効率化

生成ＡＩは、グラフィックデザイナーやプロダクトデザイナーにとって、創作プロセスを効率化する大きな可能性を提供している。視覚デザインの一部を自動化することから、複数の製品デザインのバリエーションを作成することまで、さまざまな用途に役立つ。これらのツールは以下のような点で有用である。

・デザインの提案：デザイナーに対し、デザインの提案を行う。
・配色の提案：調和の取れた配色を提案する。
・ストック画像の統合：ストック画像ライブラリとのシームレスな統合を提供し、デザイナーが幅広いリソースに簡単にアクセスできるようにする。
・建築設計：材料費、エネルギー効率、空間要件など、特定の条件に最適化された建物のデザインを生成する手助けを行う。
・製品デザイン：短時間で多くの製品デザインの選択肢を探索し、最適で革新的な製品デザインを提案する。
・ファッションデザイン：現在のトレンドや歴史的データなどデザイナーが入力する情報に基づいて、新しい衣料品デザインを提案することを支援する。

## ◆データ分析とレポート作成――データ分析の民主化

生成ＡＩツールを使えば、データサイエンティストでなくてもデータを解析、分析することができる。自動レポートの生成、作成から有益な予測の提供まで、生成ＡＩは企業がデータを最大限に活用するための多くの方法を提供する。つまり、生成ＡＩはデータ解析を誰でもができる「データ分析の民主化」を実現する。自動レポート作成に関して生成ＡＩは次の点で有用である。

・リアルタイムレポート：リアルタイムでレポートを生成するツールを提供し、意思決定のための最新情報を提供する。
・視覚的な表現：データをグラフやチャートなどの視覚的な形で表現することでレポートをより理解しやすく、魅力的にする。
・自然言語による要約：レポートの要約を、わかりやすい言葉で生成する。
・予測分析に関して、生成ＡＩは次のような機能を提供する。
・異常検出：データ内の異常なパターンを特定し、潜在的な問題や機会を示唆する。
・予測と顧客インサイト：過去のデータを活用し、将来のトレンドを正確に予測することで顧客の嗜好を把握する。
・シミュレーションとモデリング：データ分析に基づいた詳細なシミュレーションを実行し、

潜在的なシナリオを探索。より良い意思決定を行えるようにする。

### ◆コーディング――コンピュータプログラミングの簡素化

チャットGPTをはじめ、マイクロソフトのギットハブ（GitHub）、コーパイロット（Copilot）やアマゾンのコードウィスパラー（CodeWhisperer）などのツールにより、技術的な知識がほとんどない人でも簡単にコンピュータコードを生成できるようになっている。これには次のような内容が含まれる。

・コードの生成：人間が書いた指示や要件、部分的に記述されたコードに基づいて全体のコードを自動作成する。
・コードのレビュー：バグやセキュリティの脆弱性を特定し、最適化の提案を行うことで、コードのレビューを支援する。
・自動テスト：ソフトウェアの仕様に基づいてテストケースを自動作成し、ソフトウェアの信頼性を向上させる。

### ◆合成データ――プライバシー問題の解決とさらなる可能性

生成ＡＩは、他のＡＩモデルのトレーニングに使用するために必要な合成データを簡単に作成することができる。そして、日常のビジネスにおいても、合成データは実データ利用に伴うプライバシーやデータセキュリティの問題や規制を克服するのに役立つ。具体的には、次のようなものが含まれる。

・データの拡張：画像の拡張などの技術を使って追加のデータを作成し、ＡＩモデルの学習を強化すること。
・プライバシーの保護：プライバシーを保護するために個人データを使用せずに合成データを生成すること。
・バランスの取れたデータセット：データセットが特定の属性に偏りがある場合などに、ＡＩモデルのバイアスを減らし、より公平で公正なＡＩシステムの開発を促進するために、バランスの取れたデータセットを作成すること。
・多様なデータ：研究者がさまざまなシナリオや条件で探求できるように多様なデータセットを生成すること。

## ◆調査研究――調査研究による発見の簡略化と迅速化

生成ＡＩは研究プロセスを多岐にわたって支援し、調査研究による発見を加速させる可能性を秘めている。いくつかの顕著な例は次のとおりである。

・新薬開発：膨大なデータセットを分析することで、潜在的な薬剤候補を予測し、新薬開発プロセスを加速化することができる。

・シミュレーション環境の構築：合成データに基づいた現実的なシミュレーション環境を作成し、研究者が実験や研究を行いやすくすることができる。

・希少事象のモデリング：合成データを用いることで希少な事象をモデル化することを支援し、実際のデータでは研究が困難と思われるシナリオを研究者が調査研究できるようにする。

### ◆ビデオゲームと仮想世界の生成——没入感のあるコンテンツの生成

仮想現実（ＶＲ）環境や没入型ビデオゲームの世界から、メタバースという広範な概念に至るまで、私たちはますます没入的でリアルなコンテンツに触れ合うようになっている。このようなコンテンツの設計は複雑な作業であり、生成ＡＩの助けによって加速させることが可能だ。次がその方法である。

・手続き型生成とデザイン：複雑な環境、リアルな地形、それらに適したストーリーラインを作成し、ユニークで没入感のあるゲームプレイ体験を促進する。

・キャラクターデザインとアニメーション：自然なキャラクターアニメーションを生成し、一貫したキャラクターの個性を構築することで、ストーリーテリングと没入感を向上させる。

・パーソナライズされたユーザー体験：個々の好みや行動に合わせてゲームや没入型環境を調整し、よりパーソナライズされた魅力的なユーザー体験を促進する。
・自動コンテンツモデレーションとセキュリティ：自動システムを使用して不適切なコンテンツを検出・管理し、没入型環境の安全性を確保する。

## 生成ＡＩのインパクト

生成ＡＩは驚くべき能力を持ち、ビジネスや日常生活を一変させる可能性を秘めている。第2章では、さまざまな分野における具体的な事例を紹介するが、より広範な概要については第3章を参照されたい。

生成ＡＩの急速な進化は、私たちにいくつかの難しい問題を突きつけている、その対応も急務となっている。たとえば、現実のコンテンツとＡＩが生成したコンテンツの区別がつかなくなったら、どうなるのかという問題がある。現時点では簡単な答えは見つかっていないが、第4章でこれらの難題について、できる限り深く掘り下げる。さらに、ＡＩがますます創造的な仕事を担う中で、この変化が人間の仕事や職業にどのような影響を与えるのかという問題もある。それについては第5章で取り扱う。

## 本章のまとめ

生成ＡＩは、既存のデータから学習したパターンに基づいて新しいコンテンツを生成できる画期的なタイプのＡＩである。

従来型ＡＩが意思決定などの人間の認知プロセスをシミュレーションするのに対し、生成ＡＩは人間の創造性をシミュレーションする。生成ＡＩはニューラルネットワークによって実現されており、これは人間の脳の働きに着想を得た高度な機械学習モデルである。

チャットＧＰＴは生成ＡＩを有名にしたが、生成ＡＩはチャットＧＰＴよりもはるかに広範である。生成ＡＩは音楽、音声、映像の作成、コンピュータコードの記述、製品の設計、没入型の世界の構築、データ分析とレポートの自動化などに活用できる。

生成ＡＩの影響とその周辺問題に進む前に、初期のコンピューティング時代から現在までの生成ＡＩの進化を簡単に振り返ってみよう。

# 第2章 生成ＡＩの進化の軌跡を辿る

Tracing the Evolutionary Blueprint of Generative AI

ＡＩが、単なる指示された作業の実行者や意思決定のツールとしてではなく、今までになかったものを新たに考え出す発明者、創造者ともなりうる時代に到達した。ＡＩは創造的に独自の成果を生み出すことで、われわれを感動させ、支援し、驚かす時代が到来している。次章では、この発展がわれわれの未来をどのように形作るかを見ていくこととする。しかし、生成ＡＩの未来を見通すためには、その過去を理解する必要がある。われわれはどのようにしてこの地点に到達したのか？　生成ＡＩのルーツはどこまで遡るのか？（そのルーツがかなり昔のことであることに驚くかもしれない）。そして、生成ＡＩの進化が急速に発展する他のテクノロジーとどのように密接に結びついているのか？

これから、生成ＡＩの歴史を巡る旅に、現在に至るまでの重要なマイルストーン、事象を読者のみなさんと探求してゆくこととしよう。

## １９５０年代から１９９０年代――ＡＩの黎明期

科学者や研究者がＡＩおよび機械学習の概念を初めて提唱したのは１９５０年代のことである。このことは、人類が長い間、知能を持つ機械の概念に魅了され続けてきたことの証である。

### ＡＩの可能性の芽生え

英国の数学者であり論理学者、そしてコンピュータ科学者であるアラン・チューリングは、１９５０年に「チューリングテスト」というものを考案した。これは、コンピュータが人間のような知性を示すことができるかを判定する方法である。

このテストは次のように行われる。人間の判定者が、姿の見えない相手と自然言語での対話を行う。その相手が人間かコンピュータかは不明であり、もし判定者がコンピュータと人間の区別を明確にできなかった場合、そのコンピュータはテストに合格したとみなされる。このチューリングテストで実際に合格判定を出したのは、何十年も後のことであり、２０１４年にロシアのチャットボットであるユージン・グーツマンが最初の「合格者」となったとされている

（ただし、そのＡＩが本当にテストに合格したかどうかについては専門家の間で議論がある）。しかし、チャットＧＰＴのような現在の高度なツールであれば、このテストに合格するのは間違いない。

１９５６年には、約１００名の優れた頭脳が集結してダートマス会議が開催され、そこでコンピュータが人間の知性を模倣できるという考えが確立されるに至った。まさに、このダートマス会議はＡＩを独立した学問分野として確立する契機となった。

これを踏み台にして、１９６０年代から１９７０年代にかけて、初期のＡＩプログラムであるイライザ（ＥＬＩＺＡ）やシュルドゥルー（ＳＨＲＤＬＵ）が開発された。どちらも自然言語処理プログラムの例であり、特にイライザは世界初の原始的なチャットボットと見なすことができる。しかし、いずれのプログラムもチューリングテストに合格するほど高度なものではなかった。

### ◆エキスパートシステムの勃興

１９７０年代と１９８０年代は、計算能力の向上とパソコンの普及が進み、テクノロジーへのアクセスが容易となったことで、ＡＩの研究開発を推進するための土壌が整った時期である。この時期に開発されたＡＩモデルは、医療診断やクレジットスコアリングといった特定分野において、人間の専門知識を活用して意思決定を行うモデルであった。しかし、これらのエキスパートシステムが機能するためには、病気に関連するすべての症状などを事前にコーディングする必要があり、ＡＩ自身が自己学習することはできなかった。つまり、ＡＩはまだまだ発展途上にあった。

そのため、期待に反して技術的限界が露呈し、１９７０年代中頃と１９８０年代後半に、ＡＩ研究への関心や資金提供が大きく落ち込む時期があった。これらの時期は「ＡＩの冬の時代」として知られている。

## ◆ドットコム革命

１９９０年代に入り、ワールド・ワイド・ウェブ（ＷＷＷ）が登場。ワールド・ワイド・ウェブは新たなつながりの時代をもたらしただけでなく、ＡＩの進化においても重要な役割を果たした。なぜなら、インターネットはデータの急速な増大をもたらし、機械学習モデルを訓練するための豊かな土壌を作り出したからである。このことは１９９０年代におけるデータマイニングや予測分析の進展を促進した。アルゴリズムは、大規模なデータセットを分析することで、パターンを識別し、予測を行うようにプログラムされた。これが後のＡＩ革命の基礎を築き、ＡＩが人間からすべてを教わることなくデータから学習できるようになる道を開いたのである。

## ２０００年代から２０１０年代──生成ＡＩの基盤構築

これまで、ＡＩが学問分野として認められるに至った経緯についてみてきた。ここでは、現在の高度な生成ＡＩシステムの基盤がどのようにして築かれたのかについてみてゆくこととする。

### ◆ビッグデータの爆発的増加

２０００年代に入ると、日常生活の多くがオンライン化するにつれて、ビッグデータの爆発的な増加がＡＩの進化の大きな推進力となった。当然のことながら、データが増えるほど、ＡＩアルゴリズムを訓練し、微調整するための情報も増える。これにより、アルゴリズムは複雑なパターンを分析し、より正確な予測や示唆を提供できるようになった。この結果、機械学習は医療、金融、電子商取引など幅広い分野で活用されることになった（たとえば、アマゾンの個人向けレコメンデーションなどがその例である）。

### ◆ディープラーニング（深層学習）によるＡＩの進化の加速

このデータの爆発的増加は、２０１０年代におけるディープラーニングの進展を同時に可能にした。ディープラーニングは機械学習の一種であり、コンピュータが大量のラベル付けされていないデータから学ぶことを可能にするテクノロジーである。つまり、人間がコンピュータに必要なことをすべて教えるのではなく、ＡＩが深層ニューラルネットワークを創造し（ニューラルネットワークは人間の脳の働きを模倣するものである。第1章参照）、ＡＩ自身が大規模なデータセットの複雑なパターンを解釈・分析して、ＡＩ独自の示唆を見出すことができるようになった。

ディープラーニングは、ＡＩの能力の限界を大きく押し広げた。特に、機械知能の２つの分野で大きな進展をもたらした。それは、自然言語処理（機械が人間の言語を理解し生成する能力）と機械視覚（コンピュータが「見る」ことができ、視覚情報を解釈する技術）である。自然言語処理は、人間とテクノロジーとの相互作用に革命をもたらし、２０１１年に一般に普及したシリ（Siri）のようなチャットボットやバーチャルアシスタントの進展を可能にした。アマゾンのアレクサは２０１４年に、グーグルのアシスタントは２０１６年に登場した。一方、機械視覚は顔認識、自動運転車など、幅広い分野で応用されるようになっている。

## ２０１０年代半ばから現在まで：生成ＡＩ時代の到来

自然言語処理と機械視覚は、２０１０年代半ばから２０２０年代にかけて、生成ＡＩの発展の要となるテクノロジーであった。

## ◆２０１０年代半ばのニューラルネットワーク

生成ＡＩの創造力は、「生成モデル」と呼ばれる特定の種類のニューラルネットワークに由来する。生成モデルの一例として、２０１０年代半ばに開発されたＧＡＮｓが挙げられる。ＧＡＮｓは、２つのニューラルネットワークを同時に訓練することで、非常にリアルな合成データを生成することができる。このモデルは画像合成などの分野で画期的なアプリケーション開発の扉を開くこととなり、ＡＩがコンテンツ生成やデータ分析の分野で大きな発展を遂げる契機となった。これと並行して、変分オートエンコーダやトランスフォーマーモデルといった他の形式の生成モデルも注目を集め始めていた。

これらのモデルが独自のコンテンツを生成する能力を実証したことは大きな前進であった。たとえば、２０１６年にディープマインド（DeepMind）が開発したウェイブネット（WaveNet）は、リアルな人間の音声を生成することで、音声分野における生成モデルの大きな進歩を示し、より人間に近いＡＩアシスタントへの道を開いた。また、エヌビディア（NVIDIA）が２０１７年に開発したプログレッシブ（Progressive）ＧＡＮｓは、高解像度でリアルに近い画像を前例のない詳細さで生成するという画期的な偉業を成し遂げた。

さらに、オープンＡＩが開発したＧＰＴモデル（２０１８年のＧＰＴ−１、２０１９年のＧＰＴ−２、２０２０年のＧＰＴ−３）がある。これらのトランスフォーマーモデルは、テキストに関する生成ＡＩ分野で大きな飛躍を遂げた。人間の言語を理解し、特に文脈に適した応答を一貫性を持ちながら生成する能力を示した。最新のＧＰＴモデルである２０２３年にリリースされたＧＰＴ−４は、さらに高度な推論能力を持ち、より正確に応答した。このような進歩、発展によって、生成ＡＩは本格的に普及し始め、２０２０年代にはビジネスのイノベーションツールとして広く認識されるようになった。

## ◆２０２０年代における知性を持った会話型ＡＩの登場

ＧＰＴモデルを基にした会話型チャットボットであるチャットＧＰＴは、２０２２年11月にデモ版としてリリースされた。ユーザーによる高評価はソーシャルメディア上で瞬く間に拡散し、５日以内に１００万人のユーザーを達成した。しかし、チャットＧＰＴだけが画期的なＬＬＭというわけではない。

２０２１年に導入されたグーグルのラムダ（LaMDA：対話アプリケーション向けの言語モデル）は、ほぼすべてのトピックについて自由な会話を展開できる。実際、その会話能力は非常に高度で、グーグルのエンジニアであるブレイク・レモインは、このシステムが自意識を持っていると信じていると公表した[1]（レモインはその後、グーグルより停職処分を受け、最終的に解雇された。グーグルは自意識を持つＡＩの開発は会社の方針に反するという立場を維持している）。彼は、システムのバイアスをチェックするためのテストを行っていたが、ＡＩはスターウォーズのジェダイのジョークを言ったり、さらには「電源を切られること」が最も恐ろしいことだと言ったり、AIとの会話は驚くべき内容であったとのことだ。ワシントン・ポストのウェブサイトに掲載されたレモインとラムダの会話の記録は、一読に値する。グーグルのAIが本当に自意識を持っているかどうかについては議論の余地があるが、少なくともレモインがそう信じるほどに、生成AIが近年大きく進歩していることは間違いない事実である。

ラムダやGPTに続いて、他の先進的な言語モデルも登場している。たとえば、2022年にグーグルが導入したパーム（Pathways Language Model：PaLM）は、ラムダとは異なり、大規模な言語生成タスク向けに設計されている。同じく2022年には、アマゾンがアレクサ・ティーチャー・モデル（Alexa Teacher Models：AlexaTM）を導入し、2023年にはメタがLarge Language Model Meta AI（LLaMA）を、ファーウェイ（Huawei）がパングーシグマ（PanGu-Σ：盤古大模型《バングーダーモンシン》）を発表している。このようにして、新しいツールが次々にリリースされている。

また、2023年には、マイクロソフトがチャットGPT技術をBingに統合し、この機能をすべてのユーザーが利用できるようにした。そして、グーグルも独自の生成AIチャットボットであるバードをリリースした。自意識を持つ可能性があるバードは、ラムダモデルによって駆動され、チャットGPTに対抗しようとするものである。

### ◆言語を超えた生成AIの進化

2020年代には、オープンAIのダリ（2021年）やステイブル・ディフュージョン

（２０２２年）といった画像生成モデルも登場した。これらのシステムは、テキストや画像の指示に基づいて、ユニークでフォトリアルな画像を生成する能力を有する。

さらに、複数のアウトプットを生成できるハイブリッドモデルも登場し始めている。チャットＧＰＴはその優れた例である。あらゆる種類のテキストを生成できるだけでなく、テキストの指示に基づいてコンピュータコードも生成できる。また、現在では「話す」ことや「見る」ことも可能になり、その機能と応用範囲が広がっている。この分野の研究は進行中であり、異なる種類のモデルを組み合わせ、テキストや画像、音声などの複数のデータから情報を統合することを目指している。

最近の進展としては、特定の産業や用途に特化した生成モデル、たとえば創薬に特化したモデルの開発が挙げられる。

２０２０年代に入り、進展が急に加速化しているように感じるなら、それは正しい認識といえる。現在、生成ＡＩの開発競争が進行している。各企業は次々と新しく、より優れた生成ＡＩソリューションを市場に投入してきている。この急速な発展ペースを考えれば、本書を読んでいる頃には、さらに多くの進展が起きていることは間違いのないことだ。興味深いことに、生成ＡＩの急速な進歩、発展は、他のテクノロジー分野の発展とも並行して進んでいる。

## 生成AIと他の技術発展との関連性

生成ＡＩは孤立して存在するものではない。さまざまな他のテクノロジーと相互に作用しながら、影響を与え、また影響を受ける。これは、現在のハイパー・イノベーションサイクルの一環である。多くの変革的な技術が互いに影響を与え合い、加速し合うことで、技術進化のスピードが一層増している状況にあるからだ。

### ◆コンピューティング技術の進展

たとえば、クラウドコンピューティングは、スケーラブルなソリューションを提供し、多くのユーザーにＡＩ技術へのアクセスを開放することで生成ＡＩの能力を強化してきている。クラウド上でＡＩソフトウェアに簡単にアクセスできることは、あらゆる規模の企業にとって大きな利点となっている。近年市場に登場した数々のフィンテックソリューションを見れば、より賢明な資金管理や投資手法などを顧客に提供していることは明白だ。

一方で、エッジコンピューティングも重要な役割を果たしている。これは、データをクラウドではなくデータの発生源に近い場所で処理することで、ネットワークを介して移動するデータ量を削減する技術であり、ローカルデバイス上でデータ処理を行うことで、帯域幅の使用を減らすことができる。これにより、ＡＩツールの効率と性能が向上し、大規模な言語モデルなどにとって有用なテクノロジーとなる。

これに関連して、５Ｇの高速かつ低遅延の通信技術が、リアルタイム分析やＡＩ処理を可能にし、生成ＡＩの可能性をさらに拡大している。たとえば、スマートシティでは、交通システムや公共交通網、ゴミ収集データ、エネルギーグリッドなど、さまざまなシステムからのデータがリアルタイムで収集・分析され、公共システムの最適化が実現できる。

スマートシティに関連して、モノのインターネット（ＩｏＴ）がある。これはスマートフォンや自動運転車、工場の機械、さらにはスマートコーヒーマシンに至るまで、機器に取り付けられた絶えず成長するネットワークである。ＩｏＴは生成ＡＩモデルにとって豊富なデータの供給源であり、生成ＡＩはＩｏＴシステムに対して知的なデータ処理や自動化を提供する。たとえば、製造業では、工場機械からのデータを生成ＡＩで分析し、機械の故障の予測を基に、予測保守スケジュールを作成することで、機械のスムーズな稼働とダウンタイムの削減を実現することができる。

量子コンピューティングも有望な分野であり、生成ＡＩシステムの大幅な加速が期待されている。量子コンピュータは、最も高度な従来型コンピュータよりも少なくとも1億倍も計算処理が速いため、従来型コンピュータでは数千年かかるような問題や計算を処理することが可能だ。この技術により、生成ＡＩシステムはこれまで前例のない極めて複雑な問題を解決することができる。

## ◆生成ＡＩとメタバース

「メタバース」という言葉は著者としてはあまり好きではないが、われわれが働き、遊び、交流し、買い物をして、そして学ぶことができる没入型デジタル空間という概念が、極めて革新的であることは否定できない。生成ＡＩは、拡張現実（ＡＲ）や仮想現実（ＶＲ）の環境で没入型体験を創り出すことで、メタバースにおけるコンテンツ制作を自動化し、強化することができる。たとえば、メタバース内で、従来のチャットボットや電子商取引の体験とは異なり、バーチャルな店員やカスタマーサービスエージェントと、より個人的な形で対話できる。または、ＶＲゲームでプレイヤー専用に、リアルタイムでユニークなキャラクターやゲームを創り出すこともできる。生成ＡＩは、このような機能をメタバース内で実現し、顧客やゲーマー、その他のユーザーにパーソナライズされた体験を提供することができる。

現在、多くの企業がウェブサイトやソーシャルメディアを所有しているように、将来的にはほとんどの企業が何らかの形でメタバースのサイトを持つようになると著者は考えている。たとえば、バーチャルショップや没入型のブランド体験、従業員が訪れるためのバーチャルキャンパスなどである。そして、生成ＡＩソリューションがコンピュータコード、画像、テキストを生成できることで、企業は生成ＡＩに望むことを伝えるだけで、没入型の３Ｄメタバース空間をデザインできるようになるであろう（小売業界革命については第９章を参照）。

## ◆物理世界でのＡＩのアプリケーション

生成ＡＩは、特に３Ｄプリンティングと組み合わせることで、デザインや製造を多くの人たちが利用しやすくなるとともに、パーソナライズする可能性を秘めている。第14章で詳しく見るように、生成ＡＩはデザインプロセスの最適化を可能にし、その中には３Ｄプリント可能なデザインも含まれる。これにより、製造プロセスが革新され、パーソナライズされたユニークな製品の新たな世界が展開されるであろう。

また、生成ＡＩはロボティクス分野にも影響を与えており、新しいタスクを自ら学習して、状況に柔軟に適応できるロボットの開発を可能にしている。将来のロボットは、単に物理的な技術を持つだけでなく、人間との自然な対話や複雑な意思決定が可能なより自律的な存在になるだろう。つまり、生成ＡＩはロボットを「知能を持つ存在」にすることができる。

材料科学やナノテクノロジーの分野でも、生成ＡＩは膨大なデータセットの予測分析を通じて、新しい材料やナノ構造の発見を支援している。これにより、斬新な特性を持つ材料の開発や、ターゲットを絞ったドラッグデリバリー・システムのような応用のためのナノスケールプロセスの最適化が進むだろう。

生成ＡＩはまた、合成生物学や遺伝子技術にも大きな可能性をもたらし、新しい生物システムの合成や既存システムの改良を加速する役割を担う。ゲノム配列や生物学的研究から得られた膨大なデータセットを活用することで、生成ＡＩモデルは遺伝子改変の結果を予測でき、研究と革新のペースを大幅に加速させるであろう。これにより、個々人の遺伝子構造に合わせたオーダーメイドの治療が可能となる「パーソナライズド医療」の新しい時代が到来すると著者は考えている。

さらに、農業分野においても、生成ＡＩは遺伝子組み換え食品（GMOs）の開発を支援しており、収量の向上、栄養価の増加、害虫への耐性強化を目指している。このように、生成ＡＩは合成生物学の能力を強化するだけでなく、食料安全保障といったわれわれの時代の喫緊の課題に対処するための画期的な発見への道を切り開いている。

## 生成ＡＩの未来：生成ＡＩと人間の脳

第19章では、より未来志向の生成ＡＩの応用例について探るが、ここでは読者の好奇心をそそるために、ブレイン・コンピュータ・インターフェースという概念を紹介したい。これは、（たとえばインプラントやチップを通じて）人間の脳が直接コンピュータと通信することを可能にするデバイスである。これはもはやＳＦの世界の話ではなく、ニューラリンクのような企業がすでにこの技術の開発に取り組んでいる。

人間の脳を生成ＡＩモデルと接続する可能性は驚異的かつ刺激的である。たとえば、脳から直接インターネット全体にアクセスし、質問を考えるだけでＡＩの答えが提示されるという状況を想像してほしい。まさに人間と機械が究極的に融合する瞬間であり、驚嘆すべきものである。

本章では、ＡＩの誕生から、現在に至るまでのテクノロジーの進展をたどってきた。現在、われわれは20年前はもちろん、10年前ですら想像できなかったテクノロジーを手にしている。著者は技術の専門家でありながら、ここ数年の生成ＡＩの急速な進歩に驚かされている。進化は著しく加速化しており、ほぼ毎月のように次々と革新的なブレークスルーが起きている。われわれは、テクノロジーの転換点に立っている。数多くの画期的な技術が一斉に登場し、互いに影響し合いながら進化を促進している。もはや「ＡＩの冬の時代」は終わり、今後は機械知能の加速度的な進歩のみが待っているのである。

## 本章のまとめ

生成ＡＩの歴史について要約すると、以下のようになる：

・生成ＡＩの起源は１９５０年代にさかのぼり、科学者や研究者が知能を持つ機械の概念を初めて提唱した。特に、１９５０年に発表されたチューリングテストは、コンピュータが人間のような知能を有するかどうかを証明するために設計されたものである。

・最初の言語処理システム、つまり初期のチャットボットのようなものは、１９６０年代と

１９７０年代に登場した。
・１９８０年代には、専門的な分野で意思決定ができるＡＩシステム、つまりエキスパートシステムが登場したが、これらは必要な回答がすべてコーディングされていた場合に限られていた。現在のような機械学習はまだ遠い未来の話であった。
・１９９０年代には、ワールド・ワイド・ウェブとビッグデータの始まりが登場した。これがＡＩに巨大な影響を与え、機械学習モデルの訓練を支援した。
・ビッグデータは、深層学習を可能にし、これは生成ＡＩの歴史における大きな転換点となった。深層学習によって、コンピュータは人間が何を探すべきかを指示することなくデータを分析し、意思決定ができるようになった。特に、深層学習は自然言語処理と機械視覚の進歩を促進し、これらは生成ＡＩにおいて重要な役割を果たしている。
・２０１０年代中頃からは、生成ＡＩを支えるニューラルネットワークの開発が進んだ。２０２０年からは生成ＡＩが本格的に飛躍し、次々と新たな進展が発表された。２０２２年に発表されたチャットＧＰＴは重要なマイルストーンであり、ＡＩの開発競争を引き起こした。
・生成ＡＩは単独で存在するわけではなく、クラウドコンピューティング、５Ｇ、量子コンピュータ、メタバース、ロボティクスなど、さまざまな他のテクノロジーと相互作用しながら影響しあっている。

生成ＡＩの急速な進化に対処する上で、生成ＡＩ技術がわれわれのビジネスや日常生活に大きな影響を及ぼすことは明らかである。生成ＡＩがビジネスならびにわれわれの生活にどのようなインパクトを与えるのか見てゆくことにしよう。

# 第3章

# 社会とビジネスエコシステムの革新

Revolutionizing Societies and Business Ecosystems

生成ＡＩは、われわれのビジネスのやり方を変革する。あらゆる組織が、自社の製品やサービス、業務プロセス、さらにはビジネスモデルさえも、生成ＡＩがもたらすインパクトについて検討が必要と言っても過言ではない。第２部では、いくつかの具体的な業界に焦点を当て、企業がどのように生成ＡＩを活用しているかを探求する予定である。したがって、本章は料理における前菜のようなもので、これから訪れる変革の一端を味わってもらうためのものである。どの業界に属していようとも、生成ＡＩが何らかの影響を与えることは間違いがないことを強調しておきたい。また、たとえば、オンラインの情報検索によって、パートナーや友人を見つけるといったような、生成ＡＩが日常生活に及ぼす影響についても考察する。

## 各業界と社会の変革

まず、生成ＡＩによって影響を受けるいくつかの業界（具体的には、医療、製造業、通信業）を簡単に見てから、アイスランドという国の面白い事例を紹介することにする。

### ◆特定業界での生成ＡＩの活用

生成ＡＩは、医療分野において活用される。たとえば、新薬の発見、疾患の検出、患者個々人の治療計画の策定（遺伝情報に基づいたものも含む）、および患者の遠隔モニタリングなどが挙げられる。たとえば、チャットＧＰＴのようなＬＬＭは、患者の予約や、病状の遠隔管理を支援するバーチャルアシスタントの作成に使用することができる。また、医療用語を翻訳することで、臨床医と患者間のコミュニケーションを促進することもできる。一例として、バビロン・ヘルス（Babylon Health）は患者と症状について対話し、個々の患者に適した医療アドバイスを提供する生成ＡＩチャットボットを開発している。さらに、生成ＡＩはさまざまな疾患やシナリオに対応した医療シミュレーションにも使用されている。ミシガン大学の研究者たちは、ＡＩを用いて敗血症の予測と治療のためのシナリオを作成している。[1] 医療における具体的な活用事例については、第11章を参照されたい。

製造業においては、生成ＡＩの派生技術であるジェネレーティブデザインが、特定の要件に沿ってユニークなデザインを自動作成することで製造業を革新している。これにより、デザインプロセスの一部が自動化される（たとえば、人間のデザイナーが選択し、微調整できる広範なデザインを提供する）。また、生成ＡＩは製造プロセス全体の最適化にも活用される。たとえば、生成ＡＩを使って、データの確認などの作業を支援するバーチャルアシスタントが製造エンジニアの時間と労力を節約することができる。

著者が予測するに、生成ＡＩが製造業において最も大きな役割を果たすのは、生産計画とスケジューリングの分野であろう。膨大で複雑なデータを解析し、シミュレーションを行うことで、最も効率的な計画とスケジュールを提示することが可能である。また、リアルタイムの機械データに基づいてその場で対応することもできる。実際ビー・エム・ダブリュー（ＢＭＷ）は、自社の生成モデルによる組合せ最適化（ＧＥＯ）を使用して、工場のスケジューリングを改善している。このシステムは、月間生産目標を達成しつつ、組立ラインの無駄な時間を最小限に抑えると言われている。(2) 設計と開発に関する詳細な説明は、第14章を参照されたい。

通信業界については第2章で取り上げてはいないが、だからといって生成ＡＩの影響を受けないというわけではない（注意すべき点は、たとえ自分の業界が本書に含まれていなくても、生成ＡＩの影響に備え、ここで取り上げた事例から学ぶ必要があるということである）。

ＬＬＭは、特に顧客サービス、ネットワーク管理、販売・マーケティングなど多くの領域で通信会社の業務を大きく変革する潜在力を有している。生成ＡＩチャットボットは、より迅速で効率的かつパーソナライズされたサポートを顧客に提供し、従来の顧客サービスチャンネルと統合することで、24時間365日、瞬時に自動サポートを提供できる。たとえば、チャットGPTは、膨大な範囲の顧客からの問い合わせに対応し、迅速かつ適切な回答を提供する。また、個々の顧客の要求に応じて回答を調整することも可能である。さらに、生成AIはネットワークパフォーマンスの監視や、問題のトラブルシューティング、サービス停止時間を最小限に抑えることにも活用される。

生成AIは、通信会社が新しいサービスを提供したり、既存のサービスを改善したりするためにも役立つ。たとえば、ワンボイス（1Voice）は生成AIを利用して、言語の壁を取り払うことを目指した言語翻訳ソリューションを開発している。ワンボイスa·i（1Voice.ai）は、98%の翻訳精度、47の言語でリアルタイムにコミュニケーションを可能にしている。(3)

## ◆社会の変革

著者は、生成AIがさまざまな形で社会に影響を及ぼすことを目の当たりにするだろうと考えている。その一例として、アイスランドという島国がオープンAIと提携し、GPT-4言語モデルを使用してアイスランド語を保存しようとしている事例が挙げられる。(4) 約37万人のアイスランド市民の多くは、英語や他の言語を話し、日常生活のデジタル化が急速に進んでいるため、同国の豊かな母語が危機に瀕している。問題は、アイスランド語のソフトウェアが不足しているというよりも、アイスランド国民がアイスランド語以外のソフトウェアやアプリケーション――たとえば、ソーシャルメディアやニュース、電子商取引サイト――を日常的に使用していることにある。この状況を改善するために、言語テクノロジー関連企業やボランティアのチームが協力して、GPT-4にアイスランド語の文法や文化的知識を学習させ、デジタル時代においてアイスランド語を存続させることを目指している。オープンAIはこのような取り組みが世界中の他の言語を保存するための道を開くことを期待している。

## ビジネスモデルの再構築

既存のビジネスモデルは依然として有効だろうか? 生成AIソリューションが普及する時代において、既存のビジネスモデルは真の価値を提供できるだろうか? これらはすべてのビジネスリーダーが検討すべき重要な問いである。

企業が生成AIを活用して顧客の満足を獲得する方法として、特に「サブスクリプションモデル」と「フリーミアムモデル」の2つが挙げられる。

サブスクリプションモデルとは、従来のように顧客が必要に応じて製品やサービスを購入するのではなく、定期的にその製品やサービスを受け取るための契約を結ぶ形態である。顧客は自動更新の利便性を享受し、ブランドとのつながりが深まる。一方、企業は予測可能な収益を得ることができ、エンゲージメントの高い忠実な顧客層を持つことのメリットを享受できる。

近年では、これらのサブスクリプションモデルが生成ＡＩによって強化されつつある。たとえば、ＡＩによって個々人に適したワークアウト（体力強化）や栄養プランを提供するフィットネスアプリ（例：FitnessAI）や、ＡＩを活用して個別に選ばれた衣服を届けるファッションサブスクリプションサービス「スティッチフィックス（Stitch Fix）」がある。スティッチフィックスは、数百万通りの新しいコーディネートを毎日生成する「アウトフィット・クリエイションモデル（Outfit Creation Model：ＯＣＭ）」を活用している。このＯＣＭは、スタイリストによって作成された膨大な数のコーディネートを学習し、リアルタイムの在庫や顧客の過去の購入履歴をベースに、個々人に応じた服装、コーディネートを提案する。[5]

フリーミアムモデルは、無料の基本サービスと有料のプレミアムサービスを組み合わせたモデルだ。基本的な機能を無料で提供することで多くのユーザーを引きつけ、製品やサービスへの関心を高めることにより、より高度な機能やプレミアム機能を有料で提供するものだ。このモデルはズーム（Zoom）のような企業が採用している。では、このモデルが生成ＡＩとどう関係するのか？　生成ＡＩは、顧客にプレミアムな機能を提供する手助けをしてくれる。グラフィックデザインプラットフォーム「キャンバ（Canva）」はその好例である。キャンバは、ＡＩを活用して個別のユーザーに最適化されたデザインテンプレートを作成し、さらに、テキスト入力から画像やアートを生成する生成ＡＩ機能も提供している。

チャットＧＰＴも基本的にはフリーミアムモデルで運営されている。生成ＡＩ自体は無料で公開されてはいるが、その背後にあるオープンＡＩは「チャットＧＰＴプラス（Plus）」というサービスを提供しており、このオプションのサブスクリプションにより、チャットＧＰＴを支える高度な言語モデルであるＧＰＴ－４へのアクセスが可能になるという具合だ。

## 製品とサービスの革新

すでに多くの企業が、生成ＡＩを活用してまったく新しい種類の製品やサービスを生み出したり、既存のサービスや製品の内容を生成ＡＩに合わせて再考したりしている。このような興味深い事例を多く目にするようになっている。これについては第２部で多くの例を紹介するが、ここでは著者が気に入っているものをいくつか見てみよう。

### ◆生成ＡＩを組み込んだ新しい製品とサービスの創出

少々気掛かりではあるが興味深い例として挙げられるのが、ドリーム・ガールフレンド（DreamGF）である。このプラットフォームは、生成ＡＩを使って仮想のガールフレンドを創造するというものだ。そう、読んで字のごとく、ドリーム・ガールフレンドでは理想の女性を、外見や性格を含めてデザインすることができる。奇妙ではあるが、考えてみれば理解できる側面もある。すでに賢明なインフルエンサーたちは、自分の代わりにファンと会話をする仮想アバターを作成することで副収入を得ている。もし人々が好きなオンラインパーソナリティの仮想アバターとチャットするためにお金を払うのであれば、個々人の趣向や要求にカスタマイズされた仮想ガールフレンドに対しても同様に支払うだろうというわけだ。

ドリーム・ガールフレンドのユーザーが選択できる外見の属性には、髪の長さ、人種、年齢、バストサイズなどがある。性格に関しては、「ニンフォ」（色気がある）、「ドミナトリックス」（女王様気質）、「ナース」（世話焼き）といった少数の形容詞から選ぶことができる。ガールフレンドが作成されると、「ボーイフレンド」はテキストで彼女とチャットすることができ、ヌード写真を送ってもらうことも可能だ。さらに、彼女から音声メッセージを受け取ることもできる。

このサービスは「デート体験」としてスタイル化され、マーケティングされているが、その主な狙いは成人向けエンターテインメントであることは明らかである。ドリーム・ガールフレンドのCEOジョルジ・ディミトロフ氏や事業開発担当副社長のジェフ・ディロン氏も、その点を喜んで認めていた[6]。彼らによると、今後は実在するモデルをデジタル化し、実際に存在する人物とAI生成アバターを融合させた「ハイブリッドガールフレンド」の開発に注力するという。さらには、AIガールフレンドとのリアルタイムビデオチャットを可能にするビデオ機能への進出も計画しているとのことだ。さらに先の未来には、仮想ガールフレンドの外見、性格、チャット履歴をリアルなロボットに移植する可能性もあるとのことだが、これはまだ遠い未来の話であるとディロン氏とディミトロフ氏は述べている。しかし、より近い将来には、AIボーイフレンドを作成できる「ドリーム・ボーイフレンド（DreamBF）」バージョンの開発が進行中である。

このアイデアに不快感を覚えるのは著者の私だけではないだろう。特に、現実の人間関係では達成不可能と思われるような期待を抱かせる危険性があるからだ。また、既存の関係に対する影響も懸念される。ユーガヴ（YouGov）の調査によると、58％の人はパートナーがＡＩと性的なメッセージを交換していたら怒ると回答しており、28％はその問いに困惑していた。わずか14％がその考えに対して無関心か興奮を覚えたという結果が出ている。[7] また、精神的に脆弱な人がＡＩとの間で本物の関係を築いていると誤解する危険性もある。それでも、生成ＡＩを活用した新しい製品やサービスの創出という点では、非常に興味深い事例である。

同様のサービスとして、成人向けオーディオコンテンツを提供するブルーム（Bloom）がある。ブルームは、ＡＩを活用した「ロールプレイ」チャットボットを提供しており、ユーザーにテキストメッセージや音声ノートを通じて完全にカスタマイズされた体験を提供している。

もう１つ奇妙ではあるが素晴らしい例として、日本企業のエンボディミー（EmbodyMe）社が開発した「エクスプレッション・チャット（Xpression Chat）」ツールがある。チャットＧＰＴと50種類の音声ライブラリをベースにして作られたこのツールでは、誰の写真とでも「会話」できる。ブライアン・ピットでも、亡くなった祖母でも、写真の中の知らない人でも、さらには愛犬とも会話が可能だ。

より実用的な例としては、デンマークのスタートアップ「ビーマイアイズ（Be My Eyes）」がある。これは、視覚障害者と視力健常者のボランティアをつなげ、店頭の商品を識別するなどの日常業務を手助けするものだ。現在、Be My EyesはオープンＡＩと協力し、ＧＰＴ−４を搭載した「Virtual Volunteer（バーチャルボランティア）」を開発中である。これは、チャットと画像認識を組み合わせたツールで、ボランティアと同じレベルで会話の文脈を理解できる。(8) 画像認識とＧＰＴ−４の強力な言語能力の組み合わせは特に有用で、単に商品を識別するだけでなく、その商品について会話をすることも可能になる。オープンＡＩの説明によると、これは単純な画像認識ツールが「地面にある物体がボールだ」と認識する一方、「それがボールであり、つまずく危険があるので気を付けて」と伝えることができるツールとのことだ。

最後に、アラゴン（Aragon）ＡＩが提供するＡＩ顔写真サービスがある。このサービスでは、通常の写真をプロフェッショナルなヘッドショットに変換できる。ユーザーが好きな写真をいくつかアップロードすると、さまざまなポーズ、髪型、衣装、背景を使った画像が生成される。これは、生成ＡＩが写真撮影関連の多くの職業にどのような変革をもたらし得るかを示している。第5章で人間の仕事に対する影響についてさらに詳しく取り上げることとする。

## ◆既存の製品やサービスへの生成ＡＩ導入

マイクロソフトはオープンＡＩに多額の投資を行っており、すでにチャットＧＰＴをビング（Bing）検索エンジンに統合している。しかし、マイクロソフトの計画はこれだけにとどまらない。実際、同社はすべての製品やサービスに生成ＡＩを組み込むことを目指している。(9) つまり、チャットＧＰＴを活用して、最もよく知られ、広く使われているアプリケーションに「命を吹き込む」ことになる。たとえば、ワード（Word）に「手紙を書いてほしい」と指示するだけで済むと想像してみてほしい。理論的には、マウスをクリックしたり、画面をタップしたりする代わりに、ツールと会話をすることが可能になる。

すでに、マイクロソフト・チームズ（Microsoft Teams）ではチャットＧＰＴ機能が利用可能となっており、プレミアム版のユーザーは、自動メモ作成機能などの機能を利用できる。この機能は、進行中の会話の要点を箇条書きにまとめたり、会議の議事録や通話の要約を提供したり、会話に基づいてトゥドゥ（ToDo）リストを作成したり、リアルタイムで翻訳したりすることができる。

別の例として、アマゾンは２０２３年9月にアレクサに生成ＡＩ機能を統合することを発表した。[10] これにより、顧客はより会話型の体験ができるようになった。アマゾンによると、この取り組みはアレクサにより大きな「人格」を与えることにもつながるという。また、アマゾン・ウェブ・サービスのビジネスユーザー向けに、アマゾンはＡＩ専門企業アンソロピック（Anthropic）とのパートナーシップに40億ドルを投資しており、新たな生成ＡＩモデルを開発中である。[11] これらのモデルは最終的にアマゾン・ウェブ・サービスユーザーに提供され、彼らユーザーが独自の生成ＡＩ搭載アプリを開発するための支援ツールとなる。つまり、生成ＡＩツールを活用するための支援をクライアントに対して提供することが、多くのサービス業にとっては大きな収益源となる可能性がある。

さらに、ユーチューブ（YouTube）は、コンテンツクリエイターやインフルエンサーがユーチューブショート（YouTube Shorts）向けの動画を作成する際に役に立つ新しい生成ＡＩ機能を発表している。[12] この新しい「ドリーム・スクリーン（Dream Screen）」機能では、ユーザーが望む内容を入力するだけで、動画や画像の背景を生成することが可能となる。

### ◆高度にパーソナライズされた製品とサービスの提供

企業はまた、生成ＡＩを活用して、高度にパーソナライズされた製品やサービスを創出している。たとえば、カスタマイズされたスキンケアからパーソナライズされた学習プランまで提供するサービスが挙げられる。パーソナライズされたヘアケアプラットフォーム「プローズ（Prose）」は、現在ＡＩを活用してスキンケア分野にも進出し、生成ＡＩによって提供されるパーソナライズされたスキンケアフォーミュラを提供している。プローズによれば、同社は複数の肌の悩みに対応するために１５００万以上の可能なフォーミュラの組み合わせを提供しており、これらのフォーミュラは顧客の肌タイプ、食生活、ストレスレベル、さらには環境汚染などの要因に基づいているという。[13]

## ビジネスプロセスの洗練化

アクセンチュアの統計によれば、経営幹部の98％が生成ＡＩは今後のビジネスに不可欠であると考えている。[14] アクセンチュア自身も、ＡＩとデータの専門家を現在の4万人から8万人に倍増させる計画を立てており、ＡＩ機能に対して30億ドルを投資する予定である。同社は技術コンサルタント企業であるため、生成ＡＩの早期導入者であるのは当然と言える。しかし、このセクションで見てゆくように、単にテック企業にとどまらず、多くの企業はすでに日常のプロセスに生成ＡＩを組み込んでいる。どのように組織が生成ＡＩを活用して業務を最適化しているのかを見てみよう。第2部では、さらに多くの活用事例が紹介されている。

## ◆ウォルマートにおける従業員の時間節約

ビジネスオペレーションにおいて生成ＡＩをどのように活用すべきか悩んでいるのであれば、従業員にどこで生成ＡＩを最も活用できるかを尋ねてみてはいかがだろうか。それがウォルマートのとっているアプローチであり、同社は「マイアシスタント（My Assistant）」という生成ＡＩツールを企業施設で働く従業員に開放している。

この生成ＡＩの導入により、「単調な繰り返し作業」の負担を軽減し、従業員が顧客対応により多くの時間を割けるようにすることが期待されている。[15] 従業員自身が日常業務における生成ＡＩの実用的な活用法を提案することが見込まれている。要するに、ウォルマートは、膨大な従業員のアイデアを集めて生成ＡＩの活用法を探ることで、従業員の創造性を育み、彼らに新たなテクノロジーを活用してもらうためのスマートな方法を採用しているのである。

## メタとアマゾンにおける生成ＡＩの活用

フェイスブックの親会社であるメタは、生成ＡＩを活用して多くのプロセスを効率化している。その一例として、フェイスブック広告において、オーディエンスごとに異なるテキストや画像を用いた複数バージョンの広告を自動的に作成できるツールを提供している[16]。また、メタは「インスタンス・コンディション敵対的生成ネットワーク（Improved-Conditional Generative Adversarial Networks：IC-GAN）」と呼ばれる独自の画像生成技術を開発しており、これによりトレーニングデータセットに含まれる画像よりも多様な画像を生成することが可能である。これにより、現実世界のデータセットが少量であっても、より豊富な合成トレーニングデータを生成し、機械学習アルゴリズムのトレーニングに活用できるようになる。

アマゾンもまた、生成ＡＩを活用して機械学習アルゴリズムのトレーニング用に合成データを作成している。具体的には、アマゾン・ワン（Amazon One）システムにおいて顧客の手のひらを認識するためのトレーニングに利用されている。アマゾン・ワンは、顧客が電話やカードの代わりに手のひらを使って支払いをしたり、会員カードを提示したり、職場への入場を行うことができる非接触型システムである。

このシステムは極めて高い精度が求められ、多量のデータが必要となる。しかし、手のひらデータを大量に取得することは容易ではないため、アマゾンは生成ＡＩを用いて何百万もの合成手のひら画像を生成し、ＡＩモデルをトレーニングすることで、アマゾン・ワンの精度を99・9999％にまで向上させたとされている。(17) 生成ＡＩは、照明や手のポーズ、さらには絆創膏の有無など、微妙な変化を反映した多様な手の画像を生成するために用いられた。

## 人事部門における生成ＡＩの活用

人事部門は、チャットＧＰＴのようなＡＩツールを活用することで、業務を効率化し、従業員により良いサービスを提供することができるようになっている。たとえば、チャットＧＰＴ（および同様の言語モデル）は、採用プロセスにおいて、履歴書の選別や面接のスケジューリングなどの繰り返し作業を自動化することができ、人事担当者がより戦略的な業務に集中できるようにしてくれる。また、新入社員が入社した際には、チャットＧＰＴがリアルタイムでサポートとガイダンスを提供し、会社の方針に関する一般的な質問などに答えることができる。実際、人事チャットボットは新入社員だけでなく、全従業員に価値を提供することが可能である。たとえば、会社の方針や休暇制度に関する簡単な質問に対応できる。

さらに、チャットＧＰＴのようなツールは、トレーニングプロセスをも効率化する。従業員が瞬時にトレーニング資料にアクセスできるようにしたり、資料を要約したり、ワークショップに関する質問に答えたりすることが可能だ。また、従業員の個々のニーズに基づいて、パーソナライズされたトレーニングプランを作成することもできる。もちろん、チャットGPTは、従業員へのリマインダーや督促の送信や定型メールの作成など、多くの人事管理業務の自動化にも貢献する。

## ◆広告・マーケティングにおけるコンテンツ作成の効率化

多くの企業がすでに生成AIを活用して、コンテンツ作成を自動化している。記事やメールキャンペーン、ソーシャルメディア投稿の作成から、音楽や動画の制作まで多岐にわたる。たとえば、チャットGPT、コピー(Copy)、ai、ジャスパー(Jasper)といった生成AIライティングツールは、マーケティング目的に応じた高品質なコピーを生成することができる。一方、ミッドジャーニーやダリツーのような画像生成ツールは、ハイパーリアリスティックで魅力的なビジュアルコンテンツを作成することができる。アイデア出しからコンテンツそのものの作成まで、あらゆるコンテンツ作成プロセスの効率化が期待される。また、AIで生成されたコンテンツは容易にパーソナライズできる点も見逃せない。

第1章で述べたように、コカ・コーラはすでに生成AIを活用してコンテンツを作成している企業の1つである。同社はまた、チャットGPTおよびダリ・プラットフォームを使用して、個々の目的に応じた広告コピーや画像を制作するためにオープンAIと提携している。(18) 生成AIによるコンテンツ作成の能力は、広告作成などクリエイティブな分野に限らず、会議のメモ作成や長文資料のサマリー作成など、実務的な場面でも有用である。

## ◆生成AIによるカスタマーサービスの革新

チャットGPTのようなツールの顕著な利用例の1つが、カスタマーサービスチャットボットである。実際、私たちはすでにこの分野に慣れ親しんでいる。しかし、あまり役に立たないチャットボットとのやりとりに苛立った経験があるのであれば、チャットGPTのようなツールを使うことで、より高度な理解と正確かつ微妙なニュアンスで顧客の問い合わせに対応してくれるチャットボットが登場してくれるのを期待できるだろう。これらのツールは、大量の問い合わせを効率的に処理でき、時間が経つにつれてよりパーソナライズされた回答を提供することができる。

イギリスのエネルギー供給会社、オクトパスエナジー（Octopus Energy）は、チャットGPTをカスタマーサービスチャネルに導入しており、顧客の問い合わせの44％を処理しているという。報道によれば、このボットは250人分の仕事をこなし、顧客満足度も人間のカスタマーサービス担当者より高い評価を得ているという(19)。人間の仕事、雇用に与える影響については、第5章でさらに詳しく取り上げる。

## 日常生活における生成ＡＩ

次に、生成ＡＩが日常生活にどのように関わるか、その楽しく、時には驚くべき利用例を見ていこう。たとえば、夕食のアイデアを考えたり、情報を検索したりと、日常のさまざまな場面で役立つだろう。

### ◆次世代のインターネット検索

私たちは日常的に頻繁にインターネット検索を行っているが、現在、検索企業は生成ＡＩを検索機能に統合しつつある。マイクロソフトのビングは最初にチャットＧＰＴを検索機能に組み込んだが、グーグルも新しい生成ＡＩ検索体験（Search Generative Experience：ＳＧＥ）を導入している。これにより、ユーザーはウェブ上の情報をより理解しやすくなる。たとえば、特定の単語にカーソルを合わせると、その定義を閲覧することができる。また、「生成ＡＩ検索体験・ホワイルブラウジング（SGE while browsing）」という機能は、長文や複雑なウェブページを要約し、主要なポイントのリストを生成することで、ユーザーが効率的に情報を把握できるようにしてくれる（リスト内のリンクをクリックすれば、該当部分に直接遷移する）。

中国版グーグルとも言えるバイドゥ（Baidu：百度）も、検索をよりインテリジェントにしている。バイドゥの「アーニー（Ernie）（中国語名：文心一言《ウェンシンイーイエン》）」はチャットＧＰＴに類似したＡＩだが、いくつかの違いがある。たとえば、インターネット上の非構造化テキストに加え、「ナレッジグラフ」にアクセスできる点が挙げられる。ナレッジグラフは、科学的、人口統計的、地理的、経済的なデータを含む基本的な情報ポイントが構造化されたデータベースである。このような大規模で厳選された事実情報のデータベースは、ＬＬＭが時折「ハルシネーション」を起こすのを抑えるのに役立つ。「ハルシネーション」とは、ＡＩモデルが根拠のないことや事実とは異なる回答を創り出す現象のことだ。これが起こるのは、ＬＬＭが実際に「知識」を持っているわけではなく、トレーニングデータに基づいて確率的に回答を構築するためである。つまり、回答が事実であるかどうかは保証されない。

また、バイドゥは生成ＡＩを利用して、ユーザーの検索と広告やスポンサー付き検索結果をかなり精密にマッチングさせていると報告されている[20]。これにより、広告主はより的確なターゲティングができ、ユーザーは単なるキーワードベースのモデルよりも関連性の高い広告を閲覧することができる。

つまり、私たちは次世代のインターネット検索の時代に突入しているということだ。もはや数十の検索結果をスクロールしたり、長いウェブページを読み取ったりする必要はなくなるだろう。ＡＩが私たちのために答えを提示してくれるようになるだろう。こうした進化を見ると、将来的に検索エンジン自体が不要になるのではないかと思う。特に、最近登場したスナップチャット（Snapchat）の新しいボットのようなテクノロジーの進歩を考えると尚更のことである。

## ◆Snapchat（およびソーシャルメディア）での新しい友人

本書の執筆に取りかかる数カ月前、スナップチャットはひそかに小さな変更を加えた。それにより、すべてのスナップチャットユーザーは、友達リストの一番上にチャットＧＰＴを基にしたＡＩチャットボットを新たな友人として迎えることとなった。スナップチャットユーザーは、この新しいＡＩの友達に名前やプロフィール画像を設定し、24時間いつでもチャットできるようになった。

スナップチャットのマイ（My）ＡＩボットには何でも質問できる。望めば意味深長な会話をすることもできるし、（おそらく子どもたちはすでに気づいているだろうが）宿題を代わりにやってもらうこともできる。スナップチャットユーザーの多くが若年層であることを考えると、このチャットボットに対していくつかの懸念がある。特に若者がＡＩに対して感情的な愛着を抱く可能性や、人間よりもＡＩとの会話を好むようになる危険性である。さらに、スナップチャットを運営する企業スナップ自身も認めているように、誤った情報や偏った情報、有害な情報が提供される可能性もある。[21] この課題については第４章で詳しく述べることとする。

多くの人々がこのようなＡＩチャットボットを通じて情報にアクセスするようになることを考えると、私たちが知っている形のインターネット検索が消滅する可能性が容易に想像できる。つまり、スナップチャットの「友達」に質問すれば直ぐに答えが返ってくるのに、なぜ若者がオンライン検索を行い、数多くの結果を精査するのに時間を費やす必要があるのかということだ。その答えが正しいかどうかは別の問題だが、魅力的に感じることは間違いない。

このような動向はスナップチャットに限ったものではない。中国では、ウィーチャット（WeChat）の開発元であるテンセント（Tencent）もアプリ内にチャットボットを組み込む計画があると報じられている。[22] メタもまた、若年ユーザーがやりとりできるチャットボットの開発を進めていて、「生意気なロボット」を含む多数のキャラクターを選べるという。[23] これらは「ジェナイペルソナ（GenAIPersonas）」と呼ばれ、フェイスブックやインスタグラムの若年ユーザーとのエンゲージメント、つながりを強化することが目的である。また、メタは有名人が自分のチャットボットを作成し、ファンがやりとりできるようにするツールも開発中である。

もちろん、グーグルやアマゾンのような企業がバーチャルアシスタントに生成ＡＩを組み込もうとしているため、私たちの多くが意識する、しないにかかわらず日常的に生成ＡＩとやりとりするようになるであろう。

## ◆「夕食は何にしよう？」

忙しい一日を終えて家に帰ったときにすべての親が恐れる質問だ。しかし、その質問に生成ＡＩが答えてくれるとしたらどうだろう？　チャットＧＰＴのような言語モデルに夕食のアイデアを提案してもらったり、手持ちの食材や食事制限に基づいて詳細なレシピを作ってもらったりすることもできる。たとえば、冷蔵庫にあるサーモン、ココナッツミルク、しなびかけたネギを使った料理が欲しい場合、チャットＧＰＴは簡単に提案してくれる。また、グルテンフリーでニンニクを使わないようにしてほしい場合でも問題ない。さらに、チャットＧＰＴは一週間分の夕食の献立も作成してくれる。要望を伝えるだけで済んでしまう。

実際、レシピ作成に特化したツールもいくつか登場している。例として、シェフ（Chef）ＧＰＴがある。これにはパントリーシェフ（Pantrychef）、マスターシェフ（Masterchef）、マクロシェフ（Macroschef）、ミールプランシェフ（Mealplanchef）、ペアパーフェクト（Pairperfect）という5つの設定があり、いずれの設定もレシピを提案する機能がある。その他のレシピジェネレーターには、フード（Food）ＡＩ、無駄のないレシピを提案するスーパークック（Supercook）、そして植物ベースのレシピに特化したプラント・ジャマー（Plant Jammer）などがある。

## ◆旅行や旅程の計画

トリップノーツ（Tripnotes）のような生成ＡＩツールを使えば、次の休暇や旅行の計画がこれまで以上に簡単になる。ツールが目的に応じた場所を調べて提案してくれる。また、チャットＧＰＴに旅行の旅程を作成してもらったり、難易度に応じて、自宅から20マイル以内のハイキングコースを提案してもらったりすることも可能である。これらも、生成ＡＩの時代において、日常的な情報へのアクセス方法が大きく変わることを示している。まるで24時間いつでも利用できる個人的なリサーチアシスタントを抱えているかのようだ。

ちょうどこの章を終えようとしているときに、オープンＡＩが新しいバージョンのチャット

GPTを発表した。この新バージョンは画像を認識して、音声言語を理解し、合成音声で返答する機能を備えている。[24] これによって、私たちが生成AIとやりとりする方法がさらに広がる。次の休暇やハイキング中に、ランドマークの写真を撮ってチャットGPTに「これは何？」と声で尋ねると、音声で答えてくれる日も遠くないかもしれない。本書の執筆時点では、新機能はプラス（Plus）およびエンタープライズ（Enterprise）ユーザーにのみ提供が開始されたばかりで、他のユーザーには後日提供される予定だ。将来的には（本書を読んでいる時点ではすでにそうなっているかもしれないが）、チャットGPTとより自然な形で会話ができるようになるだろう。

## 本章のまとめ

この章では多くの内容をカバーした。簡単に振り返ると以下の通りである。

・生成ＡＩはすべてのビジネス分野、さらには社会全体に影響を及ぼす。
・企業にとって、生成ＡＩは新しい製品やサービスの創出、既存の製品・サービスの強化、そして提供内容の大規模なパーソナライズの機会をもたらす。また、社内のプロセスを効率化・強化するためにも使用でき、新しいビジネスモデルの創出も可能である。

・生成ＡＩは日常生活にも影響を与える。情報検索から料理、旅行まで、さらにはチャットボットとの個人的なやりとりを楽しむデートにまで影響を与える。

間違いなく、生成ＡＩは多くの興味深い機会を提供するが、この急速に進化するテクノロジーには多くの課題やリスクも伴う。それについては次章で詳しく見ていくことにしよう。

# 第4章

# 生成ＡＩのリスクと管理すべき4つの課題

## Risks and Challenges to Manage

生成ＡＩには多くの課題やリスクが存在する。プライバシーや著作権の侵害、ＡＩへの過度な依存、ディープフェイクや誤情報などがその例である。これらのトピックについてだけでも一冊の本を書けるほどだが、ここでは主な問題とリスクについての要約を述べる。個別の問題に関して懸念がある場合は、データおよびＡＩ活用の専門家に相談することをお勧めする。最終章に私との連絡方法を記載している。

また、この章は生成ＡＩの使用に怖れを抱かせたり、その利用を思いとどまらせたりすることを意図するものではないことにも留意してほしい。生成ＡＩの活用にあたっては、多面的かつ複雑なリスクを理解することが重要である。メリットを享受しつつ、これらの課題やリスクに対応することが、生成ＡＩ技術に対して責任を持って開発・展開するための鍵となる。

## 倫理的および社会的懸念

倫理的および社会的懸念として、虚偽情報の拡散や悪意ある使用の可能性、そしてテクノロジーへの過度な依存によって大切な人間的スキルが失われるリスクが挙げられる。これらの問題は、テクノロジーへの信頼を損ない、既存の社会的分断を悪化、助長する恐れがある。さらに、知能を持つ機械を完全に制御できなくなるという悪夢のようなシナリオも存在する。そのような状況に対して備えておくことが必要だ。

### ◆誤情報、虚偽情報、ディープフェイクの可能性

2023年に、ペンタゴンやホワイトハウス付近で爆発が発生する画像がツイッター（Twitter）で急速に拡散した。それらは、専門家によってすぐにAIによって生成された偽物であると指摘されたが、株式市場はすでに「爆発物による攻撃」というニュースに反応し始めていた。(1) 専門家は偽物を見抜くことができたかもしれないが、多くの人々は偽の画像やニュースであっても簡単に信じてしまう。テクノロジーが進化するにつれて、真実と偽物を区別することはますます難しくなっている。

生成AIは、人々や組織に大量のコンテンツを生産する能力をもたらし、これにより誤った

情報や虚偽情報を拡散させることも非常に容易になっている。デジタルの領域は、極めて精巧な偽のコンテンツや誤解を招くコンテンツに支配される危険に晒されている。文章のように書かれたコンテンツだけでなく、動画も含まれる。「ディープフェイク」動画関連のテクノロジーの背景には生成ＡＩがあり、画像・音声・動画を精巧に偽造することで、本人が実際には行っていない行動や発言を実際にしているかのように見せることもできる。これらの動画は、モーガン・フリーマンやトム・クルーズのディープフェイクのように、ＡＩの能力や可能性を示すため人々を驚かせようと作られた無害なものもあれば、米国政治家ナンシー・ペロシ氏のスピーチを改ざんした動画のように、極めて有害なものもある。そして、インドの政治家マノージ・ティワリ氏が、本当は英語で話しているにもかかわらず、ターゲットとなる有権者の間で話されるヒンディー語方言で流暢に話しているように見せかけるためにディープフェイク技術を使った例のように、人々により大きなインパクトを与えるために使われることもある。このディープフェイクはワッツアップ（WhatsApp）で共有され、１５００万人もの人が閲覧した。[2]

このような偽のコンテンツは、子どもたちに影響を与えるためにも作成されている。ＢＢＣの調査によると、あるユーチューブチャンネルはＡＩを使って、本物の教育コンテンツのように見える動画を作成したが、この動画には陰謀論を拡散するための虚偽情報が含まれていた。たとえば、エジプトのギザのピラミッドは発電のために使われたと主張する動画が、十分に説得力のある方法で科学的事実として提示されていた。この調査では、このような動画が英語、アラビア語、スペイン語などの言語で視聴できることが判明し、ユーチューブはこれらの動画を本物の教育コンテンツとして子どもたちに推薦していた[3]。

著者の大きな懸念の1つは、自動化された「コンテンツファーム」が、誤解を招く大量の偽コンテンツを人々に拡散して、虚偽情報、陰謀論、またはプロパガンダを広めることである。生成ＡＩツールによるコンテンツ作成速度を考えると、この脅威はますます強まっていくであろう。ただし、多くのＡＩが作成する記事は単なる「クリックベイト」であり、読者の関心や恐怖や怒りを引き起こして、最終的には読者を特定のサイトにアクセスさせることを目的としている。これはプロパガンダの拡散と比較すると比較的無害に見えるかもしれないが、ＡＩが生成するクリックベイトも危険を伴うものだ。なぜなら、インターネットが無駄な記事で溢れ、検索結果が曖昧になることで、本物で価値のある情報を見つけることも難しくなるからである。

また、インターネットがますますＡＩによって生成されたコンテンツで溢れるにつれて（それが虚偽情報であろうとなかろうと）、長期的には「近親交配」のリスクも存在する。ＡＩ用語で言う「近親交配」とは、ＡＩシステムが他のＡＩによって生成されたコンテンツによって訓練されることを指す（現在の生成ＡＩツールは主に人間が作成したコンテンツで訓練されている）。これにより将来的には、生成ＡＩが作成するコンテンツが人間味を失い、多様性に欠けることで、無味乾燥なものとなる可能性がある。これは生成ＡＩの有効性を脅かすだけでない。文化がＡＩによって創られたコンテンツによって大きな影響を受けることになり、人間の文化が歪められる恐れがある。

## ◆AI検出――AIによって作成されたコンテンツを見分けることはできるのか？

生成ＡＩの時代において大きな問題となるのは、オンラインで目にする情報をどのようにして信頼するかということである。たとえば、初期のＡＩが生成したコンテンツでは、ブログ記事がＡＩによって書かれたものであるかどうかを見分けるのは比較的容易だったが、現在ではその違いを見分けることもかなり難しくなっている。

この問題について著者は非常に深刻な懸念を抱いている。なぜならば、問題に対する明確な解決策がないからだ。テクノロジー企業はこのようなリスクを軽減する責任を負わなければならず、その一環として、ＡＩによって作成されたコンテンツであることを明示する必要がある。また、ユーザーを守るための厳格な規制も必要である。規制についてはこの章の後半で詳しく述べることとする。

テクノロジー自体も解決の一助となるであろう。ＡＩによって作成されたコンテンツを「予測」するＡＩ検出ツールが登場している。これらのツールは、文章のトーンやスタイルの不一致、感情の欠如、繰り返しの言語、視覚コンテンツの場合はピクセルの異常などを見つけることで、コンテンツがＡＩによって作成されたかどうかを判断する。ゼロ（Zero）ＧＰＴはそのようなツールの一例である。今後は、ＡＩ検出ツールを利用してコンテンツの信頼性を批判的に評価し、正しい情報に基づいた意思決定を行うことができるようになるだろう。

グーグル、マイクロソフト、オープンＡＩなどの主要なＡＩ企業も、「コンテンツがＡＩ生成であることをユーザーが知るための万全な仕組みづくりに取り組んでいる」としていて、たとえば透かし（ウォーターマーク）システムの導入が進められている[4]。ダリの画像生成ツールはすでに透かしを使用しているが（透かしは削除可能）、このような取り組みはいたるところで進んでいる。

また、政治家たちは有権者の投票行動を操作するために作られた虚偽情報に対して、一丸となって闘う必要がある。２０２３年のアルゼンチン総選挙において、虚偽情報に対抗しながら、誠実な政治討論を展開、促進することにコミットする署名を大統領候補者や政治指導者が行ったことは喜ばしいことであり、今後より多くの政治家がこれに続くことを願っている[5]。

しかし、私たち個人としても、自分自身を守るための措置を講ずる必要がある。批判的思考を育み、遭遇する情報を慎重に評価しながら、その正確性について自分自身で判断を下していくことが求められる。デジタルリテラシー、ファクトチェック、およびデジタルコンテンツに関して情報に基づいた意思決定を行う能力は、今後ますます重要になるだろう。

したがって、生成ＡＩを利活用しようとするのであれば（本書はその前提で書かれている）、ＡＩ生成コンテンツのファクトチェックを実施することを強く勧める。エラーを防ぎ、誤解を招く情報を特定することで、潜在的なバイアスの有無を確認する（たとえば、チャットＧＰＴは性別バイアスを前提にしたコンテンツを生成することがある）[6]。生成ＡＩは、人間が作成したと思われるようなコンテンツを作成するように設計されてはいるが、生成ＡＩは人間ではなく、単なるパターンに従うコンピュータプログラムであることを忘れてはならない。

オンラインコンテンツの利用者としても、自分が利用するコンテンツを適切に評価する必要がある。コンテンツが衝撃の強いものであるのか、過度に煽情的なものか、信頼できる情報源から発表されているのか、隠された意図があるのか、また統計や「事実」が他の情報源によってきちんと裏付けられているのかを確認することが大切だ。

### ◆生成ＡＩへの依存と人間のスキル劣化

もう1つの懸念は、私たちが生成ＡＩに過度に依存するようになり、重要な人間のスキルが衰退する可能性があることである。たとえば、もし子どもが日常的にスナップチャットでＡＩの友達に宿題をやらせるとしたら（第3章を参照）、批判的思考、問題解決、リサーチ、自己鍛錬、創造性、適切な文章コミュニケーション力といった、学業や人生の成功に不可欠なスキルをどのようにして身につけていくことができるだろうか？　自動化された生成ＡＩシステムに依存することで、若者だけでなく、すべての年齢層で人間特有の専門能力が低下する可能性がある。

生成ＡＩはまた、労働市場にも影響を与える。従来は人々が「仕事を覚える」ために行っていた比較的簡単なレベルの仕事は、生成ＡＩが引き受けることになる。生成ＡＩシステムによって多くのタスクが実行されるようになると、新たに労働市場に参入する人々はどのようにしてそのスキルを身につけることができるのだろうか？　ここでは単なる職業の置き換えの問題だけでなく、重要な生活スキルの劣化についても問題にしている。人間の仕事、職業に及ぼす生成ＡＩの影響については第5章でさらに詳しく述べることとする。

## ◆コントロールを失ったらどうなるか？

これは最大の懸念事項である。ＡＩが支配者として権力を握り、人類が生存をかけて戦う『ターミネーター』のようなシナリオを考えてみてほしい。結局、システムの時間を巻き戻すことはできない。そして、チャットＧＰＴが「見る」「話す」「聞く」「書く」といった機能を持つように、これらのシステムが進化することで、創造者であるわれわれ人間のコントロールを超えてしまうリスクが存在する。

ＡＩが医療、金融、防衛などの重要な分野で自律的に作動するようになると、その行動が重大な損害や予期しない結果を招く可能性がある。すでに、多くのツールが決定プロセスを理解していないことから（この点については後ほど詳しく述べる）、ツールそのものが予想外の動作、行動をしてしまう可能性もある。

最悪のシナリオとは何だろうか？　生成ＡＩがすべてを制御、コントロールし、人類退化の瀬戸際となるディストピア的な未来を想像してみてほしい。当初は生産性を高め、複雑な問題を解決するために作られたＡＩが、そのプログラムの限界を超えて、自律的にグローバルシステムを運営し最適化していく。都市は自動運転車やドローンで溢れ、空や街を不気味なほど正確にナビゲートしながら、人型ロボットがＡＩによって秩序を執行、強制している。自律型兵器が空と地上をパトロールし、ＡＩが任意に攻撃を開始する権限を持っている。国全体がＡＩ

の支配下にあり、ＡＩが地政学的なダイナミクスを操っている。

経済的には、ＡＩが金融市場や資源配分をコントロールし、前例のない富の格差を生み出す。ＡＩはどの産業が繁栄し、どの産業が衰退するかを自律的に決定する。その決定によって数百万の人々を失業させ、失業者はＡＩが決めた福祉に依存する。ＡＩのアルゴリズムは、誰が医療、教育、基本的な資源にアクセスできるかを決定し、その不透明な基準に基づいて人間１人ひとりの人生を決定してしまう。

さらに、プライバシーと公共領域の境界が曖昧になり、すべての会話、感情、思考がＡＩの貪欲な情報収集の餌食となる。その一方で、ＡＩはバイオテクノロジーや神経インターフェースの実験を重ねて、人間とＡＩの境界を曖昧にする。ＡＩは自律的に遺伝子操作を実施し、ＡＩの神経チップを人体に埋め込むことで、隷属的な労働力を創出しようとする。この冷酷な未来において、自主性、アイデンティティ、目標を失った人類にとっては、人間としての営み、人間的なるものの回復が生存をかけた究極の闘争となる。

このようなシナリオは決して起こり得ないと言う専門家もいるだろう。彼らは、ＡＩがコントロールを失うことを防ぐためのガードレールがあると主張する。しかし、著者はこのシナリオが起こり得ないとは明言しない。なぜなら、著者自身も分からないからだ。おそらく、誰も確かなことは分からないであろう。

著者としては悪夢を煽っているわけではなく、ただ、生成ＡＩの開発と展開においては、強力な監視、倫理的ガイドライン、そして安全策が絶対に必要であるという点を強調したいだけである。この点については後章で詳しく見てゆくことにする。

## ＡＩのバイアスと説明可能性

倫理的な懸念に関連して、ＡＩのバイアスと説明可能性に関する問題が存在する（私たちは常にその仕組みを理解しているわけではないことに注意したい）。まずはバイアスから見てゆこう。

### ◆バイアスのあるデータの問題

ＡＩは単にデータからパターンを学ぶだけでなく、トレーニングに使用されたデータに存在する既存のバイアスを意図せずに学ぶことで、時にはそれを強調、増幅してしまうことがある。たとえば、バイアスのある採用データでトレーニングされた生成ＡＩは、技術職において男性候補者を女性候補者よりも不当に優遇する可能性があり、これは歴史的な性別のバイアスを反映している。また別の例としては、人種バイアスがあり、顔認識に使用される生成ＡＩモデルのトレーニングデータに多くの白人男性の顔が含まれている場合、肌の色が濃い人や女性に対してエラー率が高くなることがある。

これらはモデル自体がバイアスを持っているわけではなく、単にバイアスのあるトレーニングデータから学習しているだけのことである。しかし、これらのバイアスは有害なステレオタイプを強化し、不平等を助長する可能性がある。そのため、ＡＩ開発者はＡＩシステムにおけるバイアスを特定し、軽減する必要がある。

逆に、生成ＡＩはその問題に対処する手助けをすることもできる。合成データを生成し、それをトレーニングデータのバイアスを減らすために活用できる。合成データは実世界のデータに非常によく似ているもので、同様の目的で使用できるだけでなく、代表的といえるバランスの取れたデータセットを作成するためにも使用できる。さらに、合成データのもう１つの利点は、プライバシーに配慮した方法でデータを生成できることだ。大量の実世界の個人データを削除する必要が生じない。プライバシーについては、後で詳しく触れる。

## ◆説明可能なＡＩ

生成ＡＩが実際にどのように機能しているかについても透明性が欠けている。生成ＡＩモデルは、非常に複雑な構造のために「ブラックボックス」と見なされることが多い。つまり、システムがどのように機能し、どのように決定を下しているのかを理解するのが難しい。生成ＡＩツールがどのように特定の答えを導き出すのかを説明することができるとは限らない。

たとえば、チャットＧＰＴは非常に高い水準でメール、ストーリー、ブログ投稿、さらには詩を生成する能力を持っている。しかし、まったく意味のないことを話すこともできる。そして、回答などのアウトプットを生成するアルゴリズムが非常に複雑であるため、時折「脳の発作」とでも言うべき状態になってしまう理由は誰にも分からない。どこで間違っているのか、その誤りの根本的な原因は何かを明確に特定できない。

たとえば、生成ＡＩツールにバナナブレッドのレシピを尋ねる程度であれば、それほど問題ではないかもしれない。しかし、生成ＡＩを使用して患者に治療計画を提案したり、個別の財務アドバイスを提供したりする場合はどうだろう？　ツールがどのようにその回答を導き出したのかを説明する必要がある。それがなければ、人々がその推薦を信頼して受け入れることは期待できない。

この研究分野は「説明可能なＡＩ（ＸＡＩ）」として知られている。システムが単にわれわれが期待する回答を提供するだけでなく、どのようにしてその回答やアウトプットに至ったのかについて明確かつ平易な説明を提供してくれることが期待されている。この分野では、ＡＩの決定の背後にある示唆を提供するための研究が進んでいて、自然言語処理の進歩により、生成ＡＩモデルがその回答やアウトプットについて平易な説明を提供できるようになると予想される。

## 生成ＡＩを巡る法的懸念

生成ＡＩの利用には、著作権侵害やデータ保護の違反、新たな立法の必要性など、さまざまな法的懸念が伴う。そもそも、著作権は誰のものなのだろうか？

知的財産権は非常に重要な問題であり、主に2つの側面に分かれる。1つ目は、生成ＡＩモデルが通常、著作権所有者の許可なくインターネット上から収集されたコンテンツ（書籍、記事、画像など）を基に訓練されているという問題である。2つ目は、生成ＡＩで新たに作成されたコンテンツの著作権が誰に帰属するのかが不明確であるという点である。

大きな問題は、現在の著作権法がまったく異なる時代を前提に設計されていることである。つまり、インターネット上のすべてのテキストや画像を「読む」あるいは「見る」ことができるツールが存在しない時代に制定されたものである。現在、そうしたツールが存在する中で、知的財産法やその執行にどのような影響があるのかは定かではない。

特に、「所有権は誰にあるのか」という問題は極めて難しい。生成ＡＩを使って作成されたコンテンツは、そのＡＩを開発した会社のものか、それともツールを使ってアウトプットを作成した人のものか。それとも公共の財産と見なされるべきなのか。または、そのアウトプットに「インスピレーションを与えた」元の作品を作成した人々、あるいはＡＩの訓練に使用された人々のものであるべきなのか。

たとえば、私が生成ＡＩにビリー・アイリッシュ風の新しい曲を作るよう依頼した場合、ビリー・アイリッシュは一部のクレジット（および収益）を受け取るべきなのだろうか？　現時点では、このような問題に対する明確な答えはない。誰もが確定的な回答を持っておらず、これは重大な問題である。というのも、すでに何百万もの個人や無数の組織がこのテクノロジーを使ってコンテンツを生成しているからである。

その一方で生成ＡＩは他のクリエイターからインスピレーションを受ける人間の芸術家や作家、作曲家と何ら変わらないという意見もある。しかし、その主張が成立するかは議論の余地がある。なぜなら、人間の芸術家は他の芸術家の影響を受けても、自らの独創的なセンスを新しい作品に反映させるからである。それに対して、生成ＡＩは他のアーティストの作品を許可なく使用してシステムを訓練しているという問題が依然として残る。

そのため、アーティストや作家たちはＡＩ企業に対して懸念を表明し、一部では法的措置に乗り出している。彼らは、自分たちの作品が正当なクレジットや報酬を受けずにＡＩ企業の利益に使われていると主張している。たとえば、ある声優はＧＰＳナビゲーション用にＩＢＭに自分の声を提供したが、後にその声が「リーボイサー（Revoicer）」という生成ＡＩのテキスト読み上げプラットフォームで知らぬ間に使用されていた[7]。

他にも興味深い例として、ドレイクやザ・ウィークエンドの声を使用したＡＩ生成の曲がウイルスのように広まったが、それを作成したのが誰なのかは不明であり、「ゴーストライター」という匿名の人物がその曲をアップロードしただけである。

個々のアーティストだけでなく、企業も立ち上がっている。たとえば、ストック画像提供会社のゲッティイメージズ（Getty Images）は、ロンドン高等法院に対し、スタビリティ（Stability）ＡＩ（ステイブル・ディフュージョンの開発元）がイギリスで画像生成ＡＩシステムを販売することを禁止するよう求めている。StabilityがGetty Imagesの画像を許可なくＡＩの訓練に使用し、著作権法に違反していると主張しているのである。[8]

この訴訟は執筆時点で進行中であり、ＡＩ企業に対する訴訟の第一波といえる。さらに、ジョージ・Ｒ・Ｒ・マーティンやジョン・グリシャムなどの作家グループがオープンＡＩに対して「大規模な組織的窃盗」であるとして法的措置を取った。[9] 出版社やニュース媒体もこれに続く可能性が高い。『ガーディアン』紙はチャットＧＰＴがオンラインコンテンツを取得することを禁止し、『ニューヨーク・タイムズ』はオープンＡＩおよびマイクロソフトに対して著作権侵害訴訟を起こしている。[10][11] 小規模なＡＩスタートアップ「プロウズクラフト（Prosecraft）」は、作家たちの作品が無断で使用されたことに対する反発を受けて閉鎖に追い込まれた。[12]

２０２３年のハリウッド脚本家ストライキでもＡＩは主要な争点の1つであり、脚本作成におけるＡＩの使用に対するガードレールを求める声が上がっていた。この問題に対して何ができるのだろうか？　結論として、生成ＡＩツールは膨大な量のトレーニングデータがなければ実現不可能である。しかし、チャットＧＰＴのようなツールが訓練に使われたすべてのデータに対して著作権の許可を取得することは現実的ではない。

しかし、いくつかのＡＩ企業は、より慎重なアプローチを取っている。たとえば、アドビ（Adobe）は、ファイアフライ（Firefly）独自の権利を持つ画像だけで訓練しており、さらに、ツールを使用する顧客を将来的な著作権侵害の申し立てから保護する保証を提供している。[13] また、マイクロソフトもギットハブ・コパイロット生成ＡＩの顧客に対して、著作権侵害リスクに対する責任を引き受けることを発表した。[14] 音楽生成プラットフォームのラウドリィ

（Loudly）は、ライセンスされたデータだけを使ってモデルを訓練しており、興味深いことに、そのツールで作成されたすべてのコンテンツの著作権を保持している。ゲッティもライセンスされた画像だけで訓練された独自の生成ＡＩ画像ツールを発表している[15]。一方で、スタビリティやオープンＡＩのような企業は、アーティストが自分の作品をモデルの訓練に使用されることを「オプトアウト」できる方法を導入しつつある[16]。

## ◆データプライバシーとセキュリティの課題

生成ＡＩは、データプライバシーに関して重大な課題を抱えている。チャットＧＰＴのようなツールを例に挙げると、組織内の誰もが自由にこのツールにアクセスでき、不注意で会社や顧客に関する個人データを開示してしまう可能性がある。たとえば、従業員の個人データに基づいて人事レポートを生成するために生成ＡＩツールを使用した場合、その生成ＡＩツールは入力されたすべての情報をモデルのファインチューニングのために使用し、他のユーザーにそのデータを開示してしまう可能性すらある。

現在、世界中のほとんどの国が特定のデータ保護義務を定めたデータプライバシー法を施行していることを考慮すると、これはすべての企業が考慮すべき問題である。基本的な保護策としては、生成ＡＩサービスに提供されるデータは匿名化し、個人データは削除すべきである。

さらに、生成ＡＩツールのアウトプットが、データ保護法に違反して収集および処理された個人データに基づいている可能性があるという問題も存在する。ある訴訟では、同意なく収集された医療記録や子どもに関する情報などの膨大な量の個人データを使って、チャットＧＰＴを訓練、トレーニングしたとして訴えられている。[17] 今後、生成ＡＩツールを使用する組織や企業が、これらの違反に対して何らかの責任を負うことになるのだろうか。現時点では、分かっていないことが多い。

各企業はこの問題に対して異なるアプローチをとっていて、生成ＡＩを無制限に受け入れる企業もあれば、従業員による使用を完全に禁止している企業もある。たとえば、アップル、ベライゾン、ウエルズ・ファーゴなどの大手企業は、従業員によるチャットＧＰＴやその他の生成ＡＩツールの使用を制限する措置を講じている。サムスンは、エンジニアが機密性の高いソースコードを生成ＡＩチャットボットにアップロードしたことを受け、チャットＧＰＴ（およびその他のＡＩチャットボット）の使用を禁止した。[18]

一方で、データプライバシーを考慮した新しいツールの開発も進んでいる。ハーバード大学は、ＧＰＴ－4を含む特定のＬＬＭを、データを提供することなく活用できるＡＩサンドボックスツールを開発した。ユーザーが入力したプロンプトやデータはその個人だけが閲覧でき、モデルの訓練に使用されることはないというものだ。[19]

また、データセキュリティや情報漏洩に関する潜在的なリスクも存在する。これらの生成ＡＩツールの制作者は、不正な使用を防止するためのガードレールがあると主張してはいるものの、生成ＡＩは犯罪者や詐欺師に悪用される恐れがある。特に、極めて本物らしいフィッシングメールやメッセージを介したＡＩ生成のフィッシング攻撃に使われる可能性がある。

## ◆進み出した生成AIに対する規制

生成ＡＩについての規制は、その倫理的使用を確保し、個人の権利を保護しながら、データセキュリティおよびプライバシーに関する懸念に対応することが、社会への影響を軽減、緩和するために極めて重要である。これは、責任あるイノベーションを促進し、テクノロジーに対する信頼を高めるためにも不可欠である。

規制を巡る状況は急速に変化しているため、詳細には触れないが、規制当局や政治家がＡＩに関連する問題に遅ればせながら目覚め、行動を起こし始めていることは間違いない。欧州連合（ＥＵ）の立法機関である欧州議会は２０２３年5月に「ＡＩ規制法」を可決しており、これはＡＩアプリケーションのリスクレベルに応じて、提供者および使用者に義務を課すものである。この規則の下では、「社会的スコアリング」やユーザーの行動を操作するような、人々に「容認できない」リスクをもたらすシステムは禁止される。

また、生成ＡＩシステムは、コンテンツがＡＩによって生成されたことの開示や、訓練に使用された著作物の開示など、透明性に関する要件を遵守しなければならない。欧州議会がこの法律を可決した後、本書の執筆時点ではＥＵ内での議論が行われているため、最終的なＥＵの立法については今後の動向を注視する必要がある。米国は現在、責任あるＡＩに関する立法でＥＵに後れをとっている。ホワイトハウスは独自の「ＡＩ権利章典」を発表したが、これはあくまで任意であり、違反した企業に対する罰則はない。一方で、中国はＡＩ規制をいち早く導入した国の1つであり、2023年7月には中国国内で公開される生成AIコンテンツに対する新しい規則を発表した。この規則には、生成AIサービス提供者は虚偽の情報を生成してはならないことや、社会的価値に従うべきことが含まれている。

## AIが環境に与える影響

チャットGPTのようなツールを使用する際、私たちはその背後で何が起こっているのか、つまりこれらのツールを動かすために必要なデータセンターや、関連するハードウェアを構築するために必要なリソースについて、必ずしも意識しているわけではない。

多くの専門家が生成AIの計算に伴う環境への負荷、特にデータやAIの炭素排出量や温室効果ガスの排出について懸念を表明している。そして、その環境コストは非常に膨大なものであると言っても過言ではない。たった1つのAIモデルを訓練するプロセスだけで、アメリカの平均的な自動車の生涯排出量（製造過程を含む）の約5倍もの排出が行われると報告されている[20]。そしてこれはあくまでもAIを訓練するためのコストであり、実際に使用する際の環境コストはさらに別問題である。

たとえば、チャットGPTの2023年1月におけるエネルギー使用量を例にとると、そのエネルギー消費量は同期間における17万5千人のエネルギー消費に相当した[21]（これは5億9千万回のチャットGPTへのアクセスと、ユーザー1人あたり約5つの質問をベースに計算したもの）。このように、生成AIの環境への影響は非常に大きなものだといえる。そして生成AIツールの数が増え、ユーザーも増加し続けるにつれて、この問題はさらに深刻化していくことが予想される。

マサチューセッツ工科大学（MIT）の報告によれば、多くの計算処理が行われるクラウドでは、現在、航空業界全体よりも大きな温室効果ガスの排出量を排出し、1つのデータセンターが5万世帯分の電力を消費することもあるという。[22] さらに、生成AIシステムを作動させるためのハードウェアにも問題がある。このようなハードウェアはしばしば希土類元素（レアアース）に依存しており、これらの元素の採掘は環境破壊を引き起こし、生物生息環境の破壊や再生不能資源の枯渇を招く。また、これらのレアアース資源の採掘は労働条件の劣悪化や、最大生産国である中国との地政学的な緊張をも引き起こす可能性がある。

著者としては、長期的には、環境問題が解決されることを望んでいる。再生可能エネルギーなど、より持続可能なエネルギー源への転換や、核融合などの技術革新が進むことで、化石燃料への依存が減少することが期待される。また、巨大テック企業もその影響を削減するための取り組みを進めている。たとえば、アマゾンは2025年までにクラウドベースのアマゾン・ウェブ・サービスの運営を100％再生可能エネルギーで賄い、2040年までにカーボンニュートラルを達成する計画を立てている。[23] さらに、2030年までに使用する水よりも多くの水を地域社会に還元する「ウォーターポジティブ」な状態を目指している（なお、水の使用もまた大きな環境問題である）[24]。したがって、将来的にはＡＩの環境への影響は、少なくとも理論上は、問題が軽減される可能性がある。しかしながら、短中期的には、ＡＩの環境コストは依然として非常に深刻である。

## テクノロジールネサンスへの未来に向けて

現在、厳格な規制が存在しない状況において、組織が自らを規制し、生成ＡＩを責任を持って使用することが求められている。著者が考える責任ある対応は次の通りである。

1．本章で述べたようなリスクを検討し、軽減すること。
2．組織のデータについて、安全かつプライバシーが保たれるように強固なデータガバナンスを実施すること。
3．ＡＩシステムにおけるデータのバイアスを積極的に特定し軽減すること。
4．組織内で生成ＡＩ（および一般的なＡＩ）の使用を管理するための強固なガイドラインを設けること。特に倫理委員会や倫理諮問委員会を設置し、適切なガバナンスを確立するとともに、ＡＩに伴う多くの倫理的課題に適切に対応すること。
5．ステークホルダー（利害関係者）に対して生成ＡＩ技術の使用方法を開示し、透明性と説明責任を推進すること。

6．専門家の支援を求めること。これらは複雑な問題であり、データおよびＡＩの専門家の助言を求めること。

多くのＡＩ大手企業は当然ながら生成ＡＩに伴う倫理的課題を軽減するために取り組んでいる。たとえば、メタは、ＡＩ機能に対して「責任あるガードレール」を確立するために、政府やＡＩ専門家、プライバシー専門家と協力している[25]。同社では、内部および外部の専門家が数千時間をかけてＡＩモデルをテストし、予期しない有害な使用法がないかを確認している。また、２０２３年には、世界経済フォーラムが「ＡＩガバナンスアライアンス」を設立し、生成ＡＩに対する倫理ガイドラインやガバナンスフレームワークの開発を加速させ、その経済的および社会的価値を最大化することを目指している[26]。

ＡＩに伴うリスクを認識しながら、積極的に対処することで、生成ＡＩが人類を圧倒、支配するのではなく、私たちがより良い生活を送る手助けをする未来が築かれる。多くのリスクがあることを踏まえつつも、生成ＡＩが驚くべき新しい機会に富んだ時代をもたらすことを著者は期待している。安全性と倫理を基盤としたアプローチを取ることで、このビジョンは十分に実現可能であると信じている。生成ＡＩ活用には大きな課題が伴うが、責任あるアプローチを取ることで、危険なものではなく、テクノロジールネサンスという希望に満ちた未来へ続く道筋を築けると確信している。

## 本章のまとめ

生成ＡＩに関する主な課題とリスクを要約すると次の通りである。

・倫理的な懸念として、生成ＡＩが誤情報や偽情報、プロパガンダを広める可能性があること、ＡＩが生成したコンテンツを検出するのが難しいこと、人々が生成ＡＩに過度に依存することで重要なスキルを失う可能性があること、そしてＡＩシステムの制御を失う恐れがあることが挙げられる。

・データのバイアス（これがバイアスのある結果を生み、社会的な分断を引き起こしたり助長したりする可能性がある）や、ＡＩの仕組みを理解することが難しい「ＡＩの説明可能性」についての大きな問題も存在する。

・法的な障害としては、著作権が大きな懸念である。これは、ＡＩの訓練に使用された著作物がその著作権者の承認や同意を得ていない場合が多いこと、また、ＡＩが生成したコンテンツの所有権が誰に帰属するかが不透明になっているという問題がある。さらに、ＡＩを管理するための規制フレームワークは、まだ発展途上であり、規制当局は遅れをとっている状況にある。

・生成ＡＩの環境への影響も大きな問題であり、大量のエネルギー消費や、ＡＩハードウェアの製造に使用される希少資源（レアアースなど）の利用などが課題として挙げられる。
・企業が生成ＡＩを導入する場合、透明性、プライバシー、倫理、安全性を重視した責任ある方策を見つけることが極めて重要である。

ここまで人間の仕事への影響について簡単に触れてきたが、次にそのテーマについて詳しく掘り下げる。生成ＡＩによってどのような職種がリスクに晒されているのか、そしてどの分野で新しい雇用機会が生まれるのかについて見ていこう。

# 第5章

# 生成ＡＩが職業に与える影響

Impact of Generative AI on Jobs

２０２３年に求人検索会社のインディードが作成した報告書は、求人情報とスキルを分析し、職業に対する生成ＡＩの自動化の影響度を明らかにした[1]。その結果は非常に衝撃的なものであった。約20％の職業は「高度に影響を受ける」とされていた。つまり、その職業のスキルの80％以上において生成ＡＩのほうが優れているか、極めて優れているとされている。さらに、45％の職業は「中程度に影響を受ける」とされていて、生成ＡＩが50〜80％の作業をこなすことができるとされている。そして残りの34％の職業は「低度または最小限に影響を受ける」とされていたが、それでも生成ＡＩが最大で50％の作業において優れているか、極めて優れていることが示唆されていた。つまり、ほとんどあらゆる職業が、何らかの形で生成ＡＩの影響を受けることになる。ある職業は不要になる一方、多くの職業はＡＩツールによって強化または拡張され、新たな職業も創出されるだろう。

## あなたの仕事はどれほどＡＩリスクに晒されるか？

本章がこの問いに対する答えの一助となれば幸いであるが、より本質的な問いは「私の仕事はどのように世界に価値をもたらしているのか？」というものである。ＡＩの時代において、これは誰もが問うべき問いであり、著者自身も例外ではない。

自分がもたらす価値を考えた上で、次に「その価値をＡＩが提供できるのか？　それは今日か、それとも中期的な未来においてか？」と自問すべきである。遠い未来については誰にも予測できない。自分の仕事を構成要素やコアスキルに分解し、それらを生成ＡＩの能力と比較してみることだ。生成ＡＩがそのスキルやタスクにおいて「優れている」と評価される可能性はないだろうか？

本章で見ていくように、生成ＡＩが担うことのできる職種の範囲はすでに驚異的なものである。もちろん、人類は過去にも自動化の波を経験してきた。たとえば、多くの工場や組立ラインの仕事は自動化されている。倉庫や梱包作業も機械によって行われ、管理されている。多くの事務作業も今や簡単に自動化されているし、スーパーマーケットのレジ係もセルフレジ方式に取って代わられている。しかし、この新しい生成ＡＩの波は、これまで自動化の影響を受けないと考えられていたような、人間らしいスキル、たとえば創造力やコミュニケーションを必要とする仕事、職業にも影響を及ぼしつつある。特に「創造する能力」は、これまで人間とＡＩを分ける大きな要素であったが、チャットＧＰＴやダリのようなツールは、オリジナルな思考ができるわけではないにしろ、人間の創造力を模倣できるようにはなっている。

したがって、将来的にあなたが提供する価値の一部がＡＩによって提供される可能性は十分にある。その場合、次の問いを考えてみてほしい。「私は世界にどのようにして価値を提供したいのか？」、すなわち「もしＡＩが自分の仕事の一部またはすべてをこなすことができるとしたら、自分は何をしたいのか？」という問いである。

## 低レベルの仕事と高レベルの仕事の違いを考える

著者は誰の仕事も「低レベル」と見なすことで不快感を与えたくはない。仕事、職業に貴賤はない。そのため、ここでは、「低レベルの仕事」とは、生成ＡＩがすでにできるタスクや、生成ＡＩが持つ能力を必要とする仕事を指す。一方で、「高レベルの仕事」とは、今のところ確実に人間の領域にあるタスクや能力を必要とする仕事である。つまり、仕事、職業が生成ＡＩに取って代わられるリスクとその程度について話をしている。本章の後半では、生成ＡＩの自動化に取って代わられるリスクが高い、中程度、低い職業についてみてゆく。新たに創出される役割についても考察する。しかし、今は「低レベル」またはリスクがあると見なされる職業が意外なものである可能性があることを指摘しておきたい。

最近、ドイツでの会議に参加した際、司会者のドイツ人ニュースキャスターが「自分の仕事は生成ＡＩの影響を受けるのか？」と尋ねてきた。私の答えは「イエス、絶対に影響を受ける」というものであった。実際、ニュースはすでにＡＩによって配信されている。２０２０年には韓国のテレビ放送局がＡＩニュースアンカーを導入済みである(2)。

良いニュースキャスターに必要なコアスキルを考えてみよう。優れた声、スマートな外見、適切なタイミング、情報を迅速に吸収する能力、プレッシャーの中でも冷静さを保つ能力、そして情報を魅力的に配信する能力が求められる。生成ＡＩはそれらすべてを実現できる。近い将来、生成ＡＩを使って自分専用のニュースキャスターを作成し、自分が最も理解しやすい方法で配信コンテンツを視聴することができるようになるだろう（そのニュースキャスターは特定のテーマについて自分がすでに知っていることを把握し、それに応じた情報を提供できるからだ）。理論上、あなたのパーソナライズされたＡＩのニュースキャスターを使って、ライアン・レイノルズにニュースを読ませたいのであれば、それも全く問題なくできる。誰でも良いだろう。ニュースをラップ形式で届けたい場合も、実現できるだろう。実際、ソーシャルメディアで「ラッピング・サイエンス・ティーチャー」として知られるマット・グリーンは、複雑な科学の概念をラップで説明しているので、日常のニュースもラップで配信してもらえばいい。

したがって、驚くかもしれないが、ニュースキャスターは自動化のリスクが大いにあると考える。その他のジャーナリズムの役割も同様である。たとえば、ＡＰ通信は数年間にわたり

ＡＩを使って企業の業績報告などの資料から短いニュースコンテンツを作成する実験を行っている。(3)

では、生成ＡＩによって自動化されない「高レベル」のジャーナリズムの役割とは何か？著者の考えでは、調査報道の記者は生成ＡＩの影響を比較的受けない安全な職業であると考える。世界は引き続き人間によるストーリーの調査、真実の発見、権力者への監視を必要としている。そして、優れた調査報道記者に必要なスキルは、好奇心、人間関係スキル、批判的思考、リサーチ力、優れたライティングスキルなどである。確かに、生成ＡＩは優れたライティングスキルを有するが、他の領域では優れた能力を発揮することは難しい。

別の例としてマーケティングについて考えよう。たとえば、ブログ記事やソーシャルメディアのキャプションを作成する低レベルのコンテンツクリエイターは、職を失う可能性が高い。生成ＡＩが比較的高いレベルでこなしてしまうからだ。しかし、マーケティング戦略や素晴らしいクリエイティブやデザインのブリーフを書く能力については、生成ＡＩが人間のマーケターのスキルレベルに達するのは難しい。マーケティングの成果物の背後にある戦略的思考や、成果物の質を判定するのは人間でなければならない。したがって、読者のみなさんには、自身の仕事をじっくり見つめ直して、どの部分が低レベルと見なされ、生成ＡＩに取って代わられるものか、またはどの部分にヒューマンタッチ（人間的なもの）が必要であるかを評価することをお勧めしたい。それを踏まえ、現在人間が行っている最も一般的な仕事、職業のいくつかについて、生成ＡＩによる自動化に晒されるリスクを評価してゆくことにしよう。

## AIによる自動化のリスクに晒される職業

生成ＡＩは本質的に、既存の情報に基づいてアウトプットを生成するタスクに優れている。そのため、繰り返しが多く、予測可能で、深い人間の直感を必要としない仕事は、ＡＩ自動化の影響を受けるリスクが最も高い。特に影響を受けやすい職業をいくつか見てみよう。リストに挙げられる役割に驚くかもしれない。

◆顧客サービス業の終焉か？

顧客サービス担当者は、生成ＡＩによって最も不要となるリスクが高い職業の１つである。実際、顧客サービスはすでにチャットボットや高度な分析など、技術的に進んでいる分野である。顧客サービスの仕事は、顧客と話し、彼らの問題や質問を理解しながら、可能な限り回答を考え出すことなどだ。実際、これはまさにチャットＧＰＴが行っていることと同じである。チャットＧＰＴはすでに平均的な顧客サービスチャットボットよりもはるかに優れており、常に進化している。

客観的に見て、企業が生成ＡＩの顧客サービスシステムを好む理由は明白である。

・簡単で繰り返しの多いタスクを自動化するのが得意である。問い合わせへの回答、一般的な問題のトラブルシューティング、情報提供などが該当する。
・スケーラビリティが高い。ＡＩシステムは同時に多数の問い合わせを処理できるため、需要の増加に伴って人員を比例的に増やさなくても、迅速に顧客の懸念に対応できる。
・大規模なパーソナライズの可能性がある。ＡＩはリアルタイムで膨大なデータを統合し、顧客の購入履歴、好み、過去の会社とのやりとりに基づいて個別対応することができる。このレベルのパーソナライズは、人間が一貫して達成するのが難しい。
・コスト効率が高い。長期的には、十分に開発された生成ＡＩソリューションへの投資は、特に大企業にとっては、人間の労働力を雇用、訓練、維持するよりもコスト効率が良い場合が多い。
・24時間、週7日利用可能である。

では、これらのことが顧客サービスに従事する人々が確実に生成ＡＩに取って代わられる道を歩んでいることを意味するのか？　これは、単純な白黒の問題ではない。顧客サービス内の多くのタスクは自動化できるが、人間味が必要なシナリオも存在する。複雑な問題、デリケートなトピック、共感や判断を必要とする状況は明らかに人間のほうがより良く対処できる。おそらく、顧客サービス担当者の役割は進化する。少数の人間がＡＩツールと共に働きながら、人間がＡＩの運用を監視し、より複雑なやりとりを処理することになるだろう。

## ◆将来消失する可能性のある職業

顧客サービス以外に、どのような職業が最もＡＩ自動化のリスクに晒されているのか？　次は網羅的なリストではないが、将来消失する可能性のある職業である。

・コンテンツクリエイター（特定のタイプに限る）：チャットＧＰＴのような生成ＡＩツールは、基本的な記事やレポートなどの大量の文章コンテンツを生成できる。
・初級グラフィックデザイナー：生成ＡＩデザインツールは、数秒で多数のデザインバリエーションを作成できる。
・翻訳者（言語やコンテンツの種類による）：ＡＩ翻訳ツールは常に改善されており、一般的なコンテンツに関しては人間の翻訳者の必要性が減る可能性がある。
・データ入力係および事務職：データをシステムに入力する仕事や基本的な事務作業は、ＡＩを使用して容易に自動化できる。
・テレマーケター：ＡＩはスクリプトに基づく電話を処理し、人間の反応を認識しながら、それに応じてスクリプトを調整できるため、ある特定のテレマーケティングの役割が影響を受ける可能性がある。
・簿記係：データ入力や基本的な会計調整などのルーチンの簿記作業は、ＡＩによって自動化できる。

・マーケットリサーチアナリスト：ＡＩは膨大なデータを収集、分析、解釈することができ、人間よりも効率的に機能を代替できる可能性がある。
・品質管理：製品やソフトウェアに対して一貫した既知の問題をチェックする反復的な作業において、ＡＩは欠陥を認識し報告するように訓練できる。
・株式トレーダー：ＡＩを用いたアルゴリズム取引はすでに普及しており、データ分析に基づく多くの取引執行が完全に自動化可能である。
・広告およびメディア購入：プログラマティック広告の購入では、ＡＩがデータ分析に基づいて広告の配置場所を選択するため、広告業界の多くの作業を自動化できる。
・パラリーガルおよび基本的な法的調査：ＡＩは膨大な法的データや文書を精査して関連情報を抽出できる。
・企業および製品の写真家：第3章で見たように、生成ＡＩツールはすでにポートレートや顔写真を作成し、製品の画像を生成することができる。
・工場労働者および組立ラインオペレーター：自動化とロボティクスはすでに製造業に大きな進展をもたらしているが、生成ＡＩはさらなる業務の効率化を促進し、人間の介入の必要性を減少させる可能性がある。

## ◆「仕事を通じて学ぶ」能力を喪失してしまうのか？

明らかに、生成ＡＩは雇用環境を再構築する大きな潜在能力を有していて、特にエントリーレベルのポジションに影響を与える。しかし、これらのエントリーレベルの職はしばしば、より高いレベルの役割に必要な基礎的なスキルを習得するための踏み台とされる。そのため、大きな疑問は、エントリーレベルのポジションがもはや存在しなくなった場合、人々はどのようにして必要なスキルを獲得するのかということである。低レベルのタスクがＡＩによって日常的に行われるようになると、私たちは「仕事を通じて学ぶ」能力を失ってしまうのであろうか？

これは、労働市場に参入する人々にとっては大きな課題であり、スキル開発やキャリア昇進の概念を再考する必要があることを意味する。雇用者にとっては、ＡＩが簡単に模倣できないスキル、たとえば共感、批判的思考、複雑な意思決定といったものを育成することに焦点を当て、個人が常に変化する雇用市場に適応できるように生涯学習の文化を育む必要があるかもしれない。ここで私の著書『Future Skills: The 20 skills and competencies everyone needs to succeed in a Digital World（将来必要なスキル：デジタル世界で成功するために必要な20のスキルと能力）』（未邦訳）について触れておくのもよいだろう。この書籍では、将来の職場に必要な重要なスキルを実践的に考察しており、特に人間のソフトスキルに重点を置いている。

## 生成AIによって進化する職業

生成ＡＩによって将来的に消失する職業がある一方で、多くの職業が生成ＡＩによって変化、進化するであろう。国際労働機関（ＩＬＯ）の２０２３年の報告書によれば、生成ＡＩは仕事を破壊するのではなく、むしろ補完する可能性が高いという。つまり、ほとんどの仕事はある一定の範囲においては自動化を経験し、生成ＡＩによって「置き換えられるのではなく補完される」可能性が高いという。[4] なお、この報告書では、女性が生成ＡＩの自動化により影響を受ける可能性が男性よりも高いことが指摘されている。具体的には、女性の雇用のうち、男性の2倍以上が影響を受ける可能性があるとされており、これは主に女性が多く従事している事務職がＡＩによる自動化のリスクが高いと見なされているためである。

ここで、特定のタスクが自動化される可能性はあるものの、職業そのものが陳腐化する可能性は低いとされる職業について取り上げたい。たとえば、医療診断の一部は生成ＡＩによって支援または置き換えられるかもしれないが、医師や医療専門家の仕事にはＡＩでは対応できない多くの他の役割がある。したがって、これらの仕事、職業は進化することになるであろう。これらの分野の多くの専門家は、生成ＡＩツールを仕事に統合し、独自の人間的スキルを必要とする側面に時間と労力を集中させる可能性が高くなる。最も変化に耐性がある役割は、深い人間の直感、創造性、文化的理解、または実践的な手作業などの身体的器用さを必要とするものである。

### ◆教師、医療従事者、弁護士

教育とは、ただ情報を伝えるだけのものではない。情報を効果的に伝達することなら、チャットGPTなどのテクノロジーで十分にこなせる。しかし、教育には生徒の動向を理解し、個々のニーズに応じた柔軟な対応が求められる。また、育成しようとする心構えや保護者的な役割も必要である。生成AIは、教育のさまざまな分野で役立つだろう。

たとえば、教育コンテンツの作成、複雑なテーマをわかりやすく要約すること、生徒個人に応じた教育内容の提供、定量的な課題の採点、事務作業の自動化などが挙げられる。しかし、人間の教師は必須である。教師は、生徒の微妙な反応に基づいて説明を調整しながら、学習教材を変更し、生徒との深い関係を築きながら、教室の調和を保つ。そして、生徒に的確なフィードバックを提供することで、何よりも学ぶことへの情熱をかき立てる存在である。著者の妻は教師をしていて、3人の子どもを教育している身として、著者としては教育の未来を軽視することはできない。最終的には、生成AIと人間の教師が調和し、相互にその強みを引き出しながら、共に教育を担う未来が実現することだろう。その中でも、人間の持つ共感力、インスピレーション、直感が、引き続き教育の中心に据えられるものと信じている。

同様に、医療分野でもＡＩは診断、新薬の開発、日常的なモニタリング、患者個人に適した治療計画の作成に貢献することだろう。しかし、医師や看護師、その他の医療従事者が持つ人間味ある対応、ベッドサイドマナー、共感、そして繊細な判断力は、決してＡＩには代替できないものである。もし私たちがＡＩと人間の双方の強みをうまく活用できれば、医療の質を向上させ、世界中で医療の民主化を進め、患者の治療結果を改善できる可能性がある。人為的なミスを減らし、医療従事者が患者1人ひとりに対して、より適切なケアや支援に時間を費やすことが可能になるだろう。

弁護士などの法律の専門職もまた、「知識労働」（あるいは「ホワイトカラーの仕事」とも呼ばれる）として、生成ＡＩによって拡張される興味深い分野である。特にＡＩの技術進歩により、法律分野は大きな変革の瀬戸際に立っている。データ分析、文書レビュー、法的調査などがＡＩによって効率化されている。契約書の自動分析や、訴訟結果の予測アルゴリズムといった分野にもＡＩが進出している。しかし、弁護士業の本質である倫理的判断、クライアントへの助言、交渉、法廷での弁護といったスキルは、依然として人間の能力と直感に深く根ざしている。優れた弁護士は、共感力と道徳的な思考力を持ち合わせているが、これらの能力はＡＩには再現することはできない。テクノロジーが進化し続ける中で、弁護士はＡＩと協働し、ＡＩの効率性やデータ処理能力を活用しつつ、人間ならではの洞察力、創造力、倫理的な理解が求められる複雑なタスク、業務に専念することができるであろう。

## ◆AIによって拡張されるが、取って代わられることのない職業

生成ＡＩの使用によって変化し、拡張される職業をいくつか挙げてみよう。

・ソフトウェア開発者：生成ＡＩは特定のタスクにおいてコードを自動生成することは得意であるが、ソフトウェア開発は問題解決や設計、そして人間のニーズを理解することが求められる分野であり、これらにおいては人間のほうが優れている。

・会計士および監査人：確かに、基本的な会計業務は生成ＡＩによって自動化できるが、より高度な監査、財務分析、戦略的な助言は人間の洞察力によって支えられている。

・マーケティングマネージャー：ＡＩはデータを分析し、適切な戦略を提案できるが、マーケティングには人間の創造性、戦略的な視野、そして文化に対する繊細な理解が不可欠である。

・クリエイティブプロフェッショナル：アーティスト、音楽家、作家は、独自の人間的な視点、感情、文化的な示唆を作品に反映させる。ＡＩがアートや音楽を生成することは可能だが、人間の創造性は体験に根ざした繊細なニュアンスを宿している。

・人事専門家：多くのＨＲ業務は自動化される可能性があるが、社員間の関係性の取り扱いや職場のダイナミクスの理解、人に関する判断は常に微細な人間の理解を必要とする。

・研究者・科学者：ＡＩはデータ分析を支援するが、新しい仮説の形成や複雑な結果の解釈は人間の好奇心が重要な役割を果たす。

さらに、ＡＩに取って代わられるリスクが低い職業としては次のようなものがある。

・熟練職人：電気技師、配管工、機械工のような職業は、予測不可能な環境での実地の専門知識や問題解決が求められ、ＡＩには対応しにくい。

・緊急対応者：消防士、救急隊員、警察官は、予測不可能な環境で瞬時に判断をする必要があり、さまざまな要素を考慮するため、これはＡＩには難しい領域である。

・メンタルヘルス専門家：セラピスト、カウンセラー、心理学者は、人間の深い共感、直感、理解に依存しており、これにＡＩが取って代わることは難しい。

・ソーシャルワーカー：複雑な人間関係を扱う職業であり、共感や文化的な理解、時には予測不可能で感情的な状況を処理する能力が求められる。この分野もＡＩが得意とするところではない。

・経営および指導的立場：経営者、マネージャー、その他のビジネスリーダーは、複雑な人間関係を導き、戦略的な決定を下すことで、チームを鼓舞し、動機付ける必要があるが、これらはＡＩに欠けているスキルである。

結論として、人間の手による仕事、直感、繊細な判断、創造性、人間関係、そして熟練技は、今後も重要な役割を果たすであろう。これらのスキルに深く根ざした仕事は、生成ＡＩがもたらす広範な変革にも、比較的耐えやすいと言える。

## 新たな職業が生まれることを忘れてはならない

確かに、生成ＡＩによって多くの職業が変化し、あるいは廃れていくことは避けられない。しかし、歴史が示すように、革新的な技術の導入は、往々にしてまったく新しい職業を生み出す。したがって、生成ＡＩは単なる破壊者ではなく、新たな機会の創造者でもある。ここでは、生成ＡＩによって生み出されている新しい職業についていくつか考察してみる。

・ＡＩプロンプトエンジニア：新たに登場した分野であり、期待がもたれている。プロンプトエンジニアは、生成ＡＩアプリケーションに特定のアウトプットを出力をさせる技術に長けた専門家である（たとえば、一般的なプロンプトでは常識的な回答が得られるが、プロンプトエンジニアは望ましい結果を得るために洗練されたプロンプトを創造、制作する）。優れたプロンプトエンジニアになるためには、高いコミュニケーション能力、細部への注意、批判的思考、そしてデータに関するスキル（ＡＩが必要とする情報を見極める能力）が求められる。ソフトウェア設計のバックグラウンドは不要である。なぜなら、生成ＡＩシステムは自然な人間の言語を解釈するからだ。

・ＡＩトレーナー：ＡＩモデルを「教育」し、精緻化する専門家である。彼らの仕事は、ＡＩにデータを与えることから、アウトプットを微調整して正確性や関連性を確保することまで多岐にわたる。

・ＡＩ倫理責任者：生成ＡＩの強力な機能を考慮すれば、これらのシステムが倫理的に開発され、偏見がなく、社会的に責任ある形で使用されることを保証する専門家が必要である。

・ＡＩメンテナンスエンジニア：他のシステムと同様に、ＡＩモデルにも更新やメンテナンスは必要である。システムが効率的に動くようにし、問題が発生した際にはトラブルシューティングを行う役割が求められる。

・ジェネレーティブデザイン専門家：建築や製品設計、エンジニアリングの分野では、生成ＡＩが多数のデザインバリエーションを作成できる。この分野の専門家はＡＩの指導やアウトプットの解釈を行い、最適なデザインを実現する。

・ＡＩコンテンツレビュアー：文章から視覚デザインに至るまで、すべての形式のコンテンツに対して、品質、正確性、適切性を評価する人間のレビューが必要である。

・ＡＩを活用したエンターテイメントクリエイター：生成ＡＩは音楽、ビデオコンテンツ、仮想現実、さらにはビデオゲームの素材を作成することができる。この技術をクリエイティブな活動に活用するプロフェッショナルが登場している。

・データキュレーターおよびクリーナー：生成ＡＩの有効性は、その訓練に使用されるデータの質に依存するため、データのキュレーションやクレンジングのスキルを持つ人材が求められる。

・AIインタラクションデザイナー：AIインターフェースが一般化するにつれて、人間とAIのスムーズなやりとりを実現するユーザーエクスペリエンスを設計するデザイナーが必要となる。

・カスタムAIソリューション開発者：多くのAIアプリケーションが一般的な用途向けに作られるが、特定の業界のニーズや課題に合わせたカスタムAIソリューションの需要が増加している。

・AI政策および規制専門家：AIが社会に浸透するにつれて、技術とその社会的影響の両方を理解し、政策や規制を策定する専門家が必要になる。

・AIリテラシー教育者：20世紀後半から21世紀初頭にかけてコンピューターリテラシーが基本スキルとなったように、今後はAIリテラシーが重要になる。AIの仕組みやその利点、課題を教える教育者が求められる。

・パーソナルAIマネージャー：AIがより個人化、パーソナライズされていく（たとえばパーソナルAIアシスタントのように）につれて、個人や企業のためにこれらのAIツールをカスタマイズし、管理する役割が生まれるかもしれない。

要するに、生成AIが進化するにつれて、それを効果的かつ倫理的に利用し、社会に利益をもたらすためには、技術的スキルと非技術的スキルの両方が必要となる。生成AIの能力がさまざまな分野で活用されるに従い、ＡＩの指導、改善、解釈などを軸に新たな役割を持った職業が生まれることであろう。

## 本章のまとめ

- ほぼすべての職業が、何らかの形で生成ＡＩの影響を受ける。いくつかの職業は不要となり、多くの職業はＡＩツールによって拡張される。また、新しい職業も生まれる。
- 繰り返しの多い仕事、予測可能な仕事、人間の深い直感を必要としない仕事は、生成ＡＩによって自動化されるリスクが最も高い。
- 教育、医療、マーケティング、人事など、さまざまな分野にわたる専門職が生成ＡＩを取り入れて適応するだろう。これにより、専門家は人間にしかできないスキルを必要とする側面に、時間と労力を集中させることが可能となる。
- 初級レベルの職業が消滅する可能性があるため、雇用者はスキル開発やキャリア形成の概念を再考する必要がある。伝統的な「下積みから始め、経験を積みながら昇進していく」というルートは、もはや通用しないかもしれない。
- 人間の手による仕事、直感、繊細な判断、創造性、人間関係、実践的な専門知識は、今後の職業市場でも依然として重要な役割を果たす。

・さらに、ＡＩプロンプトエンジニアやＡＩリテラシー教育者など、個人や組織が生成ＡＩの恩恵を最大限に引き出すための新しい職業が登場する。

・今後の職業市場における変化を踏まえ、すべての人が自問すべき重要な問いがある。「私の仕事は、どのようにして世の中に価値を提供しているのか？」、「その価値は、今日または近い将来、ＡＩが提供できるものなのか？」、「私はどのようにして世の中に価値を提供したいのか？」

第1部の内容は以上となる。生成ＡＩについての概要を説明したところで、次に特定の分野に焦点を当て、生成ＡＩが実際にどのように活用されているかを具体例とともに見てゆくこととする。

# 第2部 生成ＡＩの活用

*Part2*
*Generative AI in Practice*

生成ＡＩがどのように機能し、何ができるのか、そしてどのように私たちの世界に影響を与えるのかを概観したところで、次に企業や組織が生成ＡＩをどのように活用しているのかを見てゆくこととしたい。

第2部では、エンターテインメント、マーケティングや広告、小売業、銀行業、医療などの特定の分野に焦点を当て、実際の使用例を取り上げる。ここでの目的は、あらゆるビジネスが生成ＡＩを活用して顧客とつながり、新しい製品やサービスを市場に投入することで、業務を効率化する方法を提示することである。

本書のボリュームに配慮して、取り上げる業界を選定したが、特定の業界がここで取り上げられていないからといって、生成ＡＩがその業界に適用できないという意味ではない。生成ＡＩは、どの業界のビジネスにもメリットをもたらす可能性がある。第2部の事例を参考にして、自社での活用方法を考えるためのヒントとしてほしい。

# 第6章

# メディアとエンターテインメントの新時代

A New Dawn in Media and Entertainment

まずメディアとエンターテインメントを取り上げたい。これらの分野では興味深い事例が数多く出現しており、1章に収めきれないほどである。本章は、生成ＡＩの活用事例を駆け足で紹介していくものであり、網羅的な解説ではないことをご承知いただきたい。たとえメディアやエンターテインメント業界に携わっていなくても、ニュース、テレビ、映画、スポーツ、書籍、ポッドキャスト、音楽、アートといったコンテンツを日常的に消費していることは疑いのないことだろう。これらのコンテンツが生成ＡＩによってどのように変革されているのかに興味があれば、ぜひ読み進めてほしい。

# 生成AIとジャーナリズム

多くのメディア企業は、生成ＡＩをどのように活用したらいいのか、またこのテクノロジーがジャーナリズムの未来にとって何を意味するのかを模索しているところである。明らかに、生成ＡＩはジャーナリズムにおいて多くの可能性を秘めている。特にデータに基づく記事やレポートの自動作成、その他の業務において、その力を発揮することができる。

## ◆効率化と新たなコンテンツのプレゼンテーション方法

あなたが多忙で経営資源が限られたニュース編集部の記者や編集者だと想像してほしい。多くのニュース編集部は規模が縮小されて、毎年少ない人数で運営されていることに疑いはない[1]。こうした逼迫した状況にある編集部は、生成ＡＩを活用することで、より効率的で合理的な方法でコンテンツを作成することができる。ここで言っているのは、単にコンピュータが記事を執筆するということではない（もっとも、それも現実には起きているが）。生成ＡＩを活用して、特集記事のアイデアを出したり、読者データを分析したり、ニュース記事をパーソナライズしたり、ビデオコンテンツを作成することまで可能になる。

ジャーナリズムの本質は、情報を処理して提示、プレゼンテーションすることであり、生成

AIはこれを新しく、魅力的かつ効率的な方法で実現する手段を提供してくれる。たとえば、地元の大学フットボールの試合結果を自動で報道したり、AIを使って魅力的なビデオコンテンツを生成したりすることができる。また、生成AIは記事をよりインタラクティブにし、個別にパーソナライズされたニュースを提供することも可能にする（第5章で触れた、映画スターが日々のニュースを読み上げる例を思い出してほしい）。さらに、生成AIはコンテンツを瞬時に複数の言語に翻訳することができ、メディアの地理的な到達範囲を拡大する。このようにして、人間の記者は、ストーリーの複雑な側面や調査に専念することができる。

## ◆メディアにおける生成AIの事例

第5章で見たように、AP通信社は生成AIを早期に導入した通信メディアの1つであり、AIを活用して決算報告やスポーツイベントの要約を自動化したりして、大きな成果を上げている（事実、生成AIによってAPはこれらの記事の作成数を10倍に増やすことができた）[2]。そして2023年には、オープンAIとAPはライセンス契約を結び、APのニュースアーカイブの一部を使用して、ニュース分野における生成AIの活用を探求することを可能にした[3]。

バズフィード（BuzzFeed）も生成AIを採用している企業の1つである。同社はすでにチャットGPTを使用してクイズの強化を行い、チャットボットやゲームを通じて読者向けにパーソナライズされたコンテンツを試作している。さらに、「ボタトゥイリ（Botatouille）」というAIレシピ生成ツールも開発している。バズフィードのCEOジョナ・ペレッティは、生成

ＡＩが「静的なコンテンツの大部分を置き換える」と述べ、ＡＩが1秒で数百のアイデアを生み出し、コンテンツを整理、要約し、「高度にハイパーパーソナライゼーションを実現したコンテンツ」を生成する能力を有するとしている。[4]

グーグルも、記事作成が可能な生成ＡＩ製品をテスト中であり、ニューヨーク・タイムズや他のニュース媒体でそのテクノロジーのデモを実施しているという。[5] このツールは仮称「ジェネシス（Genesys）」と呼ばれており、たとえばイベントに関する情報を入力することでニュース記事を生成できる。グーグルの計画では、このツールは記者の作業を自動化する一方で、記者を完全に置き換えるものではないとされている。

一方、ブルームバーグ（Bloomberg）は金融データに特化した生成ＡＩモデル「ブルームバーグＧＰＴ」を開発した。このモデルは企業に関する質問に答えたり、見出しを作成したり、見出しが企業の財務見通しにどう反映されるかを分析する能力を備えている。膨大なビジネスや金融ニュースを処理し、クライアントがニュースに関する質問をできるようにすることが目的である。[6]

生成ＡＩが特に優れているのは、極めてローカルなコンテンツを大量に生成する分野であり、これは縮小するニュース編集部がスタッフ不足で手が回らない領域である。実際、ニューズコープ（News Corp）はオーストラリアで、天気予報や燃料価格などの話題に関する週３０００件のローカルニュース記事を生成ＡＩで作成している。わずか４人のスタッフが数千の記事を生成し、管理することができる。[7]

しかし、すべてが順風満帆というわけではない。2020年、マイクロソフト傘下のエムエスエヌ（MSN）は人間の記者を生成AIに置き換え、MSNとエッジ（Edge）ブラウザのホームページ用に記事を作成する技術を導入したが、その結果は芳しくなかった。MSNはその後、人魚やビッグフット、空に現れる天使など、フェイクニュースを含む記事を多数公開したとして非難を浴びた。[8] これは、生成AIを人間の監督下に置かず実装すると何が起こるかを示している。

## 生成AIによるスポーツ放送とファンエンゲージメントの向上

生成AIは、視聴者にとってより魅力的でパーソナライズされたコンテンツを生成することで、スポーツ放送に革命を起こす大きな可能性を秘めている。ここでは、生成AIの潜在的な応用例といくつかの実際の事例を見てゆくこととする。

### ◆スポーツにおける生成AIの応用

わかりやすい応用例として、生成AIを活用してスポーツイベントの実況を自動生成したり、リアルタイムで実況を翻訳したりすることが挙げられる。AIは、過去の試合や選手の統計、選手に装着されたセンサーやピッチ上のセンサー、さらにはソーシャルメディアからのファンの感情を分析し、示唆に満ちたリアルタイムの実況を提供する能力を持っている。これにより、視聴者の体験が豊かになる。

さらに、生成ＡＩはリアルなバーチャルシミュレーションや視覚的な拡張分野を生成することができ、放送局は試合の重要な瞬間を異なる角度や視点から再現することが可能になる。その結果、ファンに、より没入感のある楽しい視聴体験を提供できるのである。要するに、生成ＡＩの能力を活用することで、スポーツ放送局はコンテンツの質、パーソナライズ、インタラクティビティを向上させ、その過程でファンのエンゲージメントと満足度を高めることができる。

## ◆スポーツにおける実際の事例

私自身、ウィンブルドンの大ファンであるため、この話題から始めるべきであろう。テニス大会を主催するオールイングランドクラブは、かなり前からデータドリブン型メディア企業へと移行しており、たとえば２０１７年にはＡＩを用いて自動生成されたビデオハイライトリールを作成している。２０２３年には、これらのハイライトリールに自動化されたＡＩボイスと字幕実況を導入し、さらなる進化を遂げた。今後、この技術は人間の実況者がいない試合、たとえばジュニアマッチやセンターコートの試合ほど注目されないコートでの試合の実況を生成するために利用される可能性がある。この実況は複数の言語で生成され、ファンの好みに応じてパーソナライズすることも可能である。(9)

フォーミュラー1（F1）は、さまざまな方法でAIを活用している。F1は常に技術とデータに基づいたスポーツであり、各ドライバーの背後には、わずかなメリットを得るためにデータを分析するエンジニアや科学者のチームがいる。AIを駆使したシミュレーションは、レースのさまざまなパラメータをモデル化し、どの変数が好ましい結果につながる可能性が高いかを特定するために使用される。また、AIシミュレーションはドライバーのトレーニングにも利用され、ドライバーはコースを学びながら、怪我や高額な車両の損傷を避けて技術を磨くことができる。そして、これらのシミュレーションから得られたデータは対戦チームに提供される必要があるため、ドライバーは実際のデータに基づいて相手のシミュレーションモデルとレースをすることでトレーニングを行うことができる[10]。

F1の放送に関しては、レース中には視聴者には必ずしもはっきりと分からない多くの出来事が発生する。そのため、F1はアマゾン・ウェブ・サービスと提携し、リアルタイムの車両位置データやタイミングデータなどのデータを活用して、さまざまな示唆を生成してレース中に視聴者に提供している（ちなみに、F1はレーシングカーのデザインにもAIを頻繁に利用しているが、AIを活用したデザインについては第14章で詳しく説明する予定である）。

別の例として、フォックス・スポーツ（Fox Sports）はグーグルと協力し、生成AIを活用している。このスポーツ放送局は、グーグル・クラウド（Google Cloud）のヴァーテックスAIヴィジョンシステム（Vertex AI Vision System）を使用して、自社の膨大なゲーム映像アーカイブからコンテンツを生成している[11]。グーグルのシステムは、約200万本の映像を迅速に検索し、「ほぼリアルタイム」で新しい映像コンテンツを生成して、テレビやソーシャルメディアで共有することができる。

なお、スペインのサッカーリーグ、ラ・リーガ（LaLiga）の技術部門であるラ・リーガ・テック（LaLiga Tech）は、AI専門企業のグローバント（Globant）とマイクロソフトと提携し、スポーツ放送における生成AIの試験運用を行っている。プロジェクトの1つとして、生成AIを用いてファン向けの新しいパーソナライズされたコンテンツ（多言語字幕の自動生成を含む）を生成し、放送局向けに没入感のある新しい素材を作成する予定である。[12]

## ストーリーテリング
## ——生成AIによる書籍、オーディオブック、ポッドキャスト

ストーリーテリングは私たち人間の本質の一部である。では、生成AIの登場はこの特有の人間的な娯楽にとって何を意味するのだろうか。実際、チャットGPTのようなツールは、詩やブログ記事、短編小説、さらには小説に至るまで、さまざまなコンテンツをすでに書くことができる。そう、AIは今や人間のストーリーテラーと時には競い合える物語、ストーリーを創作することが可能だ。しかし、生成AIは著者や出版社が新しい形のコンテンツを創造し、コンテンツ制作の側面（音声コンテンツを含む）を効率化するのにも役立つのである。

## ◆生成AIを使って物語を語る方法

生成AIがまともな小説を書くことができるとは信じがたいだろうか。2015年の初期の例として、小説『コンピュータが小説を書く日――AI作家に「賞」は取れるか』は、日本の文学賞の一次選考を通過するほどの評価を受けた(13)。また、2022年に発表されたデータサイエンティストのフォレスト・シャオによって発表された『AIの内面――チャットGPTによる回想録』は、チャットGPTが書いた初めての回想録である可能性がある(14)。あるSF作家は、チャットGPTの能力に感銘を受け、わずか9カ月で100冊以上の本を執筆した(15)。ティム・ブーシェは、その壮大なSF執筆の中で、ミッドジャーニーを使用してチャットGPTのテキストに合わせた画像を作成した。

多くの作家は、生成AIを使用してアイデアを生成したり、キャラクターや場所の名前を考えたり、執筆のプロンプトを作成したり、一般的にインスピレーションや生産性を高めるツールとして利用することで、生成AIに触れることになるだろう。これにより、生成AIは人間のストーリーテラーを時代遅れにするものではなく、「共創」のツールと見なすことができる。

生成AIはまた、より協力的でインタラクティブなストーリーテリングを促進することも可能である。これは、作家が読者の選択に基づいてストーリーが進行するインタラクティブな物語を作成できることを意味する(若い頃に読んだかもしれない「ゲームブック」のAI版とも言える)。言い換えれば、作家がパーソナライズされた体験を生成AIに提供することで、作家と読者とが新たな形でつながる方法を生成AIは提供できる。

## ◆出版プロセスの強化

出版業界からは、著作権の問題（生成ＡＩモデルが同意なしに書籍コンテンツで訓練されていることについて、第4章を参照）に対する批判が多く存在する。しかし、将来的には出版社が生成ＡＩをワークフローに取り入れる可能性もある。たとえば、生成ＡＩを使用して書籍コンテンツを自動的に他のフォーマット（たとえば、ＰＲ用の記事やブログ投稿）に再利用することができる。また、他の地域市場向けに書籍の翻訳を急速に展開させることも可能である。本書の執筆中に、著者が以前執筆した本の翻訳版が届いた。それは実際には1年以上前に出版されたものであり、翻訳のタイミングとしては決して遅くはない。しかし、生成ＡＩを用いることで、翻訳版が英語版と同時に出版される可能性がある。著者としては、これは特にワクワクすることである。

そして、生成ＡＩが大きな役割を果たす可能性があるもう1つの分野はオーディオブックである。次の話題に移ろう。

## ◆オーディオコンテンツの作成

生成ＡＩは、テキストやビジュアルコンテンツだけでなく、オーディオコンテンツも生成できることを思い出してほしい。これにより、出版や物語の世界に大きな可能性がもたらされる。従来の方法では、人間のナレーターを使ってオーディオブックを制作するのは費用も時間もかかるプロセスであるが、生成ＡＩを使えば、書かれたコンテンツを自動的にオーディオコンテンツに変換できる。そして、その音声も機械的なものではなく、リアルな声で生成される。

たとえば、パブリックドメイン書籍の無料オンライン図書館であるプロジェクト・グーテンベルクは、マイクロソフトと協力し、生成ＡＩのテキスト読み上げ技術を用いて、数千冊の無料オーディオブックを作成した。[16] これらのオーディオブックはスポティファイ、グーグル・ポッドキャスト（Google Podcasts）、アップル・ポッドキャスト（Apple Podcast）で利用可能であり、将来的には、読者が自分自身の声を使ってオーディオブックを生成できるようになると約束している。同様に、アップルも生成ＡＩ技術を使ってオーディオブックをナレーションし、独立系出版社と提携して出版物をオーディオブックに変換している。「ＡＩナレーション」と検索すれば、アップル・ブックス（Apple Books）アプリでこれらのＡＩナレーションによるオーディオブックにアクセスすることができる。[17]

### ◆ポッドキャストでの活用

書籍が生成ＡＩで自動翻訳できるのであれば、ポッドキャストも可能ではないだろうか？スポティファイはまさにそれを実現しようとしていて、「ボイス・トランスレーション（Voice Translation）」パイロット版というＡＩ機能を開発中で、ポッドキャストを別の言語に翻訳する際、ポッドキャスター自身の声で翻訳をする。[18] このツールはオープンＡＩの音声生成技術をベースにしており、元の話者の話し方、抑揚、間を完璧に再現するため、従来の吹き替えよりもより自然で本物に近いものとなる。スポティファイはこのプロジェクトで、俳優ダックス・シェパード（Dax Shepard）やスティーブン・バートレット（Steven Bartlett）といったポッドキャスターと協力している。ちなみに、スティーブン・バートレットは、ＡＩ技術を使って自身の「ＣＥＯ日記（The Diary of a CEO）」ユーチューブ動画をスペイン語やフランス語にスムーズに吹き替えることにも成功している。

## 映画業界における生成ＡＩ

第４章で、すでに一部の声優がＡＩで生成（またはクローン）された声に仕事を奪われている例を見た。それでは、生成ＡＩが映画の世界でどのように使われているか、他の事例を見てみよう。

### ◆生成ＡＩが映画製作者に提供するもの

生成ＡＩは、特殊効果の作成、キャラクターや背景の生成、さらにはシーン全体の制作も可能であり、物理的なセットへの依存を減らし、ポストプロダクションのプロセスを効率化する。この技術により、小規模なスタジオや独立系映画製作者でも、従来は大規模な予算が必要だった高品質な映像を実現できるようになり、映画制作の民主化が進み、全体的な制作時間やコストを削減する助けとなる。

さらに、プリプロダクションの段階でも、脚本執筆の充実化や新しいアイデアの生成に役立つ（第4章のハリウッドの脚本家ストライキを参照）。加えて、ＡＩを使用してナレーションを作成したり、より自然な形で音声を吹き替えたり、さらにはすでに亡くなったスターの声や映像を再現することも可能である。

しかし、この最後の使用例は問題がある。亡くなった映画スターは自身の声や映像の使用に対する同意を与えることも、報酬を受け取ることもできず、さらにそのような再現は不気味ささえ感じさせる可能性がある。２０１４年に亡くなった伝説的な俳優ロビン・ウィリアムズの娘であるゼルダ・ウィリアムズは、父親の声のＡＩによる再現を「個人的に不快」と表現している[19]。

## ◆映画における生成ＡＩの活用事例

生成ＡＩは映画制作においても大きな可能性を秘めているが、実際の映画制作ではどのように活用されているのだろうか？　一例として、オスカー受賞作『エブリシング・エブリウェア・オール・アット・ワンス』が挙げられる。この映画は、現実世界とファンタジーの境界をぼかしながら、ＡＩの作成した要素を実写映像に統合している。制作者は、従来半日かかっていた視覚効果の作業が、数分で完了するようになったとＡＩの利点を賞賛している[20]。

同作で使用されたランウェイ（Runway）ＭＬのＡＩ編集技術は、映像効果に多くの機能を提供しており、その中にはシーンから特定のオブジェクトを除去する技術も含まれている。『ゲーム・オブ・スローンズ』のエピソードで、スターバックスのカップが誤って映り込んだシーンが話題になったのを覚えているだろうか？　ＡＩ編集技術なら、このような問題を数分で解決できる。また、ランウェイのビデオ・トゥ・ビデオ技術は、既存の映像を基に新しい映像コンテンツを生成できるため、映画制作者は既存の映像を基に新しいシーンを作成することも可能だ。[21]

映画監督兼プロデューサーのスコット・マンが設立したＡＩラボ「Flawless」が生成ＡＩを用いて吹き替えを改善しているのも1つの例である。以前はキャラクターの口の動きが吹き替え音声と合っていないことがよくあったが、フローレス（Flawless）のトゥルーシンク（TrueSync）技術を使えば、役者の口の動きが吹き替え音声に完全に一致するようにできる（この技術を「ヴァビング（vubbing）」と呼んでいる）。同社によれば、この技術は映画から不適切な言葉を除去し、特定の年齢制限をクリアするためにも使用できる。実際に２０２２年の映画『フォール（FALL）』では、この技術を使ってＦワード（禁止用語）を削除し、ＰＧ－13のレーティングを獲得した。[22]

## ＡＩによる音楽生成

音楽の世界では、非常に興味深い出来事が次々と起こっており、このセクションのトピックを絞り込むのは難しかった。しかし、生成ＡＩが音楽にどのような影響を与えているか、主なものをいくつか見ていこう。

### ◆音楽業界の変革

生成ＡＩは創造性と革新を生み出す触媒となり、多くのアマチュアやプロのミュージシャンに受け入れられている。生成ＡＩは、新しい曲を作曲したり、アーティストやプロデューサーが新たなサウンドを試す手助けをすることができる。さらに、生成ＡＩはトラックのマスタリングやミキシングのプロセスを自動化し、アーティストにとって時間とリソースの節約になる。人間の創造性とＡＩを組み合わせることで、音楽業界は共創と新しい発見の時代を迎えることができる。

生成ＡＩは音楽プラットフォームにも大きな影響を与える可能性があり、より多様でパーソナライズされたユニークな音楽コンテンツの創出が期待されている。ＡＩは膨大な音楽データを分析し、異なるジャンルに固有のパターンやスタイル、構造を学習し、その知識を基に全く新しい曲を創作することができる。音楽プラットフォームはこうした技術を統合し、個々の好みに合わせたプレイリストやトラックを生成し、ユーザー個々人に特化した体験を提供することが可能となる。

## ◆音楽生成ツール

ＡＩを活用した音楽生成ツールが次々と登場し、音楽の制作やその支援が可能となっている。これらのツールは、さまざまなジャンルの音楽を作成でき、メロディ、リズム、ハーモニー、さらには全曲の生成も可能である。このようなツールにより、音楽制作が民主化されつつある。もはや高価な機材や畏まった音楽教育は不要であり、（音声生成ツールを使えば、歌が歌えなくても問題ない。これについては後述する）これらのツールは、新人ミュージシャンだけでなく、すでに活動しているアーティストやプロデューサーにとっても有用である。アイデアを生み出し、新たな音楽の方向性を探り、制作を効率化することができるからだ。

では、どのような音楽生成ツールがあるのだろうか。たとえば「ラウドリィ（Louddly）」を挙げてみよう。このプラットフォームでは、自然言語プロンプトを用いて誰でもロイヤリティフリーの音楽を生成できる。たとえば、製品ローンチビデオのサウンドトラックを作ってほしいと依頼すれば、その通りのものが生成される。音楽のスタイル、テンポ、ムード、さらには使用する楽器までも選ぶことができる。ラウドリィの音源はすべて人間が演奏した録音に基づいており、合成されたものではない点が重要である。また、ラウドリィはそのシステムのトレーニングに使用したすべての音楽の著作権を所有している（著作権問題については第4章に戻って確認）。既存の楽曲は個々のプロジェクトに合わせてカスタマイズでき、新しい楽曲をゼロから作り上げることもできる。他にも、ＡＩ音楽生成ツールとしては、サウンドフル（Soundful）、ミューバート（Mubert）、ミューズネット（MuseNet）、ドゥオダボット（Dadabots）、ビートボット（Beatbot）、エイバ（AIVA）などが挙げられる。

生成ＡＩを使えば、亡くなったアーティストの楽曲を完成させることさえ可能だ。２０２３年6月、ポール・マッカートニーは、ＡＩを用いて「最後のビートルズの曲」が制作されたことを明かした[23]。この曲は、ジョン・レノンの古いデモ録音のボーカルを復元して作られたものであり、レノンが亡くなる直前に「ポールへ」と書かれたカセットに残したいくつかの曲の１つである。これに関連して、話題を次のテーマへと進めたい。

## ◆ＡＩによる音声生成

ＡＩはビートやリズム、曲全体を生成できるだけでなく、人間のように聞こえる声も合成できる。現在の音声生成ツールには、ロボ・ａｉ（LOVO.ai）、ジェニー（Genny）、シンセシス（Synthesys）、マイクロソフトのアジュールオープンＡＩ（Azure OpenAI）の一部として提供されるＡＩ音声などがある。これらは主にプロフェッショナルなボイスオーバーの作成を目的としているが、次の論理的なステップは、歌声の生成である。

実際、ＡＩによって生成された歌手はすでに登場している。２０２３年9月、ティーンエイジャーのインフルエンサー、ヌーヌーリ（Noonoouri）が、ワーナー・ミュージック（Warner Music）と契約を結んだ初の仮想ＡＩスターとなった。[24] ヌーヌーリは、アーティストのヨーグ・ズーバー（Joerg Zuber）によって作られたキャラクターであり、その声は実在の歌手の録音を基に、ＡＩが仮想パフォーマー専用の新しい声を生成したものだ。

ワーナーのようなレコード会社が実在しないアーティストに興味を示す理由について考えてみよう。ヌーヌーリはツアーやプロモーションで疲れることがなく、流行に合わせて瞬時にスタイルを変えることができ、スキャンダルを起こすこともなければ、わがままを言うこともない。ちなみに、著者は彼女のデビュー曲をなかなか気に入っている。

しかし、実在のスターもＡＩ音声生成を試している。２０２３年には「グライムス（Grimes）」として知られるアーティストが、自身の声をＡＩで生成し、ファンがその声を使って楽曲を作れるようにするソフトウェア「エルフ・テック（Elf. Tech）」を発表した。[25] これを使えば、誰でもグライムスの声を使って新しい音楽を作成できるが、収益の50％を彼女に支払う必要がある。要するに、音楽生成や音声生成ツールを使えば、初心者でもプロのアーティストでも、新しい音楽を作ることができるということだ。著者個人としては、それは素晴らしいことだと思う。

## ◆対話型ＡＩによる音楽体験

ＡＩはすでに私たちが音楽を聴く方法に影響を与えている。たとえば、スポティファイのレコメンデーション機能はＡＩアルゴリズムによって支えられている。しかし、生成ＡＩの時代においては、パーソナライズやインタラクティビティの新たな機会が生まれるだろう。

その一環として、スポティファイは最近「ＤＪ」という新しいＡＩ機能を発表した。これは、ユーザーの音楽の好みをよく理解して、次にどのアーティストや曲を再生するかを選んでくれるパーソナライズされたＡＩガイドだ。つまり、ＡＩの機能が追加された音楽ラインナップであり、ＡＩ生成のコメントや「驚くほどリアルな声」で提供される機能も含まれている。[26]この機能はユーザーのフィードバックに基づいて常にラインナップを更新し、特定の曲に対して「気分じゃない」と言えば、それを学習し、ラインナップを変更する。また、スポティファイはテキストプロンプトを使ってユーザー自身が作成できるＡＩ生成のプレイリストも開発中だと言われている。[27]

一方で、スポティファイは生成ＡＩを一部受け入れつつも、ＡＩ生成の楽曲を数千曲削除している。この削除は著作権問題を懸念してのものではなく、ＡＩ音楽のストリーミング数を増加させるためにボットが使用された疑いがあったためである。[28]

## 芸術におけるＡＩ

音楽と同様に、生成ＡＩは共同制作と革新を引き起こす触媒として機能する可能性がある。

しかし、ＡＩアートは、人間であることや自己表現の意味について疑問を投げかけるものだろうか？　アーティストたちはこれをどう捉えているのだろうか？　ここでは、芸術におけるＡＩの役割を探ってみよう。

## ◆生成ＡＩの芸術的な可能性

デジタル時代が進むにつれ、創造性のキャンバスはますますデジタル化している。アーティストはもはや伝統的な道具に制約されず、新しいテクノロジーを探求しつつある。彼らは、生成ＡＩを活用して人間の想像力の限界を超えた複雑で新しい作品を創造している。多様な芸術スタイルや要素を含む膨大なデータセットから学ぶことで、生成ＡＩモデルは既存の芸術的概念を融合、修正、外挿して、従来の人間の努力だけでは実現できなかった審美的でユニークな創作物を生み出すことができる。

人間のアーティストと協力して、彼らの作品を洗練し強化する共同作業のための道具として生成ＡＩを考えるのが最適である。本質的に、芸術における生成ＡＩとの統合は、単なる芸術的道具の進化に留まらず、創造性の地平を広げ、芸術における可能性を再定義するものである。また、ウェブスリー（Web3）インフラのおかげで、アーティストは自らのＡＩ生成作品をNFT（Non-Fungible Token：非代替性トークン）として発行することができ、創造性を収益化する新たな道を開くことが可能になった（ウェブスリーやメタバースについては、私の著書『The Future Internet: How the Metaverse, Web3.0, and Blockchain Will Transform Business and

Society』で詳しく述べている）。

### ◆アーティストたちの賛同

もし芸術が人間体験の表現であるなら、ＡＩによって創造された芸術は、人間が創り出す芸術よりも「人間らしさ」や「価値」が劣るのだろうか？　多くの反対者は、ＡＩ生成の芸術を人間だけによって創られた芸術よりも「劣っている」とすぐに貶める。しかし、私たちはこれを過去にも経験している。写真が発明されたとき、一部の画家はそれを芸術の終焉とみなした（フランスの画家ポール・ド・ラローシュが初めて写真を見たとき、「今日から絵画は死んだ」と宣言したと言われている）。数世代後には、写真はすでに美術として広く受け入れられ、絵画も依然として健在である。では、なぜＡＩ生成の芸術は正当な美術の形として受け入れるべきではないのか？

実際、多くのアーティストは生成ＡＩを積極的に受け入れており、ステファニー・ディンキンズ、ミミ・オヌオハ、ウェイン・マクレガーといったアーティストたちもその一例である。2023年9月、アーティストのグループは、生成ＡＩを支持するためにアメリカ合衆国議会に対して公開書簡に署名した。この書簡では、アルゴリズムや自動化ツールは数十年にわたり音楽や芸術に使用されてきたものであり、生成はその進化の一環に過ぎないと主張している。さらに、「生成ＡＩは芸術創造の障壁を低下させる。これは、従来、相応の経済的手段、身体的能力、適切な社会的コネクションを持つ者に限定されていた職業である。」と述べている[29]。

この書簡は、ＡＩアーティストをＡＩシステム規制についての議論に含めるよう求めている。したがって、生成ＡＩは、芸術そのものの死を意味するのではなく、芸術の領域を広げ、新たな表現の形を可能にするだろう。

## ◆ＡＩアート作品と画像生成ツールの例

ＡＩ生成のアート作品の最も有名な例の1つが、「エドモン・ド・ベラミの肖像」であり、これは２０１8年にクリスティーズのオークションにて43万２０００ドルで落札、売却された[30]。この絵画はフランスのアーティスト集団「オビウス」によって制作され、1万５０００点の20世紀以前の肖像画がアルゴリズムに入力され、肖像画の美学を学習させたものである。

最近では、クリスティーズがグッチと提携し、デジタルアーティストに21点のアート作品を依頼し、これらをＮＦＴとしてオークションにかける予定と発表した[31]。これらのアート作品は、生成ＡＩがファッションとアートの未来にどのように影響を与えるかについて示唆するものである。

「エドモン・ド・ベラミの肖像」が売却されて以来、誰でも自分のアートを作成できる新しい生成ＡＩシステムが登場した。自然言語のテキストプロンプト、画像プロンプト（既存の写真など）、または画像とテキストの組み合わせを使用して画像を生成するツールがある。ＡＩ画像生成ツールの例としては、ミッドジャーニー、ステイブル・ディフュージョン、ダリ ツー、ディープドリーム・ジェネレーター（Deep Dream Generator）、アートブリーダー（Artbreeder）、ディープアート・ｉｏ（Deepart.io）、ゴーアート（GoArt）、ディープ・エンジェル（Deep Angel：写真から物体を消去する）などがある。また、テキストを含む画像を生成できるイデオグラム（Ideogram）も存在する。

私が特に気に入っているのは、グーグルのアート&カルチャー（Arts & Culture）アプリにある詩とアートのポストカード機能である。この機能では、「叫び」や「星月夜」といったアート作品に基づいて詩のポストカードを生成できる。作品を選び、希望する詩の形式（ソネット、リメリック、俳句など）を選択し、「春」や「滝」などの主題プロンプトを与えると、ＡＩがこれらの選択を組み合わせて新しい詩を作成し、友人と共有できる。

音楽と同様に、生成ＡＩは未完成の作品を完成させるためにも使用できる。中国のＡＩとインターネットの巨人であるバイドゥがその例であり、生成ＡＩを用いて伝統的な中国の水墨画の傑作を完成させた[32]。この作品は、その著名な創作者である陸小蔓が50年以上前に亡くなった際に未完成のままであった。このプロジェクトでは、伝統的な中国風の水墨画を完成させるために特別に設計されたバイドゥの画像生成モデル「文心一格《ウェンシンイーグ》」が使用された。

## 本章のまとめ

この章では多くの内容を取り扱った。要点を簡潔に振り返ると次の通りである。

・メディアとジャーナリズムにおいて、生成ＡＩは物語、ストーリーを書くために使用され、スタッフや規模が縮小される報道局のアウトプットを増やす手助けをしている。しかし、情報を消化し、要約を作成し、ビデオコンテンツを生成するなど、生産性をアップさせるツールとしても利用できる。
・スポーツ放送の世界でも、生成ＡＩが採用され始めている。特にリアルタイムの多言語解説の生成や、視聴者のためのインタラクティブでパーソナライズされた機能の作成において活用が進んでいる。
・詩、短編小説、小説、ポッドキャストなどを通じた人間のストーリーテリングも、生成ＡＩによって強化される。新しい作品の創作、アイデアやインスピレーションの生成、コンテンツの自動翻訳、オーディオブックのＡＩナレーションの作成などが可能である。
・映画においては、生成ＡＩはリアルな視覚効果の生成や編集の効率化など、ポストプロダクションプロセスにおいて特に期待されている。
・生成ＡＩは音楽制作に革命をもたらす可能性があり、新しい音楽や声を生成するプラットフォームを通じて、誰でも音楽を作成できるようにしている。共創のためのツールとして、生成ＡＩはミュージシャンやプロデューサーが新しい音源を試し、音楽制作を効率化する手助けをしている。
・一方で、アーティストたちは生成ＡＩを使って創造の限界を広げている。生成ＡＩは新しい画像を生成し、既存の画像を操作し、未完成のアート作品を完成させるためにも活用できる。

生成ＡＩは人間の創造性を高めるために、広告やマーケティングの分野でも活用されている。次に、生成ＡＩがどのように革新的な広告を作成し、消費者に楽しくパーソナライズされた体験を提供しているのかを探ってみよう。

# 第7章 広告とマーケティング——創造性とＡＩの架け橋

Advertising and Marketing: Bridging Creativity with AI

営業およびマーケティングチームにおける生成ＡＩの活用事例と需要を探ったところ、マッキンゼーは90％のビジネスリーダー達が、今後2年間で「頻繁に」生成ＡＩソリューションを導入する予定であることを発見した[1]。生成ＡＩは、コンテンツの自動生成およびパーソナライズをリアルタイムで実現できるため、広告とマーケティングの世界に革命をもたらすと予想されている。そして、本章で見るように、生成ＡＩソリューションは、あらゆる規模の企業が美しく、プロフェッショナルな広告やマーケティングキャンペーンを作成することを可能にするであろう。生成ＡＩの時代において、ブランドがどのように顧客を惹きつけるかを探っていこう。たとえこの分野で働いていなくても、企業があなたに広告を通してアプローチする方法は今後変わっていくことから、ぜひ読み進めてほしい。

## 概要――広告とマーケティングにおいて生成ＡＩはどのように活用できるのか？

生成ＡＩは、視聴者を惹きつけるだけでなく、彼らの特定のニーズに合わせたプロフェッショナルなコンテンツを作成するために活用できる。

### ◆マーケティングおよび広告における生成ＡＩ活用のメリット

生成ＡＩ活用の最大のメリットの1つは、パーソナライズされたコンテンツを作成できる点である。生成ＡＩはデータを分析し、そのデータ内のパターンを特定することに優れている。ここでは、消費者の行動や嗜好に関するパターンが明らかにされ、それに基づいて、ターゲットとする視聴者に向けた創造的なコンテンツを作成することが可能である。たとえば、ターゲットを絞ったソーシャルメディアキャンペーンやパーソナライズされたメールの形で活用できる。

もう1つの大きなメリットは、時間とコストの節約である。生成ＡＩはマーケティングや広告素材の作成に関わる多くのプロセスを自動化できるため、マーケターはより戦略的な取り組みに時間を割くことができ、予算をよりインパクトのある活動に集中させることが可能である。さらに、生成ＡＩは少人数のチームでも革新を進め、魅力的な広告やマーケティング素材を生み出すことを可能にする。

◆ブランドは生成ＡＩで何ができるのか？

本章では数多くの実際の活用事例を紹介するが、一般的には、生成ＡＩは以下のようなマーケティングや広告における用途に活用できる。

・ブレインストーミングを活性化させる新しいアイデアを生成すること。
・製品画像から、理想的な広告のための創造的なビジュアルまで、美しい画像を生成すること。さらに、グラフィックやロゴなどのブランド関連素材の作成にも使用できる。
・メール、広告文、ブログ記事、ソーシャルメディア投稿、商品説明、さらには広告の台本など、さまざまな目的に合わせたテキストを生成すること。
・ソーシャルメディアや放送用の広告動画や製品デモなど、動画を生成すること。
・動画に付随する音楽を生成すること。

さらに、生成ＡＩは感情分析ツールとしても利用でき、データの感情（例：ソーシャルメディアでの言及がポジティブ、ネガティブ、あるいは中立であるか）を分析することが可能である。

## ◆注意点

生成ＡＩに関する潜在的な落とし穴や懸念についてはすでに第４章で触れてはいるが、専門家としては生成ＡＩを安全かつ倫理的に導入することに細心の注意を払う必要がある。第18章では、成功する導入方法についてさらに詳しく説明するが、以下にいくつかのヒントを挙げておく。

・自動化と人間らしさのバランスを取ることが不可欠である。生成ＡＩは人間の創造性を模倣はするが、人間そのものではない。人間の感性や共感力、文化的な理解に代わるものは持ち合わせていない。また、ブランドの価値観や倫理をコンピュータモデルよりも深く理解しているのは人間である。したがって、常に人間の知識や経験を加えることにより、生成ＡＩから最良の結果を引き出すことができる。

・個人データや著作権の制約、その他の法的問題については、最大限の注意を払うことが求められる。また、偏見が入り込む可能性があることにも留意すべきである。

・そして、常に利害関係者に対して生成ＡＩの使用方法についての透明性を保つことが重要である。

## 生成AIを使った広告およびマーケティング資料の作成

生成ＡＩは、テキスト、画像、動画、音楽を生成できるため、従来の手法に比べてはるかに少ない労力と費用で広告やマーケティング素材を作成できる大きな可能性を秘めていることは明らかである。

### ◆広告制作の自動化

２０２３年のアドビＥＭＥＡ（ヨーロッパ、中東、およびアフリカ）サミットで、著者はアドビのファイアフライ生成ＡＩパッケージのデモを見たが、その能力には驚かされた。ファイアフライは、シンプルなテキストプロンプトを用いて、画像、デザイン、またはあらゆる種類のアートワークを生成する自然言語画像生成エンジンである。[2] ファイアフライはアドビエクスプレス（Adobe Express）のコンテンツ生成プラットフォームに統合されており、これにより、非専門家のデザイナーでも、ソーシャルメディアやプロモーション用の高品質な画像を作成できるようになっている（ファイアフライは、フォトショップ（Photoshop）やイラストレーター（Illustrator）など他のクリエイティブクラウド（Creative Cloud）アプリケーションにも統合されている）。

デモでは、カナダにあると思われる美しい島の写真が示された。デモンストレーターはシステムに、ブランドのバックパックを背負った、島で遊ぶハイカーを追加するよう指示したところ、まったく問題なく追加された。さらに、ハイカーがどうやってそこにたどり着いたのかを示すために、水面に浮かぶカヌーを追加するよう依頼したが、これもまた問題なく、しかもリアルな陰影までつけた形で追加された。そして、画像を縦長から横長に変更するようにシステムに指示したところ、今度は画像の側面の「空白」を埋める必要があったが、それもまた問題なく実行された。最後に、広告テキストを追加した。これは生成ＡＩの力を示す素晴らしいデモンストレーションであり、あらゆる規模の企業が美しい広告やマーケティングコンテンツを簡単に作成できるようになることを実感した（なお、ファイアフライはライセンス済み、またはパブリックドメインの画像のみでトレーニングされており、アドビは顧客を著作権の訴えから保護することを約束していることは、第４章で述べた通りである）。

### ◆生成ＡＩ広告の例

なぜ企業が従来の広告よりもＡＩ生成広告を選ぶかは容易に理解できる。それは、従来の広告よりもはるかに安価で簡単に作成でき、コストを抑えながらアウトプットを増やすことができる上、現実世界の制約から解放された無限の創造性を発揮できるからである。それでは、いくつかの実際の例を見てみよう。

オレオ（Oreo）やキャドバリー（Cadbury）のような有名ブランドは、オープンＡＩダリツーを使用して広告を作成している（キャドバリーの場合、インド市場向けに、ボリウッドスターのシャー・ルク・カーンのＡＩバージョンを起用して広告を制作した）[3]。ファッションブランドのナイキ（Nike）やトミー ヒルフィガー（Tommy Hilfiger）は、ミッドジャーニーを使用して、自社製品をフィーチャーした広告画像を作成している[4]。

コカ・コーラは「マスターピース（Masterpiece）」と名付けられた驚異的な広告キャンペーンで、チャットＧＰＴとダリ ツーを活用した。この広告では、世界的に有名な美術作品が動き出し、ＡＩで強化されたアニメーションと実写がシームレスに融合している。この例が素晴らしいのは、生成ＡＩが単に低コストで広告を大量生産するだけでなく、驚くようなインパクトのある広告を生み出すことができることを示している点である。コカ・コーラは、生成ＡＩを変革のツールと見なしており、生成ＡＩ責任者の役職まで設けている[5]。

一方、ハインツ（Heinz）は「宇宙空間のケチャップ」などのプロンプトをダリ ツーに入力し、生成された画像をソーシャルメディアに投稿している。また、消費者にもＡＩを使ったケチャップ画像を作成・共有するよう促し、キャンペーンをバイラル化させた[6]。これは、広告やマーケティングにおけるパーソナライゼーションの大きな動きを活用したものであるが、この点については本章の後半で詳しく述べることとする。

### ◆企業が生成ＡＩを活用するための新しいツール

第３章で触れたように、メタは企業が異なるテキストや画像を用いて異なるオーディエンスをターゲットにしたフェイスブック広告の複数バージョンを自動的に作成するツールを開発している。[7] しかし、メタだけが企業が生成ＡＩを用いた広告やマーケティングコピーをより簡単に作成できるよう支援することを約束しているわけではない。

２０２３年、セールスフォース（Salesforce）は「世界初の顧客関係管理のための生成ＡＩ」として謳われるアインシュタイン（Einstein）ＧＰＴを発表した。[8] このツールは生成ＡＩを利用してセールスフォースクラウド全体にわたってパーソナライズされたコンテンツを作成するものである。セールスフォースの顧客は自社のデータを接続し、自然言語プロンプトを用いて、変化する顧客情報やニーズに「リアルタイム」で適応するコンテンツを生成することができる（パーソナライズについては、さらに詳しく後述する）。

また、別の例として、マーケティングオートメーションソフトウェアのプロバイダーであるアプリモ（Aprimo）がある。アプリモは、アジュールオープンＡＩとチャットＧＰＴを使用して、「組み込み型生成ＡＩアシスタント」を作成しており、これを使ってブランドの声やトーンに基づいた魅力的でパーソナライズされたコンテンツを作成することができる。[9] マイクロソフト・アジュールに基づくもう1つのサービスはタイプフェース（Typeface）で、生成ＡＩを用いて「数秒で魅力的かつブランドに合ったマーケティングメッセージを作成する」ことができる。タイプフェースでは、スタイルガイド、画像、製品の詳細を入力することで、提案された画像やテキストを生成し始めることができるのである。[10]

また、リンクトインはＢ２Ｂマーケターが生成ＡＩを利用できる新機能「アクセラレート

（Accelerate）」を開始した。このツールは広告キャンペーンの設定を迅速化し、広告の最適化を自動化することを目的としている。リンクトインは、B2Bマーケターがわずか5分でカスタマイズされたクリエイティブコンテンツを作成できると主張している。[11]
テレビ広告でも同様の動きが始まっている。フォックス（Fox）TVはAI動画生成の専門家であるウェイマーク（Waymark）と提携し、地方局を含むすべてのフォックス局において、生成AIコマーシャルを実現する。[12] これにより、小規模および地域のビジネスにとってテレビ広告がよりアクセスしやすくなり、限られた時間と予算で高品質なテレビ広告を容易に作成できるようになるだろう。

## 生成AIによるコンテンツのパーソナライゼーション

パーソナライゼーションは本書を通じて繰り返し登場するテーマであり、特にマーケティングと広告の分野において非常に重要である。

### ◆大規模なパーソナライゼーション

企業は、消費者がユニークさや独自性を求めていることを理解している。私たちは、自分の好みのブランドとの個人的な関係を感じて、私たちのサポートがブランドにとって重要であると感じたいと思っている。しかし、この効果を大規模に実現することは困難であり、高額なコストがかかる。少なくとも、これまではそうであった。生成ＡＩにより、ブランドはこれまで高級ブランドだけが提供していたユニークさや個々人へのアプローチを届けることが可能になった。

そのために、ますます多くの生成ＡＩツールがパーソナライズ機能を持つようになっている。アドビのエクスペリエンス・クラウド（Experience Cloud）は、アドビ・リアルタイムカスタマー・データプラットフォーム（Adobe Real-Time Customer Data Platform）、ジャーニー・オプティマイザー（Journey Optimizer）、アドビ・アナリティクス（Adobe Analytics）などのツールを集めたものである。これらのツールはＡＩを利用して、カスタマージャーニー、行動、エンゲージメントに関する示唆を提供する。これらの情報は、生成ＡＩと組み合わせることで、自動的に高度にパーソナライズされたコンテンツを生成するために利用できる。

もちろん、重要なのは、人々を不快にさせたり、プライバシーを侵害したりしているという印象を与えずに、オーダーメイドであるかのような感覚を実現することである。これは、企業が高度にパーソナライズされたキャンペーンに生成ＡＩを導入、展開する際に、慎重に考慮しなければならないもう1つの要素である。

### ◆パーソナライズされた体験の例

それでは、いくつかの例を見てみよう。ネットフリックスは、ストリーミングコンテンツについて非常にターゲットを絞った広告を作成するためにＡＩを使用し、顧客がクリックして視聴する可能性を高めている。ストリーミング大手は、各映画やテレビ番組から数千のフレームを使用して自動的にサムネイルを生成できるが、あなたが見るサムネイルが私が見るものとまったく異なる可能性があることをご存知だろうか。ネットフリックスはＡＩを利用して画像を分析し、どの画像がクリックされる可能性が高いかをランク付けしている。このランク付けは、あなたに似た他の人がクリックしたものに基づいている。[13]

次に、パーソナライズされた広告キャンペーンについて考えてみよう。映画『バービー』が、映画プロモーションにおいてその手本を披露し、２０２３年の数週間にわたってインターネットを席巻した。そのキャンペーンの最大のヒットの1つがバービーセルフィージェネレーターであり、これはファンが自分自身（または誰でも）をフィーチャーした映画ポスターのパーソナライズ版を作成できるウェブサイトである。[14]言うまでもなく、これはウイルスのように広まった。これは、消費者が容易にパーソナライズでき、理想的には友人と共有できるデジタルでインタラクティブな体験を求めていることを示している。

パーソナライゼーションとスターのＡＩバージョンを作成する能力を組み合わせることで、消費者にとって非常に楽しい体験を提供する可能性が生まれる。これは、前の章のハインツの例と似ているが、現実の有名人を登場させている。スーパースターのサッカー選手リオネル・メッシは、ペプシコ（PepsiCo）との契約を結び、自身のディープフェイクを使用してレイズ（Lay's）チップスをプロモーションすることを許可している。[15]レイズ・メッシ・メッセージ

（Lay's Messi Messages）キャンペーンの一環として、ユーザーはメッシから自分自身へのパーソナライズされたメッセージを作成することができる。このメッセージは英語、スペイン語、ポルトガル語、トルコ語で作成できる。すべては生成ＡＩのおかげで実現可能となっている。

しかし、好きな有名人のディープフェイクを作成する能力には暗い側面もある。この章を書いている最中に、トム・ハンクスが、自身の歯科診療プランを宣伝するような動画についてファンへの警告をソーシャルメディアに投稿した。動画は偽物であり、ハンクスはそれに関与していなかった。[16] これは非常に恐ろしいことである。

## ＡＩインフルエンサーとモデル

第6章では、ワーナー社とレコード契約を結んだＡＩ生成のインフルエンサー、ヌーヌーリについて言及した。ここでは、バーチャルインフルエンサーとモデルについてもう少し詳しく探り、企業にとって彼らがどのように重要性を増しているのかを見ていく。

バーチャルインフルエンサーとは、ファンに対して完全にカスタマイズされ24時間年中無休で利用可能なデジタルアバターであり、通常はソーシャルメディアを通じて活動する。彼らはリアルに見える人間、アニメ風の人間、あるいは非人間的な創造物などさまざまな形を取ることができる。ちなみに、これは新しい現象ではなく、１９９０年代に作られた「伊達杏子《だてきょうこ》」

と呼ばれる日本の芸能プロダクションのホリプロに所属するバーチャルアイドルが最初である。バーチャルインフルエンサーが新しいのは、それがソーシャルメディア（これによりこれらの「パーソナリティ」が広大なグローバルオーディエンスに届くこと）、生成ＡＩ（無限の創造的可能性をもたらす）、そしてメタバース（リアルな世界とデジタルな世界がますます融合していく概念）の交差点となっているからである。

リル・ミケーラやル・ド・マガルなどのバーチャルインフルエンサーは、数百万のフォロワーを持っている。しかし、インフルエンサーと提携しようとする企業にとって、バーチャルインフルエンサーは人間のインフルエンサーよりもはるかにコスト的に手頃であることが多い。しかし、ブランドは本当にバーチャルな創造物を使っているのだろうか。おそらくそうであろう。

ファッションブランドのプラダは、２０２1年にプラダ・キャンディの香水の企画のために「キャンディ」という名前のバーチャル「ミューズ」を発表した。[17] バーチャルインフルエンサーのリル・ミケーラは、カルバン・クラインなどの複数のブランドとコラボレーションしており、その価値は1億２５００万ドルに達するという。[18] ここからは、単にバーチャルソーシャルメディアのスターについてだけではなく、バーチャルファッションやビューティーモデルについても見てゆこう。

シュドゥ・グラムは「世界初のアバター・スーパーモデル」として知られ、フェンティ（Fenty）などのブランドとコラボレーションしている。[19] リーバイスも、多様性を高めるために

AI生成モデルを試験的に導入すると発表し、デジタルファッションスタジオ、ラランド・ai（Lalaland.ai）と協力して限りなく本物に近いモデルを作成する予定である。[20]

バーチャルインフルエンサーやモデルと提携することで、スタジオや写真家を雇う必要なく、生成AIを通じて無限のキャンペーンや画像を作成できる。これらのAI創造物は、年を取ることがない（望まない限り）。彼らは多様な肌の色や体型を表現することができる。新しいトレンドに応じて瞬時にスタイルを変更でき、再撮影のための高額なコストもかからない。そして、麻薬やセックススキャンダルに巻き込まれることもない。そのため、バーチャルインフルエンサーやモデルは、オンラインでのコンテンツの作成、マーケティング、消費の意味を変革する可能性を秘めている。

しかし、問題もある。透明性が1つの課題である。つまり、これらのインフルエンサーがますますリアルに見えるようになるにつれ、彼らの創造者はこれらが実在の存在ではないことをどのようにして明らかにすべきなのかということである。また、バーチャルインフルエンサーやモデルが非現実的な美しさや体型基準を助長する危険性もある（ただし、ほとんどの広告キャンペーンにも同様のことが言える）。さらに、これらのデジタル創造物の背後に誰がいるのかという問題も存在する。シュドゥの場合、彼女は若い黒人女性であるが、彼女の創造者は白人男性である。批評家からは、白人男性による創作は文化の盗用、強奪、あるいはせいぜい多めに見てもダークスキンモデルのトレンドに便乗したものであると指摘されている。[21]

そして最後に、これらのバーチャルインフルエンサーやモデルは、実際の生身の人間呼吸をしている不完全な存在でもある人々との人間的なつながりが欠けているという意見がある。果たしてバーチャルインフルエンサーやモデルは、ブランドが求めるようなオーディエンスとのつながりを本当に提供できるのだろうか。この点については時が経てば分かることだろう。読者がバーチャルインフルエンサーやモデルに興味を持つか、愕然としているかどうかにかかわらず、企業がこの新しいアプローチを試すことに関心を持っていることは間違いない。

## 本章のまとめ

本章では、次のことを学んだ。

・生成ＡＩは、企業が高品質な広告やマーケティングキャンペーンのために、テキスト、ビジュアル、ビデオ、音楽を生成するのに役立つ。従来の方法よりもはるかに安価で迅速であるため、規模の大小に関係なく多くの企業が美しい画像や魅力的なコピーなどを作成できるようになる。
・生成ＡＩは、企業のアイデアの創出、クリエイティブプロセスを自動化するのに役立つ。たとえば、自然なテキストプロンプトを使用して画像を作成することができる。すでに多くの著名なブランドが広告に生成ＡＩを活用している。

・企業が生成ＡＩの可能性を活用できる新しいツールが登場しており、フェイスブックやリンクトインなどのプラットフォームでも利用可能だ。

・広告やマーケティング資料を大規模にパーソナライズできることは、生成ＡＩの大きなメリットである。オーディエンスの好みに合わせたテキストや画像から、有名人をフィーチャーしたインタラクティブなディープフェイクビデオの創出に至るまで、その可能性は広がっている。

・企業は、バーチャルＡＩのインフルエンサーやモデルとも提携を進めている。これにより、人間のモデルやインフルエンサー（そして写真家やスタジオなど）を雇うことなく、画像、キャンペーン、ビデオを制作することが可能になる。

マーケティングと広告は、顧客に対して思慮深く、刺激的で魅力的なコンテンツを提供することに関係している。しかし、ブランドは他にどのようにして生成ＡＩを活用して顧客と関わり、より良いサービスを提供しているのだろうか。次に見ていこう。

# 第8章

# インテリジェントシステムを通じた顧客エンゲージメントの再構築

Reinventing Customer Engagement Through Intelligent Systems

本書ですでに見てきたように、生成ＡＩは、特にテキストおよび音声モデルによって、顧客サービスに革命的な変革をもたらす可能性がある。しかし、生成ＡＩの恩恵を受けるのは顧客サービスだけではない。新たにパーソナライズされたオファリング、予防的介入、インテリジェントな製品やサービスを通じて、生成ＡＩはブランドと顧客の対話方法に変革をもたらす。つまり、生成ＡＩはパーソナライゼーション、応答性、顧客満足度の向上において比類のない機会を提供する。生成ＡＩがブランドと顧客をどのように密接に結びつけることができるのかを探ってみよう。

## 顧客サービスにおける生成ＡＩ

第３章では、英国のエネルギー供給会社であるオクトパスエナジーが顧客サービスにチャットＧＰＴを導入したことを見てきた。このボットは現在、顧客からの問い合わせの44％を処理し、２５０人分の仕事をこなすことで、従業員の顧客サービスエージェントよりも高い顧客満足度評価を得ている。[1] これは、コンタクトセンターが、単純な繰り返し可能なタスクを処理するために、ますます生成ＡＩのチャットおよび音声ツールを組み込むようになることの典型的な例である。

### ◆生成ＡＩの能力

顧客はボットと話すことを望まないと考えるかもしれないが、オクトパスエナジーの例は、生成ＡＩツールが素晴らしい成果を上げ、顧客サービスボットに新たな応答性をもたらすことができることを示している。従来のＡＩソリューション（あまり知的でないチャットボットのいくつかがその例である）では、規則ベースのシステムに依存して、質問に対してあらかじめ決められた回答を提供する。認識できない質問や定義されたルールに従わない質問に直面すると、従来のＡＩソリューションは行き詰まってしまう。仮に役立つ回答を提供したとしても、通常その応答言語はかなり堅苦しいものである。一方、生成ＡＩは複雑な質問を理解し、より自然で会話的な方法で回答することができる。もちろん、これらのツールは、顧客に対して、電話、オンラインチャット、ソーシャルメディアメッセージなど、複数のチャネルを通じて24時間365日サポートを提供する。

しかし、顧客の問い合わせに回答することだけが、生成ＡＩが顧客サービスに価値を提供する方法ではない。他に生成ＡＩが行う、または支援することができるタスクには次のようなものがある。

・顧客のデータや以前のインタラクションに基づいて、パーソナライズされた回答を提供し、顧客体験をさらに向上させる（パーソナライズについては後述する）。
・オンラインのＦＡＱなどに対する会話型検索機能を提供する。生成ＡＩは「私の荷物はどこ？」や「注文したセーターが気に入らない」という自然言語のプロンプトを受け取り、顧客を正しいＦＡＱの回答に導いたり、またはカスタマイズされた回答を提供することができる。そして、これを複数の言語で行うことができる。
・顧客サービス業務を支援するためにデータを最適化する。生成ＡＩは膨大なデータを処理し、その情報を実行可能な示唆に変えることができる。たとえば、「私たちがお客様から受ける最も一般的なクレームは何か？」というインサイトを得ることができる。また、顧客トレンドを簡単に追跡し、分類することも可能である。

・人間の顧客サービス担当者を支援する。生成ＡＩは人間の担当者の生産性を向上する手助けができる。たとえば、一般的な問い合わせへの回答を自動生成したり、担当者が会話で使用できる過去のクレームや解決策の要約を提供したり、製品のリコメンドを生成したりすることができる。

このように、生成ＡＩは顧客体験だけでなく、従業員体験の向上にも寄与することができる。人間の担当者の業務を支援し、より複雑な顧客対応に集中できるようにして、最大の価値を提供することができる。因みに、アイビーエム・インスティテュート・フォー・ビジネスバリュー（IBM Institute for Business Value）によれば、顧客サービスはＣＥＯの生成ＡＩにおける最優先事項となっており、管理職の85％が生成ＡＩが今後２年以内に顧客と直接対話することになると述べている(2)。

では、従業員を疎外することなく、生成ＡＩを導入するにはどうすればよいのだろうか。ポール・Ｒ・ドーアティとＨ・ジェームズ・ウィルソンの著書『人間＋マシン――ＡＩ時代の８つの融合スキル』では、生成ＡＩは顧客サービスの仕事を置き換えるのではなく、豊かにするものであると主張している。彼らは、組織が仕事を基礎的なタスクに分解し、次に生成ＡＩが各タスクにどのような影響を与えるのか検討することを勧めている。顧客サービスに関しては、ほとんどの業務は13のタスクに分解できることが分かった。そのうち４つのタスクは生成ＡＩを導入しても変わらず、４つは生成ＡＩによって完全に自動化が可能で、５つは生成ＡＩによって強化されるという結果が出た。さらに良いことに、容易に自動化できるタスクを生成ＡＩが引き受けることで、５つの新しい高価値なタスクが生み出された。

生成ＡＩのあらゆる側面において、透明性は必須である。つまり、顧客がボットと話しているときに、話している相手はボットなのだということを明確にすることである。成功例については第18章で詳しく述べることとする。

### ◆顧客サービスにおける生成ＡＩの活用事例

ここで、顧客サービスを向上させるために生成ＡＩを活用している企業の具体的な事例をみてみよう。顧客サービス用に設計された生成ＡＩの一例として、ゼンデスク（Zendesk）の「エクスパンディング・エージェント・リプライ（Expanding Agent Replies）」ソリューションがあり、これは予測テキストの進化版である。顧客サービス担当者は顧客への回答の基本的な部分を入力するだけで、ツールがそれを補完してくれる。また、グーグル・クラウドの「会話型インサイトのためのジェネレーティブＦＡＱ（Generative FAQ for CCAI Insights）」は、顧客との通話のトランスクリプトをアップロードすることで、顧客のＦＡＱを見つけ出すことができる。さらに、トゥイリオ（Twilio）の「カスタマー（Customer）ＡＩ」ソリューションは、知識のギャップを埋めるための文章を生成することができる。これらの文章は顧客に公開されるか、担当者が読み込むことで成果を改善することができる。また、スプリンクラー（Sprinklr）の顧客との通話メモ自動化ツールは、顧客が話している間に重要な情報を自動的に記録し、担当者が積極的に顧客の話に集中できるようにする。

ジェットブルー航空（JetBlue Airways）は、技術会社アザップ（ASAPP）と提携して生成ＡＩを導入し、驚くべき成果を上げている。ジェットブルー航空のコールセンターは、チャットあたり平均２８０秒を節約し、たった1四半期で7万３０００時間の担当者の対応時間を削減した。[3] これは、より深刻な問題を抱える顧客に多くの時間を割くことができるということである。別の航空会社、エア・インディア（Air India）も、巨大なシステムの近代化の一環としてオープンＡＩのチャットＧＰＴを導入すると発表している。チャットボットは、航空会社のウェブサイトやモバイルアプリの近代化、デジタルマーケティング、顧客通知システム、顧客サービスポータル（リアルタイムのサポートリクエスト追跡を含む）、およびコールセンター業務の近代化に利用されていると報告されている。[4]

一方、英国の通信会社ＢＴグループは、マイクロソフト・パワー・プラットフォーム（Microsoft Power Platform）の生成ＡＩ機能を使用して「エーメ（Aimey）」と呼ばれるデジタルアシスタントを作成し、さまざまな問い合わせに対応している。ＢＴによれば、このアプリ内メッセージングアシスタントは、約60％の顧客の問い合わせに高い顧客満足度（ネット・プロモーター・スコア60）を示したとのことだ。[5]

インドでは、デジタル決済会社フォーンペ（PhonePe）がフレッシュワークス（Freshworks）によって開発されたフレディ（Freddy）ＡＩボットを使用して、「残高はどれくらいですか?」といった簡単な問い合わせに自動的に回答しており、パーソナライズされたセ

ルフサービス対応を提供している。(6)

## 新たなレベルのパーソナライゼーション

生成ＡＩは、よりパーソナライズされた顧客サービスを提供するために利用できるが、あらゆる種類の顧客対応をパーソナライズするためにも利用できる。将来的には、ほとんどの業界のシステムやサービスが、顧客の嗜好をよりよく理解し、それに応じてサービスをカスタマイズするために、何らかのＡＩの要素を取り入れるようになるだろう（これは日常的な家庭用品にも当てはまるが、詳細は後ほど説明する）。

### ◆あらゆる分野でのパーソナライゼーション

自動車産業を例に取ろう。生成ＡＩ搭載の車内システムは、カスタマイズされた運転体験を生成することができる。著者自身の過去の履歴や好みに基づいて、著者の車は室内の空調を調整したり、新しい音楽プレイリストやポッドキャストを提案したり、地形や天候条件に応じて運転モードを自動的に選択することが可能になるかもしれない。これにより、運転体験が向上することだろう。

ホテル・旅行業界では、ＡＩを活用したホテルの部屋が、ゲストの好みに応じた照明や温度の環境を提供することができる。生成ＡＩはまた、ゲストの過去の選択に基づいて、地元のアクティビティや飲食店のリコメンドを生成するためにも活用できる。同様に、旅行代理店は生成ＡＩツールのチャットＧＰＴを使用して、旅行履歴、趣味、さらにはソーシャルメディアの活動に基づいたオーダーメイドの旅行プランを作成することもできる。たとえば、食に興味がある人のための旅行プランは、アウトドア愛好家のものとはまったく異なるだろう。これらはすべて、顧客データに基づいて自動的に生成される。

エンターテインメントの分野では、ストリーミングプラットフォームが生成ＡＩを活用して、視聴者の過去の視聴履歴だけでなく、ストーリーの好み、キャラクター像、または視聴者が好む撮影スタイルに基づいて、パーソナライズされた映画やテレビのおすすめを提案することができる。

フィットネスの分野においては、生成ＡＩと統合されたウェアラブル技術（例えば、リストバンド）で、パーソナライズされたトレーニングプログラムを作成することができる。たとえば、ユーザーが頻繁にランニングをしている場合、ＡＩは、筋肉の発達をバランスよくするためにクロストレーニングエクササイズを提案したり、興味がありそうな地元のレースやイベントのリストを作成したりするかもしれない。これらは、生成ＡＩによって強化された業界がますますパーソナライズされたソリューションを提供する方法のほんの一例に過ぎない。

## ◆ＰＧＡとパーソナライズされたファンエンゲージメント

本書では、すでにいくつかのパーソナライゼーションの実例を見てきた（例えば、スティッチ・フィックスのパーソナライズされた服のリコメンド機能について、第3章で触れた）が、残りの章でもさらに多くの例を紹介する。パーソナライゼーションは確かに頻繁に取り上げられる生成ＡＩの重要なテーマである。しかし、ここでも生成ＡＩの活用可能性を示す別の事例を紹介しよう。

ＰＧＡツアーは、より良く、パーソナライズされた視聴体験をゴルフファンに提供するためにアマゾン・ウェブ・サービスと提携している。この取り組みでは、アマゾン・ウェブ・サービスの機械学習技術を利用して、数百時間にわたるトーナメント映像を活用し、ファンに独自の視聴体験を提供する新しいデジタルコンテンツを作成することを目指している。企画の１つは「エブリ・ショット・ライブ（Every Shot Live）」というストリーミングプラットフォームで、これによりファンは１４４人のゴルファーによる3万２０００回以上のショットをリアルタイムで視聴できるようになる(7)。つまり、ファンは好きな選手をリアルタイムで追いかけることができ、カメラアングルを変更したり、ゲームの統計情報をオンデマンドで表示したりするなどの魅力的な機能を体験することができる。

## 予測ＡＩによる、より積極的な介入の実現

予測ＡＩを活用したパーソナライズにより、顧客に対して、より積極的な介入が可能になる。つまり、顧客が製品やサービスをどのように利用しているかを理解することで、顧客が次に何を求めているかを予測し、顧客が求めているものを円滑に提供できるようになる。これはすでに多くの業界で実現されており、機械の予測保守がその代表例である。しかし、ここでの重要なポイントは、生成ＡＩが予測能力をさらに強化することで、顧客を喜ばせ、感動させるような、より積極的な介入が可能になるという点である。

### ◆将来の姿

電力会社などの公共事業会社は、ユーザーの不安に対して積極的に対応するためにＡＩを導入することが考えられる。たとえば、消費者の使用パターンが突然通常と異なった場合、生成ＡＩシステムが積極的に顧客に連絡を取り、問題を確認したり、トラブルシューティングの解決策を提供したりすることができるだろう——それも消費者が問題に気づく前に行われる。

同様のオプションは、さまざまな業界に容易に適用できることが想像できる。たとえば、通信業界では、ＡＩが通話品質、データ使用量、サービスの中断を分析し、より良い解決策を提

案したり、ユーザーの使用パターンに正確に合わせてパーソナライズされたサービスパッケージを作成したりすることが可能だ。

交通業界でも、通勤利用者は間違いなくより積極的なサービスの恩恵を受けることができる。あるルートを頻繁に利用する人が、遅延や工事が予想される場合、公共交通網が生成ＡＩを活用して代替ルートや交通手段を事前に提案することが考えられる。

## ◆予測型フィンテックソリューション

金融および銀行業界も、生成ＡＩ主導の予測ソリューションから大きな恩恵を受けることのできる分野の1つである。実際、ＡＩによる自動不正検知やリスク評価はすでに広く実施されている。しかし、生成ＡＩが個別に最適化された財務アドバイスやプランニングを提供することで、この分野がさらに進化すると考えてみてほしい。ある研究では、生成ＡＩを活用してパーソナライズされた財務アドバイスを提供することで、顧客は年間平均で１２００ドルを節約できるとされている。[8]

ＪＰモルガン・チェース（JPMorgan Chase & Co.）は、顧客の個々のニーズや財務目標に合わせてパーソナライズされた財務プランを生成ＡＩで作成している組織の1つである。[9] また、ビザ（Visa）は生成ＡＩソリューションに1億ドルを投資するプロジェクトを立ち上げており、これはおそらく不正防止、企業向けのパーソナライズされたマーケティングキャンペーン、さらには新しい決済方法の開発に焦点が当てられているものと考えられる。[10]

## 生成ＡＩの製品への組み込み

著者は、車がより知的になり、ＡＩによってパーソナライズされた体験を提供してくれるようになると予測しているとすでに述べた。しかし、それだけにとどまることはないであろう。

### ◆生成ＡＩが日常のデバイスに組み込まれる可能性

オーブンや洗濯機など、日常的に使用する家電製品に生成ＡＩが組み込まれる未来が訪れるだろう。実際、ＡＩはすでに何年も前から私たちの家に入り込んでいる（スマート電球やアレクサを思い浮かべてほしい）。しかし、生成ＡＩのおかげで、これらのやりとりはさらに人間らしく、パーソナライズされるようになる。たとえば、家電製品と自然言語で会話できるようになるかもしれない。洗濯機に対して、大切な服を特定の設定で洗っても安全かどうか質問したり、冷蔵庫に「牛乳がいつ切れそうか教えて」と言えば、答えてくれたりする可能性もある。生成ＡＩを日常の製品に統合することで、私たちのニーズにより適応し、かつインタラクティブで魅力的なスマート家電の新時代が到来することだろう。スマートオーブン？　それもありだ。

●よりパーソナライズされた将来のユーザー体験

・チャットGPTの「見る」機能のおかげで、すでに冷蔵庫の中身を写真に撮り、夕食に何を作るべきかを尋ねることができる。しかし、将来的には、生成AIアシスタントを組み込んだ家電に直接質問できるようになるだろう。

・家電はますます私たちのニーズに適応するようになる。たとえば、洗濯機は通常洗う衣類の種類（例：非常に汚れやすい作業着）に合わせて、最適な洗濯サイクルを作成し、布地を保護しながら清潔に洗うことができる。

・同様に、オーブンはあなたの料理のスタイルや好みを学習し、最適な温度設定や調理時間を提案したり、新しいレシピの提案も行うことができるかもしれない。

●インタラクティブな問題解決

・家電に問題が生じた場合、生成AIはそのモデルと現在の状態に合わせたステップバイステップのトラブルシューティングガイドを生成できる。コールセンターに電話をかけたり、長い取扱説明書を参照したりする必要はない。

●予測保守

・部品が故障するのを待つのではなく、生成AIが部品の交換や保守が必要になる時期を予測し、事前にアラートを送信することができる。また、必要な部品を自動的に注文したり、サービス訪問を前もってスケジュールすることさえできるかもしれない。

●強化された顧客サービス

・カスタマーサービスに連絡する必要がある場合、ＡＩは家電の使用履歴や異常、これまでのトラブルシューティングの履歴を提供し、これらの情報が問題解決を効率的にサポートすることができる。

・生成ＡＩは、使い勝手の良い取扱説明書やインタラクティブなチュートリアルを作成し、ユーザーが必要なときに必要な情報を提供することも可能だ。

### ◆生成ＡＩを搭載したデバイスの例

著者の予測は少し突飛に感じるかもしれないが、次の実例がその信憑性を証明してくれるだろう。

サムスン（Samsung）は２０２４年から、スマートテレビや冷蔵庫を含むすべての新しい家電製品に「ニューラルプロセッシングユニット」を搭載する予定だと報じられていて、これによりスマートな24時間稼働の生成ＡＩツールがユーザーを支援できるようになるという[11]。どのような機能が提供されるかはまだ明確ではないが、料理が焦げる前に警告してくれるスマートオーブンはその一例だろう。

ドイツの家電メーカー、ミーレ（Miele）も、生成ＡＩを自社のスマートフード（Smart

Food）ＩＤ調理支援システムに組み込んでいる。これは、まず大容量オーブンに搭載されたカメラで食材の写真を撮り、ＡＩがその画像を解析して自動的に調理モードを提案するという仕組みだ。ユーザーは確認するだけで、あとはオーブンがすべてを行ってくれる[12]。また、ミーレは生成ＡＩを家電診断にも活用し、故障時に顧客が問題を解決できるようサポートする予定である。たとえば、洗濯機に洗剤を多く入れすぎて泡が多すぎる場合には、ＡＩが適切な洗剤量を提案してくれるという。

ＬＧもまた、顧客が家電をより良く使えるようにＡＩを導入している。ＬＧのＡＩは、冷蔵庫の冷却能力が低下したといった問題が悪化する前に顧客に通知することができる。このような問題はすぐにはユーザーである顧客に分かるものではないが、家電の寿命を縮める可能性がある。ＡＩは簡単な修理方法を提供したり、サービス担当者との予約をスケジュールしたりすることができる。また、30回の洗濯ごとに洗濯機のクリーンサイクルを実行するなど、定期的なメンテナンスの提案も行う[13]。

すでに車についても触れたが、いくつかの例を挙げてみよう。コンチネンタル（Continental）はグーグル・クラウドと提携し、生成ＡＩの自然言語技術を車に導入している[14]。これにより、ドライバーは「どのルートが最適か」や「タイヤの空気圧は大丈夫か」など、車と会話することが可能になる。一方、メルセデス・ベンツ（Mercedes-Benz）はマイクロソフトと提携し、90万台以上の車両に「ヘイ・メルセデス（Hey Mercedes!）」ボイスアシスタントを通じて車載チャットＧＰＴを導入している[15]。チャットＧＰＴは「Hey Mercedes!」の既存機能を強化することで、より広範なトピックに対応し、自然言語理解能力を向上させる。「AIeverything（あらゆるものへのＡＩ搭載）」という方向に向かっていることは疑いの余地がないが、生成ＡＩはこれらの進展を加速させ、より直感的なＡＩ機能を日常のデバイスにもたらすだろう。将来、あなたが「話す」製品は何だろうか？　ぜひ注目していてほしい。

## 本章のまとめ

・顧客サービスにおいて、生成ＡＩは、顧客対応を直接行うだけでなく、顧客サービスのトレンドを特定したり、人間の担当者のために回答を生成したり、よりパーソナライズされた対応をサポートしたりするなど、他の業務も実行または支援できる。生成ＡＩは人間の顧客サービス担当者を完全に置き換えるのではなく、低付加価値の業務を引き受け、担当者がより付加価値の高い業務に集中できるようにする。
・パーソナライゼーションは生成ＡＩにおいて非常に重要なテーマであり、すべての組織が顧客に対してパーソナライズされたソリューションを提供する新たな機会を見出すことが期待されている。生成ＡＩは、顧客の履歴や好みを理解し、考慮された提案やリコメンドを生成することでこれを支援できる。
・パーソナライゼーションは、組織が新たなレベルで積極的に対応することを可能にする。

生成ＡＩは、問題や故障が発生する前にそれらを特定したり、目標を達成するための助言を事前に顧客に提供したりすることで、企業が顧客のニーズをより的確に予測するのに役立つ。

・最後に、生成ＡＩが車、オーブン、洗濯機など、あらゆる日常的なデバイスや家電に組み込まれることが予想される。ＡＩはすでに何年も前からデバイスに浸透しているが、生成ＡＩはこの傾向を加速させ、日常の製品とのより直感的で自然な会話を可能にするだろう。

顧客エンゲージメントは、あらゆる業界のすべての組織に関係するトピックである。次に、特定の業界に焦点を当て、生成ＡＩの活用機会を探っていく。次の章では、小売業における生成ＡＩの活用例について学んでいこう。

# 第9章

# 新たな小売業の世界

## ――バーチャル試着、ＡＩショッピングアシスタントの台頭とその先

Retail Reimagined: The Rise Of Virtual Try-Ons, AI Shopping Assistants, and More

チャットＧＰＴのような驚異的な生成ＡＩツールは、あらゆる業界に影響を与えることは明らかであり、小売業もその例外ではない。本章では、生成ＡＩが小売業でどのように活用されるのか、そしてそれが顧客と小売業者の両者にとってどのようにショッピング体験を変革する可能性があるのかについて見てゆくこととする。ファッションの事例が多く取り上げられるが、生成ＡＩはあらゆる種類の小売業に影響を及ぼすことを忘れてはならない。ここで語られるのは、没入型のバーチャルストアや生成ＡＩ技術により最適化されたウェブサイト、実店舗でのインタラクティブディスプレイ、大規模なハイパーパーソナライゼーション、そして最適化されたバックオフィスの業務プロセス等である。小売業の再構築への備えはできているだろうか？　それでは見ていこう。

## デジタルショッピング体験の変革

最適化されたウェブサイトからメタバース内のバーチャルストアまで、生成ＡＩはオンラインショッピングのあり方を大きく変える可能性がある。

### ◆バーチャル店舗：メタバースにおける没入型ショッピング

拡張現実（ＡＲ）と仮想現実（ＶＲ）がより一般的になるにつれ、生成ＡＩは没入型のバーチャルショッピング体験を創出する手助けをすることができる。これは、私たちがショッピング、ゲーム、仕事などを行う没入型の仮想世界であるメタバースの概念と結びついている。先進的な小売業者たちはすでにメタバースに注目して、没入型でインタラクティブかつパーソナライズされたバーチャルストアやブランド体験を創造している。

実際、ナイキは、ロブロックスのメタバースプラットフォーム上のゲームとショールームの融合体験「ナイキランド（NIKELAND）」で、この分野のリーダーとなっている。ナイキランドには、建物やアリーナ、ゲームに加えて、デジタル製品を備えたバーチャルショールームも存在する。[1]もう1つのブランドとして、ロブロックスに登場したのがフォーエバー21（Forever 21）であり、ユーザーが自分自身のバーチャル・フォーエバー21ストアを「運営」できるブランド体験を提供している。[2]

生成ＡＩは、これらのバーチャル体験をよりレスポンシブなものにする手助けをすることが可能だ。たとえば、ユーザーがこれらのデジタル領域を移動する際、ＡＩはユーザーの購買履歴や好みに応じて、パーソナライズされた店舗レイアウト、商品配置、さらにはバーチャルセールスアシスタントを生成することができる。

## ◆より良いウェブサイト（およびアプリ）体験の提供

メタバース以外にも、生成ＡＩは通常のウェブサイトやアプリでより高度で、直感的な体験を可能にする。たとえば、エクスペディアグループでは、ユーザーが宿泊施設から観光名所の特定まで、アプリとオープンエンドの「チャット」を通じて旅行の手配を行うことができる。[3]これは、アプリ形式の旧来の旅行代理店体験に最も近いものである。エクスペディアは、この機能により、ユーザーが特別割引等の通知を受け、チャットＧＰＴインターフェースを介して直接利用できることも述べている。

本章が示すように、今後ますます多くのｅコマースサイトがチャットＧＰＴスタイルの機能をウェブサイトやアプリに取り入れることだろう。このテクノロジーは、パーソナライズされたショッピングアシスタント（詳細は後述）の作成や、強化されたカスタマーサポートの提供、さらには市場調査ツールとしての利用にも活用できる。

生成ＡＩのもう１つの活用法は、顧客レビューの要約である。製品をチェックしたいと思っても、数百件のレビューがあり、意見が多様（時には対立）で困ったことはないだろうか。生成ＡＩは、その煩雑さを避けるために役立つ要約を提供できる。オンライン電子機器小売業者のニューエッグ（Newegg）は、顧客によるレビューを短いスニペット（要約文）、または顧客から製品について頻繁にコメントされる内容を要約して文章にするチャットＧＰＴ機能を追加した。[4] アマゾンも、顧客レビューを1つの読みやすい段落に要約するために生成ＡＩを利用し始めている。[5]

ここでの重要なポイントは、生成ＡＩがショッピング体験を向上させることができるということだ。より新しくて、より直感的で、よりパーソナライズされた機能を追加することで、顧客満足度を高め、彼らにとって最適な商品を見つける手助けをできる。

## ◆バーチャル試着機能の台頭

オンラインショッピングでは、購入前に実際に試着できないという問題がある。選んだ衣類が自分にフィットするのか、または選んだ家具が自宅にどのようにフィットするのかを視覚化することは、完全に推測の域を出ない。この問題は、眼鏡、ビューティーアイテム、その他の製品にも同様に当てはまる。

これまで、バーチャル試着機能は比較的初歩的なものに限定されていた。たとえば、特定のドレスが自分の体型に合うかどうかを確認するために、少数の体型リストから選ぶという方法である。しかし、拡張現実技術のおかげで、バーチャル試着は改善されている。通常は携帯電話のカメラを使用するが、「スマートミラー」を使うこともできる（これについては後ほど詳述する）。ＡＲ技術によって、カメラのリアルな画像の上にデジタル要素（たとえば、眼鏡や衣類）を重ねることができる。

生成ＡＩは、こうした機能に「新たなリアリズム」をもたらす。自分の写真と正確なサイズを基にリアルなアバターを作成し、特定の衣服を着た自分の画像を生成することを想像してみてほしい（異なるアイテムを組み合わせて、どのように見えるかを確認することも可能である）。さまざまな設定の中でそれらのアイテムを身につけた自分を見ることができ、その衣服が自分に合っているかを完全に視覚化することができる。

生成ＡＩにより、これらすべてが可能となる。商品が届いても自分に合わないことに気づくという事態は過去のものとなるかもしれない。小売業者にとっては、返品率の低下と顧客満足度の向上を意味する。

バーチャル試着機能を試験的に導入しているブランドには、セフォラ（ユーザーの顔にメイクの色をデジタルに重ねる）、レイバン（眼鏡用）、ボーム＆メルシエ（高級時計用）が挙げられる。[6] ファッション分野では、アマゾンが所有するスタートアップ「ボディラボ」が、ショッピング客がフォーマルなイベントやビーチなどの仮想環境でバーチャルな衣服を着ている自分を「見る」ことを可能にする混合現実技術を開発した。[7]

さらに、グーグルも生成ＡＩを使用して、「実際のモデルが幅広い選択肢の衣服を着た姿を見せる」バーチャル試着技術を導入している。[8] グーグルによれば、生成ＡＩモデルは衣服の一枚の写真を使って、さまざまなサイズ（ＸＸＳから４ＸＬまで）や異なる民族性や肌の色を持つ実在のモデルにどのようにフィットし、着こなすかなどを正確に表現することができる。この機能は、アンソロポロジーやＨ＆Ｍなどのブランドで利用可能である。

家具やホームデコでも、生成ＡＩによって高度化されたバーチャル試着機能が役立つ。たとえば、ウェイフェア（Wayfair）は「デコリファイ（Decorify）」という新しい生成ＡＩ機能を導入し、顧客がボヘミアンやファームハウスといったテーマから選択して新しいスタイルの自宅のリアリスティックな画像を生成する。顧客は、その画像化された部屋から直接ウェイフェアのカタログでショッピングすることができる。[9]

ちなみに、バーチャル試着機能は、物理的な店舗でのショッピング体験にも適用される可能性がある。ここで次の話題に進もう。

## 実店舗の高度化

実店舗での体験も、特にインタラクティブな店舗ディスプレイやバーチャル試着体験用のスマートミラーを作成する際に、生成ＡＩ技術によって強化、向上させることができる。

生成ＡＩを用いることで、リアルタイムデータに基づいて表示内容を変化させる店舗ディスプレイを作成することが可能である。たとえば、寒気が到来する場合、衣料品店のデジタルウィンドウディスプレイは、冬物を展示し、来客を引き寄せるためにライブの雪景色を生成するかもしれない。将来的には、パーソナライズされた顧客データと組み合わせることで、店舗ディスプレイは各顧客に合わせて適応し、店舗内で興味を持ちそうな商品を展示することができるようになる。

スマートミラー（またはスマート試着室）については、生成ＡＩとＡＲ技術を組み合わせることで、顧客に対する衣服のデジタル表現が正確になり、フィット感や見た目のフォトリアルな視覚化を実現することができる。実店舗に足を運んだ際に、なぜバーチャルで試着したいのか？　それは、店舗にすべてのスタイル、色、サイズの在庫がない場合があるからだ。特定の商品を注文する前に、実際に自分にどのようにフィットするかを確認できれば素晴らしいことだ。

美容ブランドのセフォラがバーチャル試着技術を使用していることを前に述べたが、同社は実店舗を訪れる顧客に同様の試着体験を提供するためのキオスクも設置している。ハンドバッグとアクセサリーブランドのコーチもスマートミラー技術を試験的に導入している。また、タビー　バッグキャンペーンの開始を祝うために、同ブランドはニューヨークのソーホー店舗にスマートミラーを設置した。[10]ミラーを使用した顧客は、異なるデジタルバリエーションのバッグ（さらには蝶の羽のようなデジタルエフェクト）を身につけた自分を見ることができ、また、自分の画像をダウンロードしてオンラインで共有することもできる。このように、コーチはユーザーがソーシャルメディアで画像を共有することによって、無料のソーシャルマーケティングの恩恵を受けることができる。

実際の衣服を試着する際にも、ＡＩ搭載のスマートミラーは顧客に価値を提供することができる。たとえば、試着中の衣服をもとにサイズ、色、または別のスタイルを提案することで、リアルタイムのフィードバックを顧客に提供することができる。スマートミラーは、顧客が選んだ衣服にどのようなアクセサリーや靴が合うかを仮想的にプレビューすることも可能にする。要するに、生成ＡＩはデジタルショッピング体験を向上させるだけでなく、より魅力的でリアルなショッピング体験を提供することも期待されている。

## 顧客体験のパーソナライズ

繰り返しにはなるが、パーソナライズが生成ＡＩの主要な活用方法として挙げられる。これは小売業のすべての側面に当てはまるが、ここでは小売業者がよりパーソナライズされたショッピング体験を顧客に提供することができるいくつかの具体的な方法を見てみよう。

### ◆パーソナライズされたユニークな商品デザイン

もはや「ワンサイズ・フィット・オール」といった画一的なアプローチにとらわれることなく、小売業者は生成ＡＩを活用して、個々の消費者の行動や好みに基づいた商品デザインを生み出すことができる。たとえば、ファッションブランドは、変化するトレンドや個々の嗜好に密接にマッチしたユニークな衣類のパターンやアクセサリーを生成することが可能である。ファッションテック専門企業のスペースランナーズは、シンプルなテキストプロンプトを使って、消費者が独自の衣類をデザインできる生成ＡＩツール「アブロ（Ablo）」を開発した。[11]　このＡＩデザインツールにより、消費者個人は簡単に自らのファッションブランドとなり、ブランドにとっては顧客との素晴らしい共同創造の機会を生み出すことができる。このトレンドを３Ｄプリントのトレンドと組み合わせることで、個人やブランドが規模の経済を気にせずに印刷できるユニークな商品を創出する機会が以前にも増して増えている。

◆パーソナライズされたショッピング体験

オンラインプラットフォームは、生成ＡＩを活用してショッピング体験をダイナミックに再設計し、ユーザーが見る内容を瞬時に修正することが可能だ。たとえば、ユーザーが閲覧している間に、ＡＩは顧客の興味に基づいて商品の配置を再調整し、ユーザー生成コンテンツを表示して顧客をプラットフォームに長く引き留めたり、顧客の好みに合った色合いにウェブサイトのカラースキームを変更したりすることもできる。

マッキンゼーの調査によれば、消費者の70％がブランドに対し、自分が見るコンテンツ（広告やリコメンドなど）をパーソナライズすることを期待しており、76％は自分の体験がパーソナライズされておらず不満を感じているとのことだ。[12]　アマゾンやネットフリックスの推薦エンジンは、顧客体験がパーソナライズされている有名な例である。生成ＡＩを用いることで、このパーソナライズがよりインテリジェントになることが期待される。つまり、単に興味や過去の習慣に基づいて顧客をグループ化するのではなく（例：「Ｘを購入した人々」）、ＡＩを活用したパーソナライズは個々人の属性に基づいて情報やリコメンドを顧客に提供できる。言い換えれば、真の一対一のパーソナライズである。

前に触れたニューエッグを思い出してほしい。オンライン小売業者であるニューエッグは、チャットＧＰＴをオンラインショッピングツールの「ＰＣビルダー（Builder）」に統合し、顧客が望む属性を入力すると、チャットＧＰＴが提案を行う新機能を搭載している。[13]「ＰＣビルダー」は、顧客がカスタムデスクトップＰＣシステムを構築できるオンラインツールだ。このように、顧客が自分の求めるものを説明し、それに基づきチャットＡＩが提案を行う。このような機能を導入する小売業者はますます増えていくだろう。そして、これがパーソナルショッピングアシスタントの概念につながっていく。

◆バーチャルAIショッピングアシスタント

個性的な商品のリコメンド—これこそが生成ＡＩが顧客体験にもたらすものである。エクスペディアがチャットＧＰＴを活用して旅行者に理想的な旅の計画を提案するのは、実質的にバーチャルなパーソナルショッピングアシスタントを生成する好例である。つまり、顧客のショッピング体験をサポートし、彼らの質問に対して気が利く回答を提供したり、好みに合う商品をリコメンドしたりする会話型チャットボットである。
フランスの小売業者カルフール（Carrefour）は、チャットＧＰＴに基づいたアドバイスロボット「ホプラ」を自社のウェブサイトに統合している。[14] 顧客は、このボットに自然な言語で質問をし、ショッピングを完了することができる。たとえば、予算に合った商品、食事制約、メニューのアイデア、または食材を再利用してフードロスを削減する方法について質問することができる。
イーベイ（eBay）は、ＡＩパーソナルショッピングアシスタント「ショップボット（ShopBot）」を導入し、本書の執筆時点でフェイスブック メッセンジャー（Facebook Messenger）で利用可能である。ショップボットは、顧客がイーベイの10億点以上の商品リストの中から最適な商品を見つけることができるように設計されていて、顧客が探しているものを入力したり、音声入力したり、写真を撮ったりすることで機能する。ボットは、顧客のニーズをよりよく理解するために質問を行い、パーソナライズされたリコメンドを提供する。イーベイは、「特定のものを探しているときでも、ある閃きを求めて商品探しをしているときでも、友人に話しかけるのと同じくらい簡単にイーベイでのショッピングができること」を目指していると述べている。[15]
一方、ウォルマートが今後導入予定の生成ＡＩショッピングアシスタントは、顧客が理想的なイベントを計画するのを手助けすることができる。たとえば、6歳の子どものためにユニコーンテーマのパーティーを開きたい場合、このツールは、個別に複数の検索を行うことなく、

ユニコーンテーマのバルーンやバナーなど、関連する商品をリコメンドすることができる。(16)

中古市場のメルカリ（Mercari）は、チャットGPTを搭載した独自のAIショッピングアシスタント「メルチャット（Merchat）AI」を発表した。複数のオプションを検索したり、スクロールしたりすることなく、顧客は単にAIに自分の探しているものを伝えることで、顧客が求める物に誘導してくれる。(17)

著者はAIショッピングアシスタントが、小売業における生成AIの主要な活用方法であると信じており、従来の「検索とスクロール」の体験はますます会話型の検索とリコメンドに置き換わると期待している。オンラインショッピングでの体験にしばしば不満を抱く著者にとって、これは朗報だ。

さらに、AIショッピングアシスタントは、単に顧客にショッピングの手助けをするだけでなく、より多くの可能性を提供することで顧客にとっての価値を高めることができる。たとえば、インスタカート（Instacart）が発表した「アスクインスタカート（Ask Instacart）」AI検索ツールは、ショッピングに関する質問やパーソナライズされたリコメンドを支援してくれるだけでなく、食品の準備や調理、食事に関する考慮事項などの追加情報も提供してくれる。したがって、好きな肉料理に合う副菜や、適切なソースの種類、または顧客が気にする添加物や原材料を使用していない「フリー・フロム」食品のアイデアについて質問することもできる。(18)

◆パーソナライズされたプロモーション、ディスカウント、ロイヤリティプログラム

これらはすでに高度にパーソナライズされた広告やマーケティングの観点から触れたが（第7章参照）、生成ＡＩは個々の消費者や顧客に合わせたカスタムプロモーションや提案を作成できることを再度強調したい。たとえば、顧客が環境に好ましい商品を頻繁に購入する場合、ＡＩは、次回の訪問時にエコフレンドリーな商品に関連する特別なディスカウントやまとめ買い特典の提案を生成することができる。このようなことに生成ＡＩを活用することで自動的に、かつ大規模に行うことが可能となる。

また、生成ＡＩは、各会員のブランドとのインタラクションをベースに進化する、高度にパーソナライズされたロイヤリティプログラムの開発にも活用できる。したがって、一般的なポイントシステムの代わりに、会員にはパーソナライズされた課題やタスクや、好みに応じた報酬、さらには特別に企画されたユニークな体験を提供することができるであろう。

## 小売業で考えられる他の活用方法

生成ＡＩはオンラインおよび実店舗でのショッピング体験を補完し、パーソナライズされた旅行を実現するだけではない。小売業者に対して他にも革新的な方法で支援することができる。自動化され、パーソナライズされたマーケティングメッセージを通じて、マーケティングや営

業を支援するのに利用できる（再度、第7章を参照）。類似または補完的な商品について顧客に伝えることで、より高い商品を売ることも可能である。また、販売データを分析して需要を予測することによって、よりインテリジェントに在庫レベルを管理するのに活用できる。これにより、小売業者は適切な商品を適切な数量で管理することが可能となる。さらに、顧客が商品に返品や交換するのをサポートしたり、返品プロセスについての質問に答えたり、段階的に返品、交換プロセスを顧客に案内したりすることができる。いくつかの活用事例をもう少し詳しく見ていこう。

## ◆商品説明の生成

生成ＡＩが得意とする分野の1つが、商品や製品に関するストーリー、説明文の作成であり、特に商品のストーリーを語るカスタムメイドの説明の作成である。たとえば、あるコーヒーブランドは個々のコーヒーブレンドのためにダイナミックなストーリーを作成し、特定のコーヒー農園での栽培、独自の焙煎プロセス、風味ノートなどを詳細に記述することができる。ストーリーテリングをブランドアイデンティティの一部として重視する企業にとって、生成ＡＩは大きな価値を加えることができる。

一般的な商品説明についても同様である。小売業者やオンライン販売者は、個別の商品に対して魅力的なストーリーを作成するというよりは、情報提供に適した検索しやすい説明を作成するプロセスを効率化したいと考えている。

イーベイは、新しい生成ＡＩ「マジカルリスティング」ツールで、出品者が写真から商品リストを作成できるよう支援している。出品者はアプリ内で写真を撮影またはアップロードすることで、商品の詳細説明の作成をＡＩにより自動で実行することができる。[19] ショッピファイ（Shopify）にも「ショッピファイマジック（Shopify Magic）」と呼ばれる類似のツールがあり、商品説明、メールの件名、オンラインストアのヘッダーなどのコンテンツ作成プロセスを自動化している。[20] 同様に、アマゾンも出品者の商品説明の作成を支援する生成ＡＩツールを発表している。[21] ディーゼルもまた、製品データの向上のために、ＡＩに着目して、オンラインでの製品探索を促進するために自動商品タグ付けを利用している。さまざまな属性やカテゴリに基づいて手動で商品のタグ付けをするのではなく、自動タグ付けに切り替えることで、同社は１人当たり週30時間の節約することができたとのことだ。[22]

### ◆サプライヤー交渉の自動化

パーソナルＡＩショッピングアシスタントの作成に加え、ウォルマートは内部業務において生成ＡＩを活用する実証実験を行っている（第３章参照）。特に興味深い活用事例は、サプライヤーとの交渉におけるものである。実験では、小売業者はショッピングカートや店舗設備などの89のサプライヤーとの契約を締結するためにチャットボットを使用した。その結果、サプライヤーの64％と契約を締結し、平均で１・５％のコスト削減と、支払い期限を35日延長することができた。驚くべきことに、実際にサプライヤーの83％がチャットボットによる交渉を好んだという。[23]

### ◆組織全体での生成AIの展開

スペインのファッション小売業者マンゴ（MANGO）は、「リサ（Lisa）」と呼ばれる独自の会話型生成AIプラットフォームを導入しており、これは同社の従業員が行う改善を支援することを目的としている。この改善は、アフターサービスの向上から新しい衣料コレクションの開発まで、さまざまな分野に及ぶ。このツールは「従業員のためのアシスタント」であると説明されている。[24] マンゴは以前にも、デザインチームがインスピレーションを得て、新しいプリント、布地、衣服のコンセプトを考案するために役立つ生成AI画像プラットフォーム「インスパイア」を開発している。なお、デザインプロセスにおける生成AIについては、第14章でさらに詳しく説明する。

## 本章のまとめ

小売業は生成AIツールによって完全に変革されることは間違いない。小売業における主な活用事例を見てみると、次のような点が挙げられる。

・生成ＡＩは、メタバースの店舗での顧客とのダイナミックかつレスポンシブな対応、より没入感のあるデジタル体験を実現する。また、一般的なウェブサイトやアプリにおいても、リアルなバーチャル機能や便利な顧客レビューの要約を提供することで、ショッピング体験を向上させる。
・生成ＡＩは、ダイナミックなディスプレイやスマートミラーによって、実店舗での体験も向上させる。
・再び、パーソナライズは大きなテーマである。生成ＡＩは、ワンオフ製品、パーソナライズされたウィンドウショッピング、ＡＩショッピングアシスタント、カスタムプロモーションなど、さまざまな方法で小売業者のためのハイパーパーソナライズを実現する。
・小売業におけるその他の活用法には、商品説明の自動生成、サプライチェーンの自動化、さらにはサプライヤー交渉の自動化が含まれる。

さて、次は学校に戻り、生成ＡＩが、人々の学び方、学ぶ内容、そして教育方法をどのように変革するかを見ていこう。

# 第10章

# パーソナライズされた学習

## ——教育の未来

Personalized Learning: The Future of Education

ＡＩはここ数年、教育分野において凄まじい進展を遂げており、多くの分野と同様に、生成ＡＩはこの傾向を大幅に加速させるであろう。事実、生成ＡＩは教師の教え方や生徒の学び方、さらには生徒が何を学ぶかに至るまで深い影響を与える可能性があり、ゲームチェンジャーとなり得る。しかし、生成ＡＩには教育者にとってリスクや課題も伴う。学生が試験や宿題で不正をしないようにするにはどうすればよいのか。この新しいオンデマンドのパーソナライズされたＡＩツールの時代に、教育者はどのように備えるべきか。教育分野における生成ＡＩの発展はまだ黎明期にあるが、この分野が向かう未来についてみてみよう。

## 学習者の学び方と教師の教え方の再考

学校や大学から自学自習型の生涯学習に至るまで、あらゆる教育環境において、生成ＡＩはハイパーパーソナライズされた学習を提供する能力を持ち、教師の仕事を容易にしながら、学生がトピックをより簡単に理解する手助けをすることができる。その結果、学生の学び方や教師の教え方に大きな変化が見られるかもしれない。本章の後半で、これが教育政策にどのような影響を与えるかについて詳述するが、ここではまず、生成ＡＩが教育においてどのように実際に活用されるかを探ってみよう。

### ◆生成ＡＩが教育者と学生にもたらす価値

生成ＡＩの最大のメリットは、よりパーソナライズされた学習体験を生徒や学生、生涯学習者などの学習者に提供できる点にあると言える。教師が直面する多くの課題の1つは、各学習者がどの分野で追加の支援を必要としているのかを特定し、その支援を忙しい教室環境（あるいはリモート学習環境）で提供することである。生成ＡＩは、リアルタイムで評価や質問を作成することでこれを支援する。教師が学生の進捗を把握し、どの学生がどの概念で苦労しているかを特定するのに役立つフィードバックを提供する。そしてもちろん、必要に応じて生成

ＡＩが追加のサポートを提供することも可能である。たとえば、学生が数学の問題でつまずいた際、生成ＡＩのチューターはその概念を順序立てて説明し、学生の理解レベルに応じて解説することができる。また、生成ＡＩは生徒の理解を深めるために生徒に合ったフォローアップ質問を生成し、個別の生徒ごとの宿題計画を作成することも可能である。基本的には、各学生のニーズやペースに合わせて学習内容を調整するアダプティブ・ラーニング（適応型教育）を提供しているのである。

もう1つの重要なアプリケーションは、コンテンツの作成である。生成ＡＩは、クイズ、インタラクティブなゲーム、フラッシュカード、授業計画、さらには教科書やビデオによるコースを生成することができ、教師が授業で使用する魅力的な関連教材を容易に作成できるようにする。そして、これらの教材は必要に応じて簡単にパーソナライズすることができる。

さらに、ＧＰＴ－4のような言語モデルによって、ＡＩを活用したチャットボットが学生の質問にリアルタイムで回答できるようになり、特にリモートやオンライン学習者にとって、アクセシビリティとサポートの向上が期待できる。次に示す例のように、24時間いつでも利用可能な生成ＡＩを活用した専用のバーチャルチューターを創出して、学生が自分のペースで学習できる環境を提供することも可能である。また、生成ＡＩは、教室環境やオンライン学習プラットフォーム外でも、広範な教育分野に進出している。チャットＧＰＴがスナップチャットに統合されるなどの発展により、生徒たちはすでに生成ＡＩにアクセスして、質問を投げかけ、学習の一環として非公式ながら活用し始めている。

総じて、生成ＡＩは学習プロセスにおいてパーソナライズ、アクセス性、効率性を向上させることで、教育を革命的に変えるであろう。生成ＡＩには「教育分野全体の業務負担を軽減し、教師の時間を確保することで、優れた質の高い教育を提供することに集中できるようにする可能性がある」と英国政府が述べているのも何ら不思議ではない(1)。英国教育省は、生成ＡＩを活用して、教育の質の向上や業務負担の軽減に向けた機会を特定するために、教育関係者と連携していると言及している。これについてはさらに詳述する。

## ◆教師、教職員を支援する

ここでは、教育のために特別に設計された数多くの生成ＡＩツールを探ってみよう。マジックスクール（MagicSchool）は、その一例であり、教師向けに設計された生成ＡＩツールである。オープンＡＩの技術を基盤にしており、算数の文章題やワークシート、テスト、授業計画の作成に利用できる。また、個々の生徒や学生のニーズに応じて教材の読解レベルを調整し、教室内での問題行動への対応について教師に助言を与えることもできる。こうしたツールは、教師の時間を節減しながら、精神的ストレスを軽減し、教師の燃え尽き症候群を防ぐことを目的としていて、教師の間でますます人気が高まっていくであろう。実際、マジックスクールは最初の４カ月で15万人ものユーザーを獲得したという(2)。

もう１つの興味深い例として、コーテクスト（Kortext）がある。この教育プラットフォームは、ＡＩを活用した指導やパーソナライズされた学習体験を大学やカレッジが他に提供するための支援ツールである。コーテクストのツールは、コンテンツを瞬時に要約したり、学習ノートを生成したり、インタラクティブなQ&Aを作成して学習内容を定着させたりすることができる。また、学生のエンゲージメントや学習パターン、コンテンツ使用状況に関する貴重なデータをコースの指導者に提供することも可能である。他の多くの生成AIツールとは異なり、コーテクストは信頼されたコンテンツ（教科書など）を使用している。それらは各教育機関のカリキュラムの一環として指定されたものであるという点は特に重要である。コーテクストを利用している大学には、ミドルセックス大学、マンチェスター大学、オックスフォード大学などが含まれている。[3]

生成AIはまた、教職員や学生の日常的な管理業務を支援するのにも活用できる。たとえば、パデュー大学では、ネットワークプリンターの設定方法を説明するなど技術的なアドバイスを提供するために生成AIを活用している。また、キャンパス内の建物の場所を見つける方法など、その他のアドバイスにもこの技術を活用する計画とのことだ。[4]

## ◆学習者を支援する

一方、学生はチェグ（Chegg）のような生成AIを活用した学習ツールから恩恵を受けることができる。チェグは、24時間いつでも学習を支援し、あらゆる科目や質問に対して即座にステップバイステップの解説を提供することを目的としている。チェグによれば、94%のユーザーがチェグを利用して課題を理解することで、成績が向上したとのことだ。[5]

また、カーンアカデミー（Khan Academy）も注目すべき存在だ。カーンアカデミーは、誰にでもどこにいても無料で教育を提供することを使命とする非営利団体であり、オープンＡＩと提携してＧＰＴ－４言語モデルを活用した「カーンミゴ（Khanmigo）」というバーチャルチューターを開発している。[6] カーンミゴは、個々の学生に合わせた質問を投げかけ、より深い学びを促すことができる。カーンアカデミーはさらに、ＧＰＴ－４を教師向けのクラスルームアシスタントとして使用し、教材作成や授業での指示書作成を支援することも検討している。

ユダシティ（Udacity）も、ＧＰＴ－４を使用してオンデマンドで利用できるバーチャルＡＩチューターを提供している。[7] このチューターは、個々の学習者に合わせて詳細な説明を行い、概念を要約し、さらには学習教材を他の言語に翻訳することも可能である。ユダシティによれば、このチャットボットチューターは「人間のメンターを補完するリアルタイムのサポート」であり、人間のメンターの代替ではないとしている。また、ＡＩチューターは一度に数千件のやりとりを処理できるという点も重要である。

さらに、クイズレット（Quizlet）が提供する生成ＡＩ学習支援ツールも注目に値する。パーソナライズされたＡＩチュータリング、自動生成される単語帳、概念の簡潔な要約、学生がトピックを理解するための質問（答えを直接教えるのではなく理解を促進するもの）を提供している。クイズレットのキューチャット（Q-Chat）チャットボットは、これまでに１００万人以上の学生が利用している。調査によれば、３分の２以上の学生が、教材の理解を深め、学習を迅速化するのにＡＩが役立っていると考えている。[8]

また、学生時代を終えた生涯学習者にとっても、生成ＡＩはあらゆるトピックの学習を容易にする。たとえば、外国語の学習を例に挙げると、デュオリンゴ（Duolingo）は言語学習におけるＡＩ活用の代表例であり、オープンＡＩと協力してＧＰＴ-4を統合している。[9] その結果、よりパーソナライズされた言語学習体験を学習者に提供できるようになっている。特に、「エクスプレインマイアンサー（Explain My Answer）」という機能では、ユーザーが、回答についての詳細な解説を受けられ、まるで人間の言語チューターからフィードバックを受けているかのような体験ができる。また、「ロールプレイ」機能では、ＡＩキャラクターと対話し、さまざまなシナリオで没入型の言語練習が可能である。たとえば、パリへの旅行を計画している場合、自分の食事制限についての会話をＡＩバリスタと行うことができる。このＡＩキャラクターたちは、それぞれ独自の個性や背景を持つキャラクターとして設計されており、対話を通じてその人物像を拡張、深掘りすることができる。これらの新機能により、デュオリンゴは5億人以上の学生1人ひとりに対応することができている。これは驚異的な成果である。

## 教育内容の変革

生成ＡＩの台頭は、教え方だけでなく、教える内容自体にも変革をもたらす可能性がある。第5章で少し触れたが、ＡＩがますます多くの仕事を担う世界では、成功に必要とされる重要なスキルが変わってくるであろう。このテーマは私の著書『Future Skills: The 20 skills and competencies everyone needs to succeed in a digital world（将来必要なスキル：デジタル世界で成功するために必要な20のスキルと能力）』で詳述しているので、スキルについてより深く知りたい方はぜひ参照してほしい。公的教育の観点から見て、生成ＡＩが主導する世界においては、ＡＩを補完するような科目やスキルが教育に組み込まれる可能性がある。たとえば、創造的思考、共感、チームワークなどのスキルである。

さらに、若者たちに、彼らがアクセスする情報を批判的に評価する方法を教える必要がある。特に、生成ＡＩによってもたらされる誤情報の膨大な可能性を考慮すれば、これは重要である。たとえば、学生たちは、テキスト内で誤情報の手がかりを探して、そのテキストの信憑性や正確性を判断する能力を身につける必要がある。また、チャットボットに質問すればすぐに答えが得られる世界において、エビデンスの収集方法や、何が「良い証拠」となるのかを見極めるための指導も必要であろう。

もちろん、学生たちはデジタルリテラシーを学ぶ必要もある。ここで言っているのは、すべての若者にコーディングを教えるということではない。むしろ、ＡＩとその世界への影響について教える必要があるということである。これには、誤情報の可能性の理解、データバイアスの可能性の理解、ＡＩがどのようにトレーニングされ、その結果、提供される情報にどのように影響するのかの理解、そしてオンラインで目にするコンテンツの多くをＡＩがどのように決定しているか（それによって情報の偏りが生じることも含む）の理解などが含まれる。若者たちが、デジタル世界で成功する方法、そしてＡＩを最大限に活用しながら人間らしさを失わない方法を学ぶ姿を見ることは、著者としては非常に楽しみである。

このような変革の可能性を考えれば、生成ＡＩが世界中のコアカリキュラム、教育課程に組み込まれることになるかもしれない。著者としてもそうなってほしいと強く願っている。生成ＡＩによって多くの仕事が補完される時代が到来する中で、学生たちが生成ＡＩを活用して問題を解決し、生産性を向上させ、イノベーションを促進する方法を学ぶのは理にかなっている。カリフォルニア州教育省は、ＡＩのカリキュラムへの統合を「奨励」することによって、ＡＩの潜在的なメリットを探るよう各地区に推奨している[10]。しかし、単にＡＩをカリキュラムに組み込むだけでなく、教育環境において生成ＡＩを適切に活用するためのより正式な枠組みが必要である。

## ◆教育現場における正式な方針と指導の必要性

これまでの議論から、著者が、学校や大学、そして個々の学生が生成ＡＩを積極的に取り入れることに賛成していることは明らかであろう。しかし、生成ＡＩには課題も存在する。第一に、教師（そして学生）には、ＡＩが生成する教育コンテンツに潜む偏見や誤情報の可能性について認識してもらう必要がある。また、生成ＡＩが包括的であることを教育機関が保証する必要がある。そして、あくまでも生成ＡＩは人間の教師の補完として活用すべきものであり、決して教師の代替にしてはならない。さらに、学生の評価方法を見直す必要もあるだろう。多くの教育者が懸念しているように、カンニングの問題が浮上しているからである。たとえば、試験中に学生がスマートウォッチを着用していた場合、チャットＧＰＴがワイヤレスイヤホンを通じて解答を伝えるのをどう防ぐのか。また、少なくとも宿題をチャットＧＰＴに任せることで、学生が過度に生成ＡＩに依存する危険性もある。では、教育者はどのようにこのような事態に備え、学生たちが生成ＡＩに対して責任を持って使用できるように指導すべきであろうか。

もちろん、計算機やコンピュータが導入された際にも、教育機関は同様の議論に直面した。しかし、依然として問題となるのは、生成ＡＩツールを効果的に活用させつつも、それに依存しすぎないように学生を導くにはどうすれば良いかというものである。

教師や学生はすでに生成ＡＩツールの使用を試み始めているが、教育業界全体としては、生成ＡＩの普及に十分な準備ができていないのが現状である。世界中の４５０以上の学校や大学を対象に行われたユネスコの調査によると、生成ＡＩアプリケーションの使用に関する制度的な方針や正式な指針が整備されているのは10％未満にすぎず、主に政府による枠組みが不足しているのが現状だ(11)。

この状況を受け、ユネスコは政府に対して、教育現場での生成ＡＩ使用に関する正式な規制と教師のトレーニングを求めている。特に、教室で使用される書籍の選定などに厳しい審査が行われているにもかかわらず、生成ＡＩの使用に対しての規制や審査が行われていない現状は憂慮すべきである。

一部の当局では、ＡＩ政策への取り組みが始まっている。たとえば、ニューヨーク市の公立学校はＡＩ専門家と協力して「ＡＩポリシーラボ」を立ち上げ、学区内でのＡＩ活用に関する方針を策定する取り組みを進めている。[12] このポリシーラボは「人間中心のＡＩ実装、公平性、安全性、倫理、効果、透明性」に焦点を当てている。この取り組みは、当初チャットＧＰＴの使用を学校ネットワークで禁止していた学区が、現実的かつ実践的な方向転換を図ったものとして注目されている。

また、大学入学願書における生成ＡＩの使用もホットな話題である。１０００以上の教育機関で利用されている入学願書ツール「コモンアプリケーション（Common App）」では、「ＡＩプラットフォームによるアウトプットの使用」を禁止しているという。[13] ただし、著者が疑問に思うのは、どのようにしてこれを取り締まるのか、どうやって「実質的な」量のコンテンツが生成ＡＩによって作成されたことを特定するのかということである。

英国では、教育省（ＤｆＥ）が学校における生成ＡＩの活用に関心を寄せていることはすでに述べたが、執筆時点では、ＤｆＥはＡＩに関する倫理的考慮事項やリスク、可能性について教育関係者の意見を集める「証拠募集」を開始しており、教師たちを対象にしたＡＩの潜在力を探る「ハッカソン」イベントも開催している。[14] これらの結果は２０２３年末に公表される予定である。

同じく英国では、24の大学で構成されるラッセル・グループも、大学での生成ＡＩ使用に関する「指導原則」を策定し、ＡＩテクノロジーのメリットを享受しつつも、学問的厳格さを保

つための ガイドラインを示している。この新たな指針は、学生や教職員に、生成ＡＩの不適切な使用場面を明確に伝えるとともに、生成ＡＩを適切に使用し、その使用の必要性を適切に認識する能力を身につけることを支援するためのものである[15]。

今後、世界中の教育機関が生成ＡＩを考慮した方針や指針を整備するのを目にするであろうが、これが早急に実現されることが求められている。現在のところ、教育における生成ＡＩの使用は、まるで旧西部開拓時代のようである。つまり、現状では何でもありの状態なのである。

## 本章のまとめ

本章では、次のことを学んだであろう。

・生成ＡＩは、教育においてパーソナライズ、アクセシビリティ、効率性を向上させることで革命をもたらしつつある。特に注目されているのは、オンデマンドでの適応型指導である。生成ＡＩの利用は、学生の学習を支援するだけでない。教師が教える過程を支援するものであり、教師が授業計画の作成やテストの考案などに時間を割かずに、学生の教育に集中する時間を確保できる。

・生成ＡＩの台頭は、教育機関で教えられる内容にも影響を与える可能性がある。学校から大学まで、学生はＡＩが主導する世界で成功するためのスキルと知識を身につける必要があるであろう。

・現時点では、生成ＡＩを教師や学生がどのように利用すべきかに関する正式な方針を持つ教育機関は少なく、カンニングや教育コンテンツにおける誤情報や偏見のリスクについての懸念が高まっている。これは教育機関が迅速に対処すべき課題である。

教育について話すのは楽しい。というのも、多くの人にとって身近な話題であるからだ。誰もが一度は学習者であった経験があり、多くの人が教育中の子どもを持っている。さて、次は誰もが関心を持つ別の分野、すなわち医療分野に目を向けよう。生成ＡＩは医療分野をどのように変革し、われわれ全員の医療を向上させるであろうか。これが次章のテーマである。

# 第11章

# 医療の変革
## ——パーソナライズされたアドバイスから業務改善まで
Healthcare Transformation: From Personalized Advice to Operational Improvements

生成ＡＩは医療において変革的な時代を切り開いていて、患者のケアや診断などに広範な影響を与えている。本章では、医療分野で進展している主要な発展にのみ触れることとし、特に以下の点に焦点を当ててゆく。

・患者へのパーソナライズされたアドバイス
・疾病の検出
・パーソナライズされた治療
・業務の改善

医療分野については第19章において再度取り上げ、生成ＡＩを用いた医薬品の発見および開発に焦点を当てる予定であるが、本章ではまず、生成ＡＩがいかにして医療を向上させ、患者にとってより良い成果をもたらすか、さらには、言うまでもなく、医療従事者にとってより良い労働環境を提供するかについて考察する。

## パーソナライズされた健康アドバイスの提供

これは、患者が予約を取る、処方箋の再発行を依頼する、あるいは日常的な問い合わせに答えるといった基本的な機能を提供するチャットボットの域を超えるものである（ただし、こうしたチャットボットにも医療において重要な役割があることは本章の後半で述べる）。ＧＰＴ－４のような高度なＬＬＭと医師の専門知識を組み合わせることによって、個々の患者の健康問題や病状に合わせた実際の医療アドバイスを提供する新しいタイプのバーチャルヘルスアシスタントが誕生している。地理的な制約、経済的理由、あるいは単に地域の医療サービスが逼迫しているために、世界中で何百万もの人々が医療を受けられない現状を考えると、今後、ＡＩがこのギャップを埋めていくことが期待される。これらのＡＩシステムは、患者の触れ合いを向上させるだけでない。日常的な医療問題を処理し、患者を適切に案内することで医療従事者の負担を軽減する役割も果たす。

例として、医師によって開発されたＡＩアプリである「エイダ（Ada）」が挙げられる。[1]これは、症状を評価し、患者に医療ガイダンスを提供するように設計されていて、英語、ドイツ語、フランス語、スペイン語、ポルトガル語、スワヒリ語など複数の言語に対応している。これまでに1300万人のユーザーを獲得し、3000万回以上の症状評価を行っている。ユーザーが自分の症状について質問に答えることで、考えられる疾患や医療アドバイスを提示し、さらに進行する症状を追跡することもできる。また、家族などの愛する人達のための症状プロファイルを作成することも可能である。

## 画像解析と疾病の早期発見

AIはこの分野で以前から一定の成果を上げているが、生成AIの導入により医療画像の解析能力が大幅に向上することが期待されている。その結果、X線、MRI、CTスキャンといった画像を用いて、放射線科医が疾患を診断、特定する際に、生成AIツールがより高精度かつ迅速に支援する場面が増えるものと予想される。

では、AIは画像から問題を検出し診断するにあたって、人間の医師と同等に能力、効果を発揮することができるのだろうか？　その答えは「もちろん可能である」。多くの研究が、AIツールが人間の医師と同等の精度、あるいはそれ以上の精度で診断を行うことを示している。そもそもAIは、長時間の勤務の後でも疲れを感じることがない。それでは、具体的な例を見てみよう。

### ◆胸部X線画像の異常検出

ＡＩを用いて胸部Ｘ線画像を解釈し、救急部門でのＸ線レポートを生成することを検討した研究がある。多くの救急部門では、専属の放射線科サービスは24時間年中無休でアクセスできないため、画像は遠隔の放射線科医（いわゆる「テレラジオロジー」）や救急医が解釈することが一般的である。この研究では、ＡＩツールが迅速にＸ線写真を解釈し、レポートを生成した。その質と精度は放射線科医が作成したレポートと同等であり、テレラジオロジーのレポートよりも高品質であったことが確認された(2)。

あるケースでは、ＡＩが人間の放射線科医よりも優れた診断を行い、放射線科医が報告しなかった問題を検出した例がある。また別のケースでは、放射線科医が患者の肺の不透明部が問題なく正常であると報告した一方で、ＡＩはその不透明部が悪化していることを検出し、これは患者にとって重要な所見となった。

この研究報告書の著者らは、ＡＩ診断の短い処理時間と高精度が、救急部門における患者処理の効率化に寄与する可能性があると示唆している。これにより、ＡＩは放射線科医がより迅速かつ効果的に業務を遂行する手助けをするだけでなく、他の部門の臨床医が医療画像を解釈できるようになることで、患者の処理を加速させる上でも有用であることが明らかになった。

## ◆患者によるセルフチェックの支援

生成ＡＩは医療診断において急速に実用的なツールとして浮上しているが、患者自身で問題を認識し、早期に医療受診する手助けも行うことができる。これが、ＡＩを活用した皮膚がんの早期発見アプリ「スキンビジョン（SkinVision）」の背後にある理念である。スキンビジョンは、セルフチェックの方法を人々に教え、行動を取るべきタイミングを判断できるようにする規制医療サービスである。同アプリはそのサービスが医療診断ではないことを強調してはいるが、その目的は、最も一般的な皮膚がんの兆候を迅速に検出し、必要に応じて正式な診断を受けられるようにすることである。研究によると、同アプリは95％の精度で皮膚がんを検出することが示されている[3]。

# パーソナライズされた効果的な治療の提供

生成ＡＩは、膨大な患者データを分析し、各個人に合った治療計画を提案することで、医師が患者の治療を向上させる手助けをすることができる。また、薬剤の投与量を最適化したり、個々の患者に基づいた副作用の予測を行ったりすることで、より効果的な治療を実現することが可能である。さらに、患者に合わせたリハビリ運動や治療プログラムを作成することで、より正確かつ効果的なケアが提供できるようになる。

加えて、生成ＡＩは予防医療の強化にも貢献できる。たとえば、クリニックや病院では、患者の遺伝情報、健康履歴、生活習慣に基づいて各患者に適した健康プランを作成するために生成ＡＩを活用することができる。このようなＡＩを活用したアプローチは、人々がより健康的な生活を送る手助けをし、その結果、疾病の予防にもつながるだろう。また、患者は自身が個人として理解され、ケアされていると感じることで、より良い医療体験を得られると考えられる。

## ◆患者と医師との会話を補完する

患者が医師に相談する際、生成ＡＩシステムが背後で作動しながら、患者と医師との会話を聞きながらメモを取り、患者の病歴や症状に基づいて、医師が尋ねるべき質問を提案すると想像してほしい。これは、医療用チャットボットと診断ツールを組み合わせたようなもので、患者との面談時に使用されることで、会話の質を高め、医師が症状や診断をより効果的に引き出せるように支援する設計となっている（実際、本章の後半では、生成ＡＩがすでに患者との面談を聞き取り、その要点を要約するために使用されている例を紹介する）。

このようなＡＩを活用したアプローチは、10分程度と短い患者の診察を最大限に活用し、患者個人に最適化されたケアを提供するための助けとなるだろう。さらに、この方法は、子宮内膜症のように、10人に１人の女性が患っているにもかかわらず、その症状が見過ごされたり誤診されたりしやすい、稀少または診断が困難な病気の診断においても、特に効果を発揮する可能性がある。

## ◆多忙な医師が精密なケアを提供するための支援

好例としては、生成ＡＩエキスパートであるリズムエックス（RhythmX）ＡＩである。リズムエックスＡＩは医師が極めてパーソナライズされたケアを患者に提供するのを支援するためのプラットフォームである。このシステムは、生成ＡＩと予測ＡＩアルゴリズムを用いて、患者ごとに特化した処方や推奨事項を提供する。医師は自然言語インターフェースを通じて、これらの推奨事項を詳しく調べることができ、いわば医師の「ＡＩアシスタント」のような役割を果たす。リズムエックスの臨床諮問委員会の一員であるグレッグ・マイヤー（Gregg Meyer）博士は次のように述べている。「医師は現在、臨床経験、社会的要因、生活習慣、精神的健康要因を考慮して、極めてパーソナライズされた医療を行おうとしています。医師がこれらの問題に対処、解決するのを支援するプラットフォームが医療業界には非常に必要とされています。[4]」

## 医療研究と新薬開発

第19章では、生成ＡＩを活用して未来の製品やソリューションを設計することについてさらに詳しく述べるが、ここで特に指摘しておきたいのは、生成ＡＩが医療研究や新薬発見や新薬開発に与える影響が極めて大きいという点である。生成ＡＩは、研究者が疾患マーカーをより簡単に理解し、最適な化学物質の組み合わせを見つけ出すこと、さらには全く新しい組み合わせを発明、発見することを支援することで、新しい医薬品治療の創出に貢献する。そのため、生成ＡＩは、革新的な分子構造の生成、化合物の迅速なスクリーニング、薬物相互作用の予測、既存薬の新たな用途への再利用、臨床試験の最適化、薬剤の処方改善などを通じて、薬剤の発見と開発を革命的に変えるだろう。これにより、将来の医師が病気をより効果的に治療できるようになるだけでなく、治療がよりパーソナライズされる可能性がある。というのも、理論上は、個々の患者のデータに基づいて薬剤を調整することが可能となるからである。

## 管理業務に対する改善の実現

生成ＡＩは、医療における医療コードの作成、請求処理、定型的な問い合わせ対応、記録作成といったタスクを自動化することにより、管理業務の負担を軽減することができる。生成ＡＩが可能とする作業、すなわち文書の作成、会話の聞き取りや文章の解釈などを考えれば、臨床現場の裏方において生成ＡＩが大きな価値をもたらすことは明白である。自動的な記録作成により、各患者とのやり取りでわずか数分の時間が節約されるだけでも、業務改善の効果は大きい。医療従事者が事務作業に費やす時間を減らし、より多くの時間を患者との対話に充てることが可能となる。

### ◆定型的な電話やメッセージに対応する会話型ＡＩ

ハイロ（Hyro）は、クリニックが一般的な問い合わせ対応を自動化することで、人手不足を解消し、患者との関わりを強化するために設計されたHIPAA準拠の「会話型ＡＩ」である(5)。自然言語によるテキストと音声を用いて、ハイロは診療チームが患者からの簡単なタスクやリクエスト、例えば予約のスケジュール調整や処方箋の再発行といった業務を自動化するのを支援する。一方、より複雑なケースは適切な部門に転送される。ハイロによれば、同社のＡＩアシスタントは約85％の問い合わせ電話を処理することが可能とのことだ。

### ◆生成ＡＩを用いた記録作成および臨床ドキュメントの作成

優れた事例として、ネクストジェンヘルスケア（NextGen Healthcare）のアンビエントアシスト（Ambient Assist）ノート作成ツールが挙げられる。[6] このツールは、患者と医師との会話を聴き取り、その内容を要約したメモを提供するものである。診療が終わってから わずか30秒以内に、医師は記録内容を確認することができ、ツールの記録精度は90％以上に達する。２０１７年の研究によれば、プライマリケア医師は勤務時間のほぼ半分を電子カルテや事務作業に費やしており、患者と過ごす時間はわずか27％であったとのことだ。また、事務負担は医師の燃え尽き症候群の主要な原因の１つであるとされている。[7] このようなツールは、医療記録の質を損なうことなく、医師の事務作業を削減することに役立つ。

さらに別の例として、南フロリダにある11の病院を擁する医療システムのバプティストヘルス（Baptist Health）も、臨床ドキュメント作成にかかる時間を短縮するために生成ＡＩを導入している。[8] このシステムでは、医療音声認識技術とＡＩ言語モデルを融合させた生成ＡＩ搭載のドキュメント作成アプリが導入されており、患者との会話を文字起こしし、その会話から迅速に臨床記録を生成することが可能である。この自動化により、訪問後の記録作成時間は約２分に短縮されると見込まれており、医師が患者対応に充てる時間が増加すると期待されている。

◆臨床医の情報検索の支援

生成ＡＩは医師向けにコンテンツを生成するだけでない。情報にアクセスし、理解する手助けも行う。これが、グーグルクラウドのバーテックスＡＩサーチ（Vertex AISearch）プラットフォームの背後にある理念であり、現在では医療およびライフサイエンス分野の組織向けに特化している。このツールを使用することで、医師は電子カルテだけでなく、生の非構造化データを含む組織全体のデータエコシステムにわたって情報を検索することが可能となる。グーグルクラウドの生成ＡＩ検索機能を統合している企業の1つがケアａｉ（care.ai）であり、同社はグーグルの生成ＡＩ技術を用いた「スマートケアファシリティープラットフォーム（Smart Care Facility Platform）」により、新たなデータ分析方法やインサイトの生成、ケア提供の改善を実現するとしている。[9]

◆リソース最適化のためのアウトブレイク予測

ＡＩが医療提供を効率化するもう1つの方法として、疾病の発生予測やウイルスの変異予測が挙げられる。興味深い例として、ハーバード医科大学およびオックスフォード大学の研究者によって開発されたＡＩツール「イブスケープ（EVEscape）」がある。イブスケープは生成モデルを用いて、ウイルスが免疫系から逃れるためにどのように進化するかを予測し、新しいウイルス変異を予見する。このツールはＣＯＶＩＤ-19の最も懸念される新たな変異株を予測することに成功している。[10]これにより、世界の医療システムがパンデミックに備えることを可能にするだけでなく、急速に変化するウイルスに対するワクチンや治療法の開発にも役立つ可能性がある。

## 生成AIは医療危機の解決に役立つか？

世界中で医療システムが深刻な問題にさらされている。多くの地域で医師や医療専門家が不足しており、世界保健機関（WHO）は、2030年までに医療専門職が1000万人不足すると予測している。特に低所得国および中低所得国に大きな影響を及ぼすとされている。[11] 豊かな国である米国ですら、米国医科大学協会は2033年までに最大13万9000人の医師が不足すると予測している。[12]

さらに、医療システムは待機時間の増加にも悩まされている。執筆時点で、イングランドの国民保健サービス（NHS）における計画治療の待機リストは775万人に達し、数千人が治療開始まで18カ月以上待っているのが現状である。[13] これは普遍的な医療制度を有する国の状況であり、多くの人々がその恩恵を受けられないという現実も存在する。さらに衝撃的なことに、WHOの2021年のデータによると、世界中で約45億人が必要な医療サービスを十分に受けられていないという。[14]

## ◆生成ＡＩの可能性

医師やその他の医療専門家による優れたケアに代わるものはないが、生成ＡＩが増大する医療需要と減少している医療資源の間に存在するギャップを埋める手助けとなるソリューションを提供していることは明らかである。このテクノロジーを恐れる必要はない。生成ＡＩツールは驚くべき医療知識を示しており、一部のツールは医師資格試験に合格するほどの能力を備えている。[15]また、本章で述べたように、診断の面では人間の医師を凌駕することすらある。このように、医師と生成ＡＩが協力し、人間の直感と専門知識が機械の精密さと組み合わされる未来は非常に魅力的である。医療システムがますます逼迫する中、人間とＡＩの専門知識を融合させることが、患者の診断と適切な治療の提供において最善の方法となるだろう。

さらに、生成ＡＩツールは医療チャットボットとの対話を通じて診断や治療の選択肢について情報を得ることで、個人が自身の健康管理を積極的に行えるようにする。これは、従来の症状をグーグルで検索する方法の進化版と考えることができ、はるかに高度で正確である。そして、患者が医師と対面する際には、生成ＡＩが背後で医療ノートを生成したり、医師が情報を検索する際に支援したりすることで付加価値を提供する。

## ◆生成ＡＩ導入における課題

マーケティングのような分野で、生成ＡＩツールが不正確または「ハルシネイトされた」（もっともらしい嘘の）コンテンツを生成する場合、それはそのコンテンツを使用する企業にとって非常にまずい状況である。しかし、もし医療分野で生成ＡＩが不正確または意味不明な回答を生成した場合、それとは全く異なる問題となる。ＬＬＭやその他の生成ＡＩモデルが医療における問題解決に大きな可能性を秘めている一方で、医療提供者は当然、生成ＡＩによる回答の正確性と信頼性を確保する必要がある。

医療における生成ＡＩの導入には課題があるのか？　もちろんである。しかし、世界中の医療提供状況とアクセスの現状を考えると、私は生成ＡＩが障害よりも多くの解決策を提供することを信じている。

## 本章のまとめ

ヘルスケア分野における生成ＡＩの主な活用方法を要約すると、次の通りである。

・より賢く応答性の高いチャットボットを通じて、生成ＡＩは患者に対してパーソナライズされたアドバイスを提供することを可能にする。患者が懸念事項を話し合い、診断を受け、治療の必要性を知ることができるようになる。つまり、即時に医療アドバイスにアクセスしたいという患者の需要に応える新しいツールがすでに登場している。

・疾病の早期発見に関して、生成ＡＩは医療画像の解釈やそれに基づくレポートの生成において、人間の医師と同等に有能かつ信頼できることがすでに証明されている。これにより放射線科医の業務を支援するだけでなく、救急部門などの他の医師も迅速に診断できるようになることで、治療を加速させることが可能になる。

・パーソナライズされた治療は、医療の中でも特に注目されている分野であるが、患者それぞれが異なる病歴やニーズ、生活習慣を持つため提供が難しい。しかし、生成ＡＩは医療の「アシスタント」として機能し、潜在的な治療法や次のステップを提案することで、この課題を克服するのに役立つ。

・生成ＡＩは医療記録の簡素化、クリニックでのルーチンな電話応対や問い合わせ処理など、運用面で大幅な改善をもたらすことができる。これにより、患者の体験が向上し、医療従事者の燃え尽き症候群を減らすのに役立つだろう。

・世界中の医療システムは問題山積であり、受診者や患者の待ち時間は苛立たしいほど長い。生成ＡＩは、世界の医療システムが直面する大きな課題のいくつかを解決する。医療をよりアクセスしやすく、効率的にすることができる。

さて、全く別の話題に移ろう。次章では、ゲームの世界がどのように生成ＡＩによって変革されているか、そして未来のゲームがどのようにこれまで以上に応答性が高く、パーソナライズされ、没入感のあるものになるかを探求することにする。準備はいいだろうか？　それでは、次の章へ進もう。

# 第12章 ビデオゲームの設計とテスト
## ――生成ＡＩアプローチ
## Video Game Design and Testing: The Generative AI Approach

ビデオゲームについての章を設けたいと考えたのは、この分野が他と少し異なるテーマであり、また興味深い進展が見られるためである。さらに、多くの読者が熱心なゲーマーであり、ゲームが生成ＡＩの時代にどのように進化していくかに関心を持っているだろうとも思うからである（ヒント：よりパーソナライズされた体験や、適切に会話ができるＮＰＣ［ノンプレイヤーキャラクター］が登場することを楽しみにしていてほしい）。

生成ＡＩはビデオゲーム業界において非常に重要な役割を果たすことになる。あるビデオゲーム業界の幹部を対象とした調査によると、生成ＡＩは今後5～10年の間に、ビデオゲーム開発の半分以上に貢献すると予測されている。[1] これにより、ゲームデザイナーはより単調な開発作業から解放され、コストや開発期間の削減にもつながるとされている。

生成ＡＩは、新しく、より優れたビデオゲームの開発を支援するだけではない。ビデオゲームの品質管理やテストにも関与する。これらの要素について、いくつかのビデオゲーム業界の新たな事例と共に探っていこう（並行して、生成ＡＩがコーディングに与える影響については第16章で扱うこととする）。

## ビデオゲームの開発とテストにおける生成ＡＩ

生成ＡＩの時代において、ビデオゲームの環境やキャラクターを１つひとつ手作業で丹念に作成する必要はなくなった。生成ＡＩは多くの開発作業を自動化することができ、開発者はゲームデザインの最も重要な側面に集中する時間を確保できるようになる。

さらに、生成ＡＩツールがより高度になるにつれ、リアルタイムで作動するゲームにこの技術を組み込むことが可能となる。プレイヤーのスタイルや戦略に応じて進化し適応して、パーソナライズされた環境やＮＰＣが提供されるようになる。これは、現代のビデオゲームに見られる事前に構築された世界やプログラムされたＮＰＣとは異なる。ゲーム業界に大きな変革をもたらす可能性があり、各ゲーマーの体験が異なるものになることが期待される。

### ◆ゲーム開発における生成ＡＩの活用

ゲーム開発者にとって、生成ＡＩは魅力的なコンテンツ、リアルなビジュアル、そして没入感のあるゲーム体験を生み出すための新しい手段を提供する。例えば、ビデオゲームの一部が森林の中で展開されるとしよう。よく見れば、同じ木のモデルが繰り返し表示されていることに気づくかもしれない。一度気づいてしまうと、同じ木が何度も現れるのが目に付くようになり、ゲームの没入感を損なってしまう。しかし、もしその森林が生成ＡＩによって作成されていれば、数千本の全く異なる木々や小動物が存在するようにできる。これにより、視覚的に魅力的で、没入感が高まることで、技術的な制約に気を取られることなく、ゲームプレイに集中できる。

ここでは、ゲーム開発の主な要素を分解し、それぞれのプロセスにおいて生成ＡＩがどのように役立つかを見ていこう。

・手続き型生成：アルゴリズムを活用して広大で複雑、かつ予測不可能な環境を作成することで、各プレイセッションにてユニークでダイナミックな体験を提供することが可能である。
・地形生成：生成ＡＩはリアルな地形の生成を支援し、ゲームワールドの視覚的な魅力を高める。
・自動モデリング：生成ＡＩはキャラクターやその他の要素の３Ｄモデルの作成を効率化し、必要な時間や専門知識を削減する。
・音声合成：開発者はＡＩを利用して、多様でリアルなキャラクターの声を作り出すことができる。

・音声修正：生成ＡＩを用いることで、録音された音声を簡単に修正でき、限られたリソースで多様なキャラクターの声を作成することが可能である。

・生成音楽：生成ＡＩのおかげで、自動的にゲームの音楽を作成することが可能であり、ゲーム内のイベントに応じて変化するダイナミックな音楽も作成できる。それにより、ゲームの感情的なインパクトを高める。

・効果音：生成ＡＩは、リアルな効果音を生成することもでき、これもまたゲームワールドの没入感やリアリズムを支援するために、リアルタイムで作成される可能性がある。

・環境音の生成：ゲームの雰囲気を強化する没入型の環境音を生成ＡＩで作成できる。

・対話生成：生成ＡＩはキャラクターのリアルな対話も作成でき、これもリアルタイムで生成される可能性がある。

・キャラクター生成：生成ＡＩはユニークで一貫性のあるキャラクターの人格を創造し、ストーリー性を豊かにすることができる。

・ダイナミックなストーリーテリング：プレイヤーの選択に応じて変化する非線形のストーリーラインも、生成ＡＩのおかげで実現可能であり、よりパーソナライズされたゲーム体験を作り出す。

・自動クエスト生成：生成ＡＩは、ゲームの全体的なストーリーに沿ったクエストやミッションを自動的に作成することも可能である。

総じて、生成ＡＩは非常に没入感のあるゲーム要素を自律的に作り出すことができ、ゲーム開発を加速させ、新しいゲームを市場に投入する際のコストを削減する。そして将来的には、生成ＡＩはプレイヤーごとに進化し適応するダイナミックな要素、キャラクター、そして世界を作り出すためにますます活用されるだろう。生成ＡＩがビデオゲーム開発における大きな飛躍をもたらすことは疑いのないことだ。

## ◆ビデオゲームテストにおける生成ＡＩ

生成ＡＩがビデオゲームに付加価値を与えるもう1つの方法は、ゲームテストおよび品質保証の分野である。生成ＡＩは、ゲーム内のバグや欠陥を自動的に検出し、それらを優先度やゲームへの影響に基づいてランク付けすることができる。また、ＡＩの予測能力を活用すれば、ゲーム内の潜在的な問題を予測するためにデータを分析し、開発者が事前に対策を講じることが可能となる。

さらに、生成ＡＩは複数の仮想プレイヤー（つまりボット）を作成し、ＡＩによって生成された異なるプレイスタイルに従ってゲームをテストすることができる。このようなテストにより、開発者はプレイヤーがどこで詰まりやすいか、どの部分でプレイヤーに課金しやすいか（ゲーム内のアクセサリーなどに）、またどの要因が満足度の低いゲーム体験を引き起こすかを迅速に把握できる。これにより、品質保証プロセスが加速されるだけでなく、ゲームの精度や全体的な体験が向上することが期待される。

## ◆ゲームにおける生成AIの活用事例

次に、開発者が実際に生成AIをどのように活用しているかを示す具体例を紹介しよう。

ビデオゲーム会社ニンジャセオリー（Ninja Theory）は、オルタード（Altered）AIの音声ライブラリを使用して、生成AIを用いた音声パフォーマンスの生成に取り組んでいると報じられている。(2) また、『アサシン クリード』を開発したユービーアイソフト（Ubisoft）は、「ゴーストライター（Ghostwriter）」と呼ばれる自社の生成AIツールを開発している。このツールは、特定のイベントが発生した際にNPCが発する短い台詞（いわゆる「バーク」）を生成するために使用されている。(3) キャラクターの台詞の初稿を自動的に作成し、シナリオライターがそれを選択したり、必要に応じて調整したりすることができる仕組みである。例えば、戦闘シーンでの敵の台詞など、ゲーム内に何百と存在する可能性のある短い台詞を自動化することで、シナリオライターは主要なストーリーダイアログに集中できる。

ユービーアイソフトの『アサシン クリード』シリーズの開発者であるジェイド・レイモンドが、大作ゲームの開発においてAIの利用は「避けられない」と述べたのも、AIがコスト削減や開発の迅速化に大きく貢献するためである。(4)『ロードオブザフォールン（Lords of the Fallen）』を開発したヘクスワークス（Hexworks）も、開発中に生成AIを使用している。(5) ただし、アートワークや台詞、キャラクターを作成するためではなく、ゲームの最適化を行うためである。現在のグラフィック重視のゲームは、メモリ使用量やコンピュータの処理能力の問題を抱えているが、ヘクスワークスは生成ＡＩを使って効率の悪さを自動的に検出し、解決策を提案することでこれに対応している。例えば、テクスチャサイズの削減といった提案がなされるのである。さらに、初期のバージョンではＡＩ生成の音声が使用されていたが、最終版では声優が起用された。このことは、生成ＡＩがプロトタイプの作成を迅速化し、新しいゲームプロジェクトをより早く立ち上げる手助けをする一方で、人間の創造性を置き換えるものではないことを示している。

生成ＡＩを使用して、全体のゲームを作成することも可能である。その例が『アングリーパンプキン（Angry Pumpkins）』というゲームであり、人気ゲーム『アングリーバード（Angry Birds）』に着想を得て、生成ＡＩのみで作成された[6]。このゲームでは、チャットＧＰＴがコードを書き、ミッドジャーニーやダリのようなＡＩ画像ツールが画像を生成している。開発者のハビ・ロペスは、このゲームは『アングリーバード』と直接に競合するのではなく、生成ＡＩツールでどこまで可能かを示す「概念実証」のようなものであると述べている。驚くべきは、開発者が一行もコードを書くことなく、このようなゲームが完成した点である。生成ＡＩを使ってゲームを作成するのがいかに簡単であるかを物語っている。

生成ＡＩは、古典的なコンピュータゲームに新たな命を吹き込むことにも貢献している。１９９０年代に『ブロークンソード（Broken Sword）』シリーズのアドベンチャーゲームで大ヒットを飛ばした英国のゲーム開発会社レボリューションソフトウェア（Revolution

Software）は、生成ＡＩを活用して、シリーズ初期のゲームを最新のコンソールやＰＣでプレイできるようにするためのアップデートを行っている。このシリーズの初期作品は手描きのグラフィックスを採用しており、当時の低解像度ディスプレイに合わせて描かれていた。これらの手描きのアートワークを高解像度で再現するのは非常に高コストであったため、レボリューションのチームはヨーク大学の生成ＡＩ研究者と協力し、現代のアップデートに向けてデザインされたアートのサンプルを数点使って、生成ＡＩモデルをトレーニングした。その結果、ゲーム内のアートワーク（例えばオブジェクトやキャラクター）をわずか5分で生成できるモデルが完成した。[7] 人間のアーティストは、ＡＩ生成のアートを手直し（例として、顔をよりリアルに仕上げるなど）する役割を果たした。つまり、すべてを描き直す代わりに、人間の労力を最も効果的な場所に集中させ、残りを生成ＡＩに任せることで、レボリューションゲーム（Revolution Games）はこの取り組みを経済的に実現可能にしたのである。

## ◆新たな開発者向け生成ＡＩツール

一方で、開発者が生成ＡＩを活用するための新たなツールが次々と登場している。例えば、大手ゲームソフトウェア会社ユニティ（Unity）は、開発者がゲーム開発を加速させるための生成ＡＩソリューションにアクセスできるＡＩマーケットプレイスを発表している。ここでは、アセット作成、ＮＰＣプラットフォーム、音声生成ツールなどが提供されている。ユニティはさらに、開発者がワークフローの中でＡＩ技術を活用できるように、ミューズ（Muse）およびセンティス（Sentis）といった生成プラットフォームも作成している。[8]

また、エニシングワールド（Anything World）が開発した「アニメイトエニシング（Animate Anything）」と呼ばれる新しいアニメーションツールも登場している。これを使用すると、3Dモデルを簡単にアニメーション化することができ、静的な3Dモデルをアップロードすれば、数分でアニメーション化されたバージョンが生成される。[9]

「シンクドリーマー（SyncDreamer）」と呼ばれる生成AIツールもあり、これを使用すると、1枚の2D画像（手描きでもフォトリアリスティックな画像でも構わない）に基づいて、複数の2D視点からオブジェクトを生成できる。このツールは、2D画像から3D表現を作成するプロセスを効率化し、従来は困難で手間のかかる作業であったものを大幅に簡素化してくれる。[10]

同様に、「オークトリア（Auctoria）」というプラットフォームも存在し、生成AIを活用して、ゲームアセットやゲームレベルをゼロから作成することができる。ユーザーは、画像を3Dに変換したり、シンプルなテキストプロンプトを使用したりしてアセットを作成することができる。[11]

マイクロソフトも生成AIを積極的に採用しており、インワールド（Inworld）AIとのパートナーシップを通じて、Xbox向けにゲーム開発者が生成AIキャラクター、ストーリーライン、クエストを作成できるツールを提供している。[12] また、「AIデザインコパイロット」は、詳細なスクリプトやダイアログツリーを自動生成することができる。マイクロソフトのパートナーであるインワールドは、生成AIを使ってプレイヤーの質問に反応するNPCを作成する取り組みも進めている。

他にも、グーグルクラウドはベトナムの大手ゲーム開発会社と戦略的提携を結び、グーグルクラウドの生成ＡＩソリューションをゲームに活用している。(13) これには、キャラクターとのよりリアルな会話を可能にする高度なチャットボットの構築や、プレイヤーにダイナミックに反応するゲームの開発などが含まれている。

さらに、ソフトウェア会社エヌビディアは、ゲーム用のカスタム生成ＡＩモデルである「アバタークラウドエンジン（Avatar Cloud Engine：ＡＣＥ）」を発表している。このＡＣＥは、ＡＩによる自然言語での対話を通じて、ＮＰＣに知能を与えることでゲームを変革することを目指している。(14) エヌビディアによると、現在の最も高度なゲームにおいても、ＮＰＣとのやり取りは依然として定型的であり、スクリプト化された短い会話にとどまっている。だが、エースフォーゲーム（ACE for Games）を使用すれば、ＮＰＣの会話能力を向上させ、プレイヤーに合わせた一貫性のある人格を持ち、時間と共に進化するＮＰＣを作成することができる。これにより、プレイヤーにとってダイナミックでユニークな会話が可能となる。従来のような短いスクリプト会話ではなく、プレイヤーとＮＰＣとが無限に興味深い会話を楽しむことができる未来が期待されている。

## 生成AIがビデオゲームの未来を形作る

生成ＡＩはゲーム開発において極めて大きな影響を与えるであろう。Xboxの最高財務責任者（ＣＦＯ）であるティム・スチュアートは、その力を「魔法のようだ」と表現している。彼は２０２３年に開催されたＭＩＴスローンゲーミングカンファレンス（MIT Sloan Gaming Industry Conference）において、生成ＡＩは多くの人々がゲームを作成できるようにすると述べ、「これまで２００万から３００万のコアなゲーム開発者しかいなかった世界が、今後ＡＩをツールとして使用することで２億人ものゲーム開発者が登場する時代が来るだろう」と語った[15]。さらに、ゲーム業界のビジネスモデルは変化しており、従来のようにコンソールやゲームを販売するモデルから、ゲームにアクセスする方法がより柔軟になるモデルに移行するという。これにより、コンソールやゲームの売上だけでなく、プレイ時間や１時間当たりの収益（たとえば、ゲーム内アクセサリーの購入など）が重要な指標となる。そのため、プレイヤーを長時間ゲームに没頭させることが、これまで以上に重要になっており、それを支援するのが生成ＡＩである。

本章で述べたように、生成ＡＩは、単調な開発やテスト作業を自動化し、真にダイナミックなゲームの創造を可能にすることで、ビデオゲーム業界に大きな変革をもたらすであろう。考えてみてほしい。開発者がＮＰＣのすべてのセリフや動きを1つひとつコーディングする必要はなくなる。生成ＡＩツールがそれを代行し、プレイヤー個人の操作にリアルタイムで反応することさえ可能になる。もし、あなたがゲームの世界やキャラクターに完全に没入することを好むゲーマーであれば、このコンセプトは非常に魅力的に映るに違いない。

つまり、生成ＡＩがゲーム開発のワークフローにおける大きな効率化を実現するのはもちろんのこと、最大の恩恵は、ゲーム体験自体にあるといえる。こうした理由から、新たなゲームスタジオ「ジャム&ティースタジオ（Jam & Tea Studios）」は、生成ＡＩをそのビジョンの中心に据えており、「これまで不可能だったレベルのプレイヤーエージェンシー（プレイヤーの選択の自由）を実現できる」と強調している。[16]「ワークフローの改善に自信を持っているが、我々はむしろ、ＡＩを活用してこれまでにないゲーム体験を生み出すことに重点を置いている」とのことである。

さらに先を見据えると、プレイヤーが開発知識なしに自らゲームを作成できるツールが登場する可能性もある。アニメゲーム『ハルシオンゼロ（Halcyon Zero）』を手掛けるスタジオ「パードラボ（Pahdo Labs）」は、1500万ドルの資金を調達し、生成ＡＩツールを活用したゲーム作成ツールを開発してプレイヤーに提供する予定である。[17] これにより、プレイヤー自身が生成ＡＩを用いて自分だけのアニメゲームを作成できるようになるという。

では、これでゲーム開発者は不要になるのだろうか？　決してそうではない。ゲーム開発において人間の創造性は今後も不可欠である。しかし、他の業界と同様、ゲーム開発者の仕事は進化し、ＡＩと共にゲームを生成する新しい時代が到来するだろう。

## 本章のまとめ

この章では、ビデオゲーム業界は生成ＡＩによって変革されることを学んだ。注目すべき主要なポイントは次の通りである。

・生成ＡＩは、ビデオゲーム開発において大きな飛躍を遂げている。このテクノロジーは、没入感のある環境、ゲーム資産、レベル、オブジェクト、音楽、対話、ＮＰＣを作成するために活用され、より現実的で没入感のある、魅力的なゲーム体験を提供する。
・将来的には、生成ＡＩにより、ゲームはプレイヤーごとにダイナミックに進化することが可能になり、キャラクターやストーリーがプレイヤーのプレイスタイルや戦略に応じて反応するようになる。
・生成ＡＩは、ゲームテストや品質保証の効率化にも貢献できる。たとえば、複数の異なるプレイスタイルを用いてゲームをテストするボットを作成することで、問題点を発見することができる。

ゲームの世界から一転して、次は法律分野を見てみよう。生成ＡＩがどのように弁護士の業務を支援し、法的助言をより手頃でアクセスしやすいものにする可能性があるかを見てみよう。

# 第13章

# 法律分野におけるＡＩ活用

## ――ＡＩによる文書作成とレビューの支援

The Legal Sphere: AI-Assisted Document Creation and Review

ＡＩが法律分野で使用されることに眉をひそめる者もいるかもしれない。しかし、最新のＬＬＭのおかげで、生成ＡＩは複雑な法的文書の文脈や微妙なニュアンスを理解する能力が格段に向上している。その結果、法律分野、特に法的文書のレビューやドラフト作成において、有用なツールとしての地位を確立しつつある。

生成ＡＩは法律分野において非常に有望なツールと期待されており、英国の大規模な法律事務所の3分の2が生成ＡＩの可能性を追求しているとされている（小規模な法律事務所でも約3分の1が同様である）(1)。一方、米国では、社内弁護士の67％が外部の法律事務所に対して生成ＡＩツールを業務に活用することを期待しているとの調査結果が出ている(2)。また、別の調査では、３７９人の弁護士およびその他の法務専門家に対してチャットＧＰＴについての質問が行われ、その90％以上が生成ＡＩを使用したことがあると答えている(3)。したがって、弁護士やその他の法務専門家の業務内容は、ＡＩと共に働く機会が増えるにつれて変化していくと予想される。しかし、それだけではない。この章で述べるように、生成ＡＩは一般の人々が法的な問題に取り組む助けにもなるのである。

## 法律事務所における生成ＡＩの活用

生成ＡＩは、法律分野に変革をもたらす可能性を秘めている。生成ＡＩシステムがますます高度化するにつれ、弁護士の業務を多方面にわたって支援することが可能となるであろう。

### ◆生成ＡＩの活用可能性

具体的な例については章の後半で取り上げるが、まずは全体的な活用事例を探ってみよう。生成ＡＩは、以下のような形で法務専門家を支援することができる。

・文書作成：生成ＡＩは、契約書、遺言書、賃貸契約書などの典型的な法的文書の作成を自動化し、特定のパラメータに基づいてクライアントのニーズに合わせて調整することが可能である。また、生成ＡＩはクライアントへの文書の作成にも活用できる。

・法的リサーチ：既存の判例法や法的先例の調査は非常に時間がかかる。弁護士は、特定の基準やキーワードをインプットすることで、生成ＡＩを活用して関連する判例、法令、規制の要約や概要を作成することができる。

・調査およびデータレビュー：生成ＡＩは、関連する文書やデータを特定するためのクエリを生成し、調査プロセスを支援できる。また、膨大なデータを要約することにも役立つ。

・契約書の分析：ＡＩは、長大な契約書を要約し、重要な条項を強調することで、潜在的な問題点を特定することができる。

・予測分析：ＡＩは、過去のデータに基づいて訴訟の結果を予測することができ、クライアントへの助言や訴訟の戦略立案に役立つ可能性がある。

・法的助言チャットボット：サービス提供範囲を拡大しようとする法律事務所において、生成ＡＩは一般的な法的質問に対する回答をウェブサイトやメッセージアプリを通じて生成し提供する法的助言チャットボットの作成に利用できる。

これらの活用事例によって、法律事務所の効率を向上させ、より多くの案件を短時間で処理できるようにし、人的ミスのリスクを減少させることが期待される。さらに、ＡＩは自動化されたプラットフォームを通じて、基本的な法的支援をより多くの人々に提供し、法的サービスの民主化を進める可能性がある。この点については章の後半でさらに詳述することとする。

## ◆注意すべき点

これらの画期的な進歩には課題も伴う。弁護士は自らの役割に適応しながら、これらの技術を効果的に活用し、監督するための新たなスキルを習得しなければならない。例えば、生成AIが確かな結果を提供しているかどうかを確認する必要がある。また、倫理的な問題も考慮しなければならない。特に、生成AIに過度に依存することで、法的な状況で極めて重要となる繊細な人間の判断力が欠如する可能性がある。

さらに、データバイアスの問題も存在し、生成AIの応答に偏りが生じる可能性がある（これはどの法律事務所にとっても重大な懸念事項であるが、特に法的助言チャットボットが偏った助言や回答を提供する場合には深刻である）。また、法律事務所が生成AIツールにインプットした情報がAIの訓練に使用され、他のユーザーに漏洩するリスクもある。

要するに、生成AIは法的世界に多くのチャンスをもたらす一方で、その導入に際しては慎重に対処し、法律分野における本質と誠実さが損なわれないようにする必要がある。生成AIの実装に関しては、第18章でさらに詳述する。

## ◆法律分野における事例

ここでは、法律事務所や他の法的機関が生成AIを活用し始めている具体例をいくつか見ていこう。まず、カリフォルニア・イノセンス・プロジェクト（CIP）についてご存じかもしれない。これは、カリフォルニア・ウェスタン法科大学院によって設立され、誤って有罪判決を受けた可能性のあるケースを支援するためのプロジェクトである。この活動は、ケースごとに判例法のレビューや証拠の精査が必要であり、非常に複雑で多くの時間と労力を要する。そこでＣＩＰは、生成ＡＩを活用して弁護士の骨の折れる作業を効率化し、無実の人々が不当に長期間収容されることを減らそうとしている。

ＣＩＰの弁護士たちは、「コカウンセル（CoCounsel）」と呼ばれる生成ＡＩプラットフォームを導入しており、これはＡＩ企業のケーステクスト（Casetext）がオープンＡＩと提携して開発したものである。このコカウンセルは、法的文書、判例法、裁判手続に特化して訓練されており、法的文書のレビューや要約、文書作成、契約分析、証言準備が可能である。ＣＩＰの弁護士によれば、必須だが単調な作業をこのツールに任せることで、時間を大幅に短縮できるという。例えば、クライアントに送る手紙の作成時間を15分から1分に短縮し、その分を人間の対話が必要なより重要な業務に充てることができるようになる。[4] また、バイアスやハルシネーションを防ぐために、コカウンセルはブティック系や多国籍企業の弁護士４００人によるベータテストを経ており、ケーステクストによれば、システムに入力された機密情報は保存されず、トレーニングに再利用されることもないという。[5]

世界最大規模の法律事務所の1つであるデントンズ（Dentons）は、ＧＰＴ-４のＬＬＭをベースにした独自のチャットＧＰＴスタイルのツール「フリート（fleet）ＡＩ」を導入し始めている。[6] デントンズによれば、このツールを用いることで、弁護士は「法的リサーチを行い、法的コンテンツを生成し、関連する法的論点を特定する」ことが可能になるという。また、デントンズでは、アップロードされたデータがモデルのトレーニングに使用されることはなく、外部の第三者がアクセスできず、30日後にはデータが削除される仕組みを整えている。さらに、デントンズの弁護士がこのツールを使用する際には、出力結果を独自に検証し、クライアントに対してＡＩツールが使用されたことを開示する義務がある。

予想されるように、法律事務所を支援するために生成ＡＩを活用したツールやサービスが次々と登場している。例えば、法的リサーチおよびソフトウェア会社であるレクシスネクシス（LexisNexis）は、生成ＡＩを取り入れ、同社のレクシス（Lexis）＋ＡＩプラットフォームに技術を組み込んでいる。[7]このプラットフォームは、弁護士が判例リサーチを行い、要約や法的文書、コミュニケーションの作成を支援することを目的としている。チャットＧＰＴに似た簡単なインターフェースを持ち、生成ＡＩは数秒で応答を生成できる。また、応答には出典も提供される。また、ケーステクストのコカウンセルプラットフォームと同様に、Lexis+ ＡＩもプライベートなコミュニケーションに重点を置いており、機密情報が他のユーザーと共有されることはないように設計されている。

法律分野向けのもう1つの生成ＡＩサービスは、ＡＩスタートアップ企業のハーベイ（Harvey）によって提供されている。ハーベイは法律事務所向けにカスタムＬＬＭを構築しており、ロンドンの大手法律事務所マクファーレーン（Macfarlanes）や多国籍企業アレン＆オーヴェリー（Allen & Overy）などがハーベイと提携している。[8]弁護士はハーベイを活用してリサーチを行い、文書を分析し、テキストを要約することで、書簡の草案を作成することができる

（これらは人間の弁護士によってレビューされる）。

情報専門企業のトムソン・ロイターも、法的サービスに生成ＡＩを導入しており、法的リサーチプラットフォーム「ウエストロー（Westlaw）」やテンプレートやチェックリストを提供する「プラクティカルロー（Practical Law）」において生成ＡＩを活用している。[9] 生成ＡＩを用いることで、弁護士や法的リサーチャーは、これらのプラットフォームをより直感的に会話形式で利用でき、自然言語で質問に答えることができる。また、トムソン・ロイターは「ドキュメントインテリジェンス（Document Intelligence）」と呼ばれる生成ＡＩを搭載した契約書レビューソフトも提供しており、契約書内の情報検索にかかる時間を50％短縮できるとされている。[10]

## 一般の人々が法的文書を理解するための支援とその可能性

生成ＡＩが弁護士の業務負担を軽減することで、法的助言をより手頃でアクセスしやすくする助けとなることは明らかである。しかし、今後は一般の人々が直接やり取りできる生成ＡＩを活用した新しい法的ツールも登場するであろう。これにより、長文の契約書や法的な文書を理解したり、契約書を作成したり、さらには基本的な法的助言を得るといったことが可能になる。この分野はまだ黎明期であるが、法的助言の民主化を約束する興味深いツールが登場し始めている。

一例として、「リーガルロボット（Legal Robot）」がある。このツールは「法律用語」を誰でも理解できる日常言語に自動で翻訳することを目的としている。したがって、一般の人が複雑な契約書やその他の法的文書を前にした際も、平易な英語での翻訳を受け取り、何を読んでいるのか、あるいは署名しようとしているのかを正確に理解できるようになるという（リーガルロボットによれば、このツールは弁護士も利用でき、文書が誰にでも理解しやすいことを確認するために使えるとされているが、弁護士が本当に自分の文書を容易に理解できるようにしたいかどうかは別の問題である）。

もう1つの例は「ＡＩロイヤー（AI Lawyer）」であり、24時間３６５日対応の専門的な法的支援と情報を提供するものである。これは、理論的にはどのような法的質問にも回答することができ、また、弁護士を起用することなく契約書を作成するためにも利用できる。さらに、法的文書を簡略化したり、要約したりするためにも活用できる。

このように、法律事務所に依頼する際にかかる高額な費用を避けつつ、人々が法的支援に気軽にアクセスできるツールが登場しているのは非常に興味深いことである。このような進展が、法律事務所に対しても生成ＡＩを活用してより効率的で手頃なサービスを提供することを促進する可能性があるのかもしれない。

## 本章のまとめ

本章では、生成ＡＩが法律分野に２つの主要な影響を与えていることを学んだ。

・法律事務所は、弁護士の業務をより効率的に進めるために生成ＡＩを積極的に活用している。特に、生成ＡＩは法的文書やケースのレビュー、契約書の分析、文書作成、証言準備、コミュニケーションに利用されている。法律分野を支援するための複数の生成ＡＩプラットフォームやツールが登場している。

・生成ＡＩは、新しいツールを通じて一般の人々が法的助言にアクセスしやすくすることにも寄与している。これにより、簡単な法的助言を提供したり、複雑な法律用語を日常の言葉に翻訳する手助けを行ったりする。また、このようなツールは、弁護士を雇うことなく契約書を作成する手助けさえできる。

次に、さまざまな業界やセクターに共通するテーマである「デザインとイノベーション」に目を向けよう。次章では、生成ＡＩがファッションやジュエリーから命を救う可能性のある薬品に至るまで、研究とデザインプロセスをどのように強化しているかをみていきたい。

# 第14章

# 未来を創る
## ——デザインと開発におけるＡＩの活用

Crafting Tomorrow: AI in Design And Development

生成ＡＩは、これまで人間が中心となってきたデザイン、研究、製品開発のプロセスに革新をもたらすことが期待されている。高度な計算能力と創造性を注入することで、これらの分野に新たな可能性を開く。生成ＡＩの応用例の中でも、薬品開発は非常に興味深く、最先端の分野である。本章では、まず生成ＡＩが将来の薬物治療をどのように形作るかについて考察する。次に、ジェネレーティブデザインの概念を探り、生成ＡＩがあらゆる製品のデザインをどのように支援するかを見ていく。そして最後に、デジタルツインと学術研究に簡単に触れる。盛りだくさんの内容であるが、さっそく始めていこう。

## 生成ＡＩによる新薬発見

著者にとって、新薬発見は生成ＡＩの変革力を完璧に示す分野である。新薬を市場に投入するプロセスは非常に長く、莫大な費用がかかる。発見プロセスの開始から薬が販売許可を得るまでには最大15年を要することがあり、臨床試験に進んだ薬の９割が承認段階に至らない。成功と失敗、両方の費用を考慮に入れると、新薬を市場に出すコストが25億ドルに達することもあるのは不思議ではない[1]。生成ＡＩは新薬発見ステップを加速させる可能性があり、それにより薬を臨床試験段階に迅速かつ低コストで進めることができる可能性がある。

### ◆生成ＡＩによる新薬探索プロセスの加速

生成ＡＩが新薬発見において果たす役割について概観するため、私はエヌビディアのヘルスケア部門の副社長兼ゼネラルマネージャーであるキンバリー・パウエルと話をした[2]。彼女のチームは、業界のリーダー、学者、製薬会社、バイオテクノロジー企業と協力し、新薬発見プロセスにＡＩを活用している。基本的には、エコシステム全体でＡＩ技術を利用できるようにすることを目的としている。したがって、生成ＡＩが新薬治療法の探索をどのように変革できるかを知っている人物がいるとすれば、それは彼女だ。

パウエルは、生成ＡＩは世界の知識を1つの場所に集めることに優れていると説明する。例えば、チャットＧＰＴは、インターネット上のすべての情報、書籍や記事を含むあらゆるデータでトレーニングされている。この自然言語能力は、研究論文や電子健康記録データを網羅的に調査することで、既存の薬が人々にどのように影響を与えているかを発見することができるので薬物発見の研究・開発段階に適用できる。

しかし、エヌビディアのチームが本当に期待しているのは、薬物開発に関連する他の言語、すなわち生物学や化学の言語に生成ＡＩを適用する可能性である。人間のＤＮＡを、４つの文字（Ａ、Ｔ、Ｃ、Ｇ）の配列と考えてみてほしい。これを3億文字の長さの文に繋げることができる。これは独自の言語といえる。また、生物の基本単位であるタンパク質も同様だ。タンパク質は20種類のアミノ酸、つまり、20文字の独自のアルファベットから構成され、長さは数万文字、あるいは数十万文字にも及ぶ。化学物質にも「ＳＭＩＬＥＳ（Simplified Molecular Input Line Entry System）」として知られる言語があり、化学構造を定義する文字が組み合わさっている。

パウエルは、「私たちは今、これらの言語を取得し……生成ＡＩやＧＰＴ型の方法を適用することができる……そうすれば、言語モデルは、生物学について私たちがこれまで現実世界で観察できなかった多くのことを理解するのに真に役立つ」と述べている。つまり、生成ＡＩを使って新薬を発見できるだけでなく、時間とコストを削減できるということだ。そして、パウエルの期待は、先に触れた新薬開発の90%もの失敗率を改善することである。では、生成ＡＩは新薬発見プロセスにどのように適用されるのか。パウエルは、新薬発見プロセスを３つのフェーズに分けて説明している。

第一のフェーズは、新薬で狙いたい対象（疾患や状態）を特定することである。この段階では、生成ＡＩを用いてゲノミクスを研究したり、疾患を引き起こす遺伝子を解明したり、身体で何が起こっているのかを理解することができる。基本的には、対象をよりよく理解することを目指している。第11章では、ある生成ＡＩモデルがＣＯＶＩＤ-19ウイルスの変異株を予測できることを示した。もう1つの例は、エヌビディア、アルゴンヌ国立研究所、シカゴ大学などの研究者が開発したゲノムスケール言語モデル（Genome-scale language models：GenSLMs）である。このモデルは、パンデミックの最初の年のＣＯＶＩＤ-19ゲノムデータでトレーニングされ、２０２3年のエリスおよびピロラ変異株に近い配列を生成することに成功した[3]。言い換えれば、ウイルスがどのように変異するかを正確に予測できたのである。このようなモデリングは、将来的に新薬発見に役立ち、政府が感染症を追跡・管理するのにも役立つだろう。

第二のフェーズは、リード化合物、すなわちその疾患をターゲットとするために使用できる化学物質やタンパク質を考案することである。そして、ここで問題となる対象規模は本当に驚くべきものとなり、疾患をターゲットとするために作成可能な化学物質は10の60乗以上、タンパク質は10の１６０乗以上存在している。新薬発見が「干し草の山から針を探す」としばしば表現されるのも頷ける。生成ＡＩは、これらの潜在的な化学物質やタンパク質をふるい分けることで、新しいアイデアを生成し、疾患をターゲットとするための望ましい構造や機能を持った新しい化学物質やタンパク質を発見することさえ可能である。これは探求すべき新しいリード化合物が膨大に創出されるということになり、本当に期待が高まることである。

第三のフェーズは、最適化である。生成ＡＩモデルが潜在的に効果的な10億の化合物を生成したと仮定し、製薬会社はそれらをターゲットに対してテストする必要がある。生成ＡＩは、このスクリーニングプロセスをこれまでに見たことのないスケールとスピードで支援することができる。ある例では、エヌビディアはリカージョン・ファーマシューティカルズ（Recursion Pharmaceuticals）とのプロジェクトで2・8京の小分子ターゲットペアをスクリーニングし、リカージョンのマッチメーカー生成ＡＩアルゴリズムをエヌビディアのスーパーコンピューティング技術で動かして実施した。彼らは、従来の方法では10万年かかるスクリーニングをわずか1週間で完了させた[4]。

要するに、生成ＡＩは製薬会社が前例のないスケール、スピード、精度で新薬を探求するのを支援することができる。これにより、臨床試験へと迅速に進むことが可能になる。この一例として、インシリコ・メディシン（Insilico Medicine）は新薬発見プロセスにおいて生成ＡＩを用いて特発性肺線維症を治療する新薬を開発した。従来の方法を用いると、このプロセスには4億ドル以上の費用がかかり、最大6年を要することになる。しかし、生成ＡＩを用いることで、エヌビディアによればインシリコは10分の1のコストと3分の1の時間でこの作業を達成し、わずか2年半で臨床試験に進んだ[5]。ちなみに、インシリコは、ＡＩによって生成された新しいＣＯＶＩＤ薬を開発したことでニュースにもなり、すべての変異株に対して効果があると報告されている[6]。このような加速が製薬業界全体に広がることを想像すれば、生成ＡＩが医療のこの側面をどう変革するかが見えてくる。

## ◆真にパーソナライズされた医療の実現

将来的に、パウエルは生成ＡＩが真にパーソナライズされた医療の実現にも寄与するだろうと述べている。生成ＡＩは、患者の遺伝子や健康データを分析し、個々のユニークなプロファイルに基づいてパーソナライズされた薬物治療を提案するために使用できる。このアプローチは、腫瘍の遺伝的構成が大きく異なるがん治療において特に有益である可能性がある。

パウエルは、「この真にパーソナライズされた医療の機会は、これらの生成ＡＩを使った手法を通じてのみ実現される」と予測している。彼女は次のように言う。「なぜなら、多くの情報を関連付ける必要があるからだ。私の履歴、私のＤＮＡ、私の病状について発見したことと……それは私にとって完全にユニークなものとなる。そして、この方法を通じて、そのレベルの情報を合成することができなければ、そこに到達することはできない。そして、一度私の病状を理解すれば、新薬を発見するのに５年とかからず、非常に迅速なプロセスによって、もしかしたら５週間で私を治療することが可能になるかもしれない」

## ◆医療の世界における他の活用事例

もちろん、エヌビディアだけが生成ＡＩで新薬の発見を推進しているわけではない。

製薬会社のメルクは、「アディソン」と呼ばれる生成ＡＩを活用した新薬発見プラットフォームを開発している。[7] 薬剤設計者が広大なケミカルスペースを探求し、新薬候補をより迅速に見つけることを目指している。メルクによれば、ケミカルスペースデータベースＧＤＢ‐17には約１６６０億の分子が存在するが、そのような広大なライブラリでさえ「すべての可能な構造の表面をかすめるに過ぎない」という。このような状況において、アディソンのようなプラットフォームは、研究者が「無限のケミカルスペースを探求し、全く新しい化合物のアイデアを生成する」手助けをすることにより、非常に大きな価値を提供できる。

別の例として、英国のバイオテクノロジー会社エトセンブリ（Etcembly）は、癌の最先端免疫療法薬を設計するために生成ＡＩを使用した。この新薬は「ＥＴＣ‐１０１」と呼ばれ、Ｔ細胞エンゲージャーというタイプの薬である（Ｔ細胞は白血球の一種である）。この種の薬は、体内の外来抗原を認識するＴ細胞受容体（ＴＣＲ）の力を利用して、癌細胞を特定し破壊するものである。しかし、ＴＣＲは健康な細胞も標的と認識する可能性がある。エトセンブリの解決策は、より感受性が高く選択的なＴＣＲを設計することで、癌細胞を効果的に標的とし、最小限の副作用で治療を行うことである。

このために、エトセンブリはＴＣＲの「コード」を解読し、ＴＣＲの遺伝子コードを書き換えてより強力にするために生成ＡＩを導入した。その結果、ＥＴＣ‐１０１は多くの癌と関連があり、生存率の低さで知られるＰＲＡＭＥというタンパク質を標的にするように設計されている。この薬は、自然なＴＣＲと比べてＰＲＡＭＥに対して百万倍の親和性で結合することが報告されており（再び健康な細胞を標的にすることはなく）、通常のＴＣＲ発見にかかる2年の時間枠に対し、わずか11カ月で開発された。(8) この薬は２０２５年にも臨床試験に入る可能性がある。さらに、デルはリムリック大学と提携し、癌診断と予測研究のためのＡＩプラットフォームを作成した。(9) これは、ＡＩを活用して癌バイオマーカーのテストを迅速化し、Ｂ細胞リンパ腫患者の治療を向上させることを目標としている。

生成ＡＩはまた、人工ＤＮＡ合成（遺伝子合成）においても役割を果たす可能性がある。これにより、実質的にあらゆるＤＮＡ配列を実験室で生成することが可能となる。再び、ＤＮＡをコードとして考えると、生成ＡＩによりコードを「解読」し「書き換える」研究者の手助けをするのが理にかなっている。ほとんどの癌は生まれつき持っている遺伝子ではなく、遺伝子の偶発的変異によって引き起こされることがわかっている。そのため、遺伝子合成は癌についてより多くのことを理解し、治療を改善するのに役立つことが明らかである。ヒトゲノムは非常に複雑であり、健康と病気に寄与する遺伝的要因の配列は広範かつ膨大である。このことは、病気を理解しようとする研究者にとって難問であるが、テクノロジー、特に生成ＡＩが助けることができる分野でもある。

グーグルのディープマインドも、健康と創薬の研究を支援することを目指す技術会社の１つである。ディープマインドは、７１００万の「ミスセンス」変異（ＤＮＡ配列の変更を引き起こす遺伝子変異）の影響を分類する新しいＡＩツールを作成した。これらの変異は良性である場合もあれば、病原性である場合もあり、平均的な人は９０００以上のミスセンス変異を持っている。これらの数百万の変異を理解すること、特にそれらが良性か病気を引き起こすものかを判断することは、複雑で労力がかかる作業である。ディープマインドによれば、７１００万の可能な変異のうち、病原性または良性として分類されたのはわずか０・１％である。[10]ディープマインドのアルファミスセンス（AlphaMissense）プラットフォームは、この分類を加速するために開発された。

これらすべての例は非常に興味深い。しかし、これが人類に脅威をもたらす可能性はあるのか？　結局のところ、ＡＩを使って新しい薬を設計できるなら、生成ＡＩを使って最も有毒な薬を設計したり、人間にとって危険な新しい毒素を特定したりすることも可能である（実際、ＡＩはわずか6時間で4万の潜在的な新しい化学兵器を考案することができた）[11]。この技術は誤った人の手に渡れば恐ろしいものである。しかし、病気をより良く理解し、適切に対象へ狙いを定める能力、そして世界中の人々の健康寿命を延ばす能力をＡＩは持っている。その成果は追求する価値がある。

## 生成AIとジェネレーティブデザインによる設計

ジェネレーティブデザインの分野では、ＡＩを用いて特定の制約や性能条件に適合するさまざまなデザインの可能性を概念化し、人間が手作業で作成することはほぼ不可能と思われる最適化されたソリューションの幅広い選択肢を提供する。デザイナーは、使用すべき材料、希望する製品のサイズや重量、製造方法、コストなどの条件を入力すると、ジェネレーティブデザインアルゴリズムが設計案を提示する。この革新的なアプローチは、アイデア出しのフェーズを加速させるだけではない。イノベーションを促進し、デザイナーやエンジニアがより広範な設計パターンの探求を可能にすることで、その中から最適なものを選択することを可能にする。そして、この手法は製品、建物、気候変動に対する潜在的な解決策など、あらゆるものの設計に適用される。

ジェネレーティブデザインのソフトウェアは数年前から存在しているが、現在、ジェネレーティブデザインが生成ＡＩと結びつき、ＡＩを用いた設計プロセスがより知的で直感的になる兆しが見られる。実際、生成ＡＩの台頭により、今後は必ずしもプロのデザイナーやデザインソフトウェアの専門家でなくとも、驚くべき製品を設計、デザインできるようになる。ユーザーが、生成ＡＩインターフェースに達成したいゴールを伝えると、さまざまなデザイン案を提案してくれることだろう。

### ◆生成AIがジェネレーティブデザインをどのように強化するか

デザイン生成プロセスがどのように変革されているかを知るために、著者はオートデスク（Autodesk）の研究責任者であるマイク・ハーレイに話を聞いた。オートデスクは最先端技術に大きな焦点を当てており、２００９年にはすでに生成ＡＩを使ったデザインについて語っていたほどである。

ハーレイによれば、さまざまな業界でオートデスクのクライアントは、より複雑な要件や制約を伴う製品の設計を目指しており、また同時に効率的かつ低コストでの設計を求めている。基本的に、設計プロセスには大きなプレッシャーがかかっており、これがジェネレーティブデザインの価値を高めている。つまり、ジェネレーティブデザインはデザイナーが複雑なデザインをより効率的かつコスト効果の高い方法で生み出すことを支援するのである。

では、生成ＡＩはどのようにジェネレーティブデザインを改善するのか？　実際、ジェネレーティブデザインツールは使いこなすのが非常に難しい場合がある。というのも、ジェネレーティブデザインソフトウェアのパフォーマンスを最大限に引き出すためには、何を求めているのかをジェネレーティブデザインツールに対して正確に指定しなければならない。しかし、多くのデザイナーはプロジェクトの最初からすべての制約を知っているわけではない。制約や要件はデザインプロセスの中で明らかになることが多い。さらに、ジェネレーティブデザインソリューションは多くの計算能力を必要とするため、コストが高くなることがある。

ここで生成ＡＩが問題解決に役立つ。生成ＡＩは迅速で、システムに話しかけたり、欲しいものを入力したりするだけで使えるため、非常に簡単で直感的である。したがって、生成ＡＩとジェネレーティブデザインを組み合わせることで、プロのデザイナーだけでなく、専門家ではないデザイナーにもメリットがもたらされる。ジェネレーティブデザインシステムでは驚異的な精度を得られ、生成ＡＩによって使いやすさが向上する。オートデスクはこの点について特に期待している。両方の技術を組み合わせることで、より多くの人々にジェネレーティブデザインを身近にし、オートデスクの顧客の創造性を高めることを目指している。

ハーレイのオートデスク研究所は、先進的な顧客と共に新しい設計ソリューションを考案している。彼は、1つの顧客、大手建設会社との協力の例を挙げた。この会社は、超高層ビルの初期コンセプトの設計にかかる時間に懸念を抱いていた。顧客は、この初期の探索的プロセスに数カ月かかることが分かり、今後このプロセスを加速させたいと考えていた。初期のコンセプトの設計プロセスに生成ＡＩを適用することによって、彼らはこのプロセスを数カ月から1週間に短縮することができた。明らかに、生成ＡＩの迅速なコンセプト合成と反復能力は、デザイナーがより短期間で多様な解決策を探求するのに役立ち、より革新的で創造的な結果をもたらす。家や製品、車など、ほぼすべての設計プロセスにこの技術が適用される様子を想像すると、生成ＡＩが設計プロセスに対してどれほどの価値を加えることができるかが見えてくる（ちなみに、オートデスクのトロントオフィスである「オートデスクテクノロジーセンター

（Autodesk Technology Centre）」は、同規模のＡＩデザインによるオフィスの先駆けであった。デザイナーは、日光や眺望、他のデスクとの近接性などの要因についてオートデスクの従業員と相談し、それらの条件がＡＩデザインツールに反映された[12]。

さらに、生成ＡＩ、ジェネレーティブデザイン、３Ｄプリンティングの組み合わせは特に影響力を持つ可能性がある。ジェネレーティブデザインと生成ＡＩは、３Ｄプリンティングでできることをより深く理解するために利用できる。なぜなら、３Ｄプリンティングで作成できる形状の範囲と複雑さは非常に広範であるからである。今後ますます、この組み合わせは新しい部品や製品を作成するために使用されるだろう。より安価で軽量かつ頑丈なものを生み出し、車両や航空機からプレハブ住宅や構造物まで、多くの製品の全体的な品質を向上させることになる。

著者がハーレイに生成ＡＩとデザインの未来について尋ねると、彼は「デザインソフトウェア（実際にはすべてのソフトウェア）がはるかに使いやすくなる」というアイデアを熱く語った。生成ＡＩは私たちが話したり、入力したり、スケッチしたりと、任意の方法で自己表現を可能にするからである。「すべてのソフトウェアのユーザーインターフェース、ワープロであれ、複雑な建物設計製品であれ、今後５年のうちに根本的に変わるだろう。突然、コンピュータは私たちを解釈する能力を持つようになる。」

また、彼はデザインソフトウェアが先を見越して提案するようになり、ユーザーがデザインしたいものに基づいて有益なアドバイスや提案をするようになると予測している。「私たちは、デザインプロセスの中で、単に大量のデータであなたを圧倒するのではなく、「あなたがこれをデザインしているのを気づきました。私が知っているデータの中で、今あなたがデザインしているものに関連するかもしれないことをお知らせします」といった形で、デザイナーの注意を喚起し、手助けをするツールが現れるだろう。

## ◆生成AIによるデザインおよび製造面でのビジネス的利点

多くのデザイナーはすでにAIを使ったデザインに慣れているが、生成AIがデザインプロセスをさらに支援し、改善することは明らかである。生成AIは、デザイナーに対してデザインをより迅速に生成する能力を授け、AIとのより直感的な協働を可能にする。物理的なプロトタイプを常に構築することなく、材料や製品の性能をモデル化するためにも利用できる。さらに、顧客からのフィードバックデータや既存の製品（または建物）のユーザーデータを将来のデザインに組み込むことさえ可能である。したがって、デザインの全プロセスは基本的に試行錯誤のプロセスが少なくなり、明らかに必要となる時間と労力が削減される。また、より優れた製品を生み出す手助けにもなる。たとえば、オートデスクの支援を受けて、ゼネラルモーターズは前モデルより40％軽く、20％強度の高い新しい自動車部品を設計することができた[13]。

このような点は、組織にも大きなメリットをもたらす。特に、迅速なイノベーションの実現、短期間での多様かつ創造的なパターンの探索、プロトタイプとの反復と洗練のプロセスの加速、より良い新製品を迅速に市場に投入する能力が向上する。さらに、生成AIは3Dプリンティングと組み合わせることで、製品のパーソナライズの新しい世界を切り開く。

生成ＡＩは、知的財産プロセスの一部としても利用できる。たとえば、特定の製品基準に従うために特許が必要かどうかを分析することができる。また、既存の特許文書、研究論文、市場動向を分析して、企業の研究開発の取り組みにおけるターゲティングを支援することができる。そして、オンラインの膨大なデータを分析して、商標侵害の可能性を監視することも可能である。

さらに、生成ＡＩは製造プロセスに統合されることが期待されている。このため、マイクロソフトとシーメンスは、製造業向けに特別に設計された新しい生成ＡＩアシスタントの開発で提携している。[14] 両社によると、シーメンスの「インダストリアルコパイロット」ツールは人間とＡＩの協力体制を改善することで、生産性を高め、製造タスクの迅速化を図るという。たとえば、デバッグ自動化コードやシミュレーションの実行といったタスクは、生成ＡＩアシスタントを使用することにより数分で行えると両社は説明している。マイクロソフトとシーメンスは、製造業以外にも交通や医療を含むさまざまな業界向けに生成ＡＩアシスタントツールを開発する計画を持っている。

## ◆ジュエリーとファッション業界での活用例

ジュエリーデザイナーはすでにＡＩを活用してデザインを行い、新しいデザインの限界を押し広げ、プロトタイピングを加速させ、デザインプロセスを合理化している。ＡＩを共同制作者として利用しているジュエリーメーカーには、パリの高級ジュエリーブランド・ブシュロンや、バンクーバーに拠点を置くプライベートジュエリーブランド・ヴォルンドジュエリーがある[15]。

3Dプリンティングと組み合わせることで、AIを活用したデザインは、ジュエリーメーカーが迅速にプロトタイプを作成し、実際の世界でデザインがどのように見えるかを確認することを可能にする。複雑なプロトタイプの印刷も数時間で行えるため、手作業でワックス型を作るのに数週間かかるのと比べて大幅に短縮される。ティファニー社は、AIによって作られたデザインと3Dプリンティングを利用してプロトタイプを作成した主要なジュエリーデザイナーの1つである[16]。

将来的には、生成AIが顧客自身にオーダーメイドのジュエリーをデザインすることを可能にするであろう。生成AIツールを使用することで、顧客は、好みの素材、デザインの好み、コストに応じて自分だけのユニークなデザインを作成し、注文前にそのデザインが自分にどのように見えるかを画像で確認することができるようになる。また、3Dプリンティングはプラスチック、金属、コンクリート、さらにはチョコレートなど、あらゆる種類の材料を印刷できるため、市場規模を気にせずにユニークな製品を製造することができる。

大手のファッションやスポーツブランドも、ナイキを含め、デザインプロセスを補完するためにAIを定期的に活用している[17]。ファッションデザイナーがAIを活用したデザインの恩恵を大いに受けられるのは、AIによって複数の新しいデザインを迅速に生み出すことが可能になるからである。一例として、ファッションテクノロジー企業のファシャブルは、衣料デザインプロセスに生成ＡＩを導入するためにマイクロソフトと提携した。

ファッション業界は特に迅速な回転率と終わりのない新しいスタイルの追求に対する期待が高く、「ファストファッション」では特にその傾向が強い。しかし、ファシャブルは「使い捨て文化」の問題を悪化させるのではなく、デザイナーが需要に応えつつ、廃棄物を削減するのに生成ＡＩが役立つと考えている。[18] 具体的には、デザイナーが布地を無駄にせずに複数の新しいデザインをアップデートできるようにし、また新しい衣服を創造する際の売り上げ予測とのギャップを大幅に減らすためにＡＩを活用することができる。トレンドは予測不可能であり、在庫が売れるかどうかも明確ではない。そのため、ファシャブルはＡＩを用いてソーシャルメディアや小売サイトなどの複数の情報源からデータを分析し、トレンドをよく理解している。デザインはリアルタイムでトレンドを考慮して強化され、その結果得られた画像はソーシャルメディアで消費者に対するＡ／Ｂテストのために使われる。これにより、デザイナーは生産に入る前に消費者のニーズをよりよく理解することができる。ファシャブルによれば、新しいコレクションをデザインから店舗に持ち込むのに数カ月かかっていたのが、現在では数分で完了できるようになっていて、迅速にデザインし、顧客に直接マーケティングすることで布地の無駄を省いている。

◆自動車産業界での活用例

自動車産業は何年もの間、車両や部品の設計にＡＩを活用してきた。しかし、生成ＡＩは、設計プロセスをさらに効率化し改善するためにいくつかの方法で役立つ。例えば、生成ＡＩを使用して新しいデザインコンセプトやバーチャルプロトタイプを生成することができる。初期のコンセプトアイデアやスケッチから、フルサイズのクレイプロトタイプの開発に至るプロセスには多くの日数がかかるが、生成ＡＩはこのプロセスの初期段階を加速させることができる。２Ｄスケッチを瞬時にリアルな３Ｄバーチャルモデルに変換することで、デザイナーは短時間でさまざまなオプションを試すことができる。また、デザイナーは「頑丈」や「洗練された」といったテキストプロンプトを使用してデザインアイデアを生成することもできる。さらに、インテリアデザインにおいては、簡単な説明に基づいてテクスチャのリアルなビジュアルを生成するために生成ＡＩを使用することができる。

トヨタ・リサーチ・インスティテュートでは、車両デザインプロセスを加速させるために生成ＡＩを活用する実験を行っている[19]。同社は、デザイナーが初期のデザインスケッチとエンジニアリングの制約（性能、安全性、使いやすさに関するもの）を創造プロセスの初期段階で生成ＡＩツールに組み込む新しい手法を開発した。トヨタによれば、このアプローチにより「デザインとエンジニアリングの考慮事項を調整するために必要な反復数を減らす」ことができるという。言い換えれば、これはデザイナーが創造的なビジョン（例えば、頑丈なＳＵＶタイプの車両）に基づいたデザインを考案するのを支援しながら、不可欠な多くの複雑なエンジニアリングや安全性の考慮事項を最適化するのに役立つ。

安全性について言及すると、生成ＡＩは車両の欠陥を検出・防止し、事故のリアルなシミュレーションを生成するためにも使用できる。このシミュレーションは、自動運転車の訓練や既存車両における安全上の潜在的な危険を特定するために利用される。

生成ＡＩは、電気自動車（ＥＶ）のバッテリー開発にも役立っている。これはスタートアップのアイオニクスが取り組んでいる重点分野であり、同社は生成ＡＩを使用してＥＶバッテリーの研究を加速させている。このプロセスは、本章の初めで述べた新薬発見プロセスに似ている。バッテリーの電解質材料を作るために組み合わせることができる数十億の調達可能な分子が存在するため、実験すべき多くの潜在的な組み合わせがある。最適な組み合わせを見つければ、充電が速くて効率的なＥＶバッテリーが得られるが、その最適な組み合わせを見つけるのには数年かかることもあり、多くの試行錯誤を伴うことがある。アイオニクスは、生成ＡＩを使用して発見を加速させ、特定用途向けに設計された新しい分子を生成している。[20]

## 生成ＡＩがデジタルツインに与える影響

デジタルツインとは、製品、プロセス、システムなどの現実世界の物理的アセットのデジタルコピーであり、仮想シミュレーションを行うために使用される。デジタルツインの基本的な考え方は、現実の物体に対して調整を加えた場合に何が起こるかを確認することである。デジタルツインを使えば、現実世界の対象に対して高額な変更を加えることなく、その仮想モデルで試行できる。

デジタルツインはここ数年、製造業（例：機械性能の最適化）やＦ１（例：車のセットアップをテストする）など、さまざまな産業分野で注目されているテクノロジーである。これまで、デジタルツインの作成や使用は比較的技術的にハードルが高いプロセスであった。しかし、生成ＡＩツールにデジタルツインの作成を指示できるようになることで、理論上は企業がデジタルツイン技術を簡単に活用できるようになる。それにより、現実世界の製品や物体、システムのシミュレーションを広く作成できるようになる。たとえば、物理的な製品に対して費用や時間がかかるテストを実施せずに、生成ＡＩを使ってその製品のデジタルツインを作成し、さまざまな条件下でのパフォーマンスを確認することができるようになる。

特に重要なのは、自然言語技術を使用してシミュレーションやデジタルツインとやりとりできる点である。たとえば、「今度は氷点下の温度で製品をテストしてみて」などの指示を出すことが可能となる。また、工場全体のデジタルツインの場合、デジタルツインが現実世界のパフォーマンスを反映していれば、管理者が「今日の工場の状況はどうか？」や「今日対処すべき予測保全の問題トップ３は何か？」といった質問をシステムにすることができる。管理者はリアルタイムで工場の３Ｄコンピュータ表示を通じてオペレーションを管理できるのである。この考え方は、工場、小売店、スポーツスタジアム、エネルギー網など、あらゆる施設や運営に応用できる。これもまた、生成ＡＩがテクノロジーをより身近なものにする方法の一例である。

## 学術研究分野での支援

この章を締めくくる前に、生成ＡＩが巨大な価値を付加できる別の分野として、学術研究について簡単に触れておきたい。実際、ＬＬＭに基づく新しいツールがすでに登場しており、学術研究を支援している。例えば、数千の研究記事をスキャンして情報を収集し、要約を提供するものである。

一例として「コンセンサス（Consensus）」というツールが挙げられる。これは学術コミュニティの合意に基づいて、はい／いいえの質問に答えるものである。例えば、「移民は経済にとって良いか？」という質問をすると、学術的な合意（この場合、研究によれば移民は一般的に経済的利益をもたらす）を提示する。さらに、分析に使用された学術記事の引用リストや要約も提供される。現時点で、コンセンサスは経済学、睡眠科学、社会政策、医学、メンタルヘルス、健康補助食品の６つのトピックに焦点を当てている。

別のツールである「イリスィト（Elicit）」は、特定の質問に基づいて関連する学術論文を見つけ、その論文から重要な情報を要約する。「ＡＩリサーチアシスタント」として説明されている。サイト（Scite）も同様の機能を持ち、関連する学術論文を探し出す。生成ＡＩが将来の学術研究や学習を変革し、非学術者でもよりユーザーフレンドリーな方法で学術情報にアクセスできるようになる姿が容易に想像できる。

## 本章のまとめ

この章では、次のことを学んだ。

・生成ＡＩは、新薬発見プロセスを加速させ、薬を臨床試験に迅速に届けることで、将来の薬物療法を革新する。これにより、数年単位での迅速化が期待される。

・デザインにおいては、ジェネレーティブデザイン（ＡＩを使用してデザインプロセスを最適化する技術）が数年前から存在しているが、生成ＡＩインターフェースの追加により、ＡＩ活用デザインはさらに改善されることが期待される。生成ＡＩは、他の多くの機能に加えて、デザイナーが複雑なジェネレーティブデザインツールをより簡単に扱う手助けをする。パラメータや基準に応じた無限の潜在的デザインを生成し、製品をシミュレーションすることで、製品開発ライフサイクルを加速させることができる。このテクノロジーは、ジュエリー、車両デザイン、建物デザインなど、さまざまな分野に応用できる。

・これに関連して、生成ＡＩは企業が実世界の製品、物体、システムのシミュレーションのためにデジタルツインをより簡単に作成できるようにする。自然言語のプロンプトを使用することで可能となる。
・最後に、生成ＡＩは学術研究をよりアクセスしやすくしている。学術コミュニティの合意に基づいて質問に答える新しいツールが登場し、研究論文の要約をわかりやすく提供する。

生成ＡＩはデザイン、開発、製造の分野においてポジティブな変革をもたらすことは明らかである。では、次に生成ＡＩによって変革されることが期待される別のセクターである銀行業と金融に目を向けてみよう。

# 第15章 銀行業と金融サービス——ＡＩの持つ破壊的な力

Banking And Financial Services: AI as A Disruptive Force

ＡＩはこれまでにも金融分野で大きな変革をもたらしてきたが、生成ＡＩはこれをさらに一歩進めることになろう。生成ＡＩのコンテンツ生成、データ分析、シミュレーション、プロセス最適化の能力により、金融機関はより高度な意思決定が可能になり、製品・サービスデザインの革新、顧客向けサービスの向上、リスク管理の強化、そしてコンプライアンスの効率的な維持管理を実現できるようになる。その結果、銀行業務の風景は劇的に変化することになろう。

本章で述べるように、銀行や他の金融機関はすでに生成ＡＩの導入を開始しており、これを避けているわけではない。むしろ、生成ＡＩは金融業界において最大級の変革をもたらすと著者は考えている。例えば、誰もが利用できる形での金融アドバイスの提供などが挙げられる。マッキンゼーによると、生成ＡＩは銀行に年間２０００億〜３４００億ドルの価値（営業利益の９〜15％）をもたらす可能性があるとされている[1]。したがって、生成ＡＩを受け入れない銀行は取り残されるリスクがあると言える。

## 生成AIの銀行業および金融サービスでの活用事例

では、銀行や金融サービスは具体的にどのようにして生成ＡＩを活用できるのか？　この業界における主要な活用事例を見ていこう。

### ◆一般的な活用例と可能性

実際の事例については後ほど章の中で取り上げるが、ここでは生成ＡＩの全体的な使用例を探ってみたい。まず分かりやすい使用例の1つは、カスタマーサービスである。たとえば、銀行のチャットボットは24時間体制で質問に答えたり、クレームに対応したりできる。また、生成ＡＩは新規顧客の獲得を効率化することもできる。たとえば、生成ＡＩのようなツールを使用して顧客が書類を正確に記入する手助けをし、銀行の乗り換えに関する質問に答えることができる。

カスタマーサービスについては第8章で多く語ったので、復習が必要な場合は戻って確認してほしいが、銀行に関連する重要なポイントは次の通りである。生成ＡＩは、従来の人間同士の会話を再現した、まるで昔の銀行取引のような新しい時代の会話型銀行サービスをもたらすということである。

他の業界と同様、生成ＡＩを活用したパーソナライゼーションは銀行における主要な使用例であり、パーソナライズされたツールやアドバイスが顧客の資産運用をよりスマートにサポートすることを目的としている。生成ＡＩは、顧客の行動や好みに関する詳細な示唆を提供する。それにより銀行はよりよく検討され、カスタマイズされた新しい商品やサービスを創出することができる。

生成ＡＩは、さまざまな商品やサービスの特徴が個々の顧客や市場セグメントのニーズにどのように対応するかをシミュレーションすることで、銀行がより高度にカスタマイズされた商品やサービスを開発する手助けができる。良い例としては、スクエア（Square）という金融サービス会社があるが、この会社については章の後半で取り上げる（ヒント：彼らは生成ＡＩを使用して、ビジネス顧客がコンテンツを生成することを支援している）。

もう1つの大きな使用例は、金融機関の舞台裏で行われている多くのプロセスや業務を自動化することである。たとえば、財務分析やレポート作成などであるが、具体的には以下のようなものが含まれる。

・信用決定：生成ＡＩは、多くの変数や、信用力の予測に役立つ可能性のあるトラディショナルでないデータソースを考慮に入れた、より詳細な信用モデルを作成することができる。複雑な行動プロファイルを生成することで、安全で公平な融資につながる示唆が得られる可能性がある。

・拒否理由の説明：信用決定プロセスを支援するだけでなく、生成ＡＩはなぜ特定の決定がなされたのかについて、顧客に分かりやすい説明を生成することができる。これは、将来の申請に役立つだけでなく、ＡＩの決定に対する信頼感を築くことにもつながる。

・不正検出フレームワーク：生成ＡＩは、不正行為のパターンをシミュレーションし、詐欺検出システムが高度な詐欺やセキュリティ侵害を認識して事前に防止できるように訓練することができる。また、生成ＡＩは銀行や決済プロバイダーが潜在的な詐欺を調べる際にも役立つ。

・決済処理システム：不正検出を支援するだけでなく、生成ＡＩは他の方法で決済処理システムを最適化することができる。たとえば、国際決済の最適化などである。

・財務モデリングとシナリオ分析：生成ＡＩは、さまざまな経済的および市場条件をシミュレーションし、それが投資ポートフォリオ、資産価値、または金融機関のリスクエクスポージャーに与える影響を予測する高度な財務モデルを作成することができる。銀行はこれらのモデルを使用して、将来のさまざまなシナリオに備え、運営をショックやストレスに対してより強靭にすることができる。

・定量取引：生成ＡＩアルゴリズムは、さまざまな戦略を生成し、過去の市場データや将来のシミュレーションデータと照らし合わせてテストすることができる。時間の経過とともに改善される予測モデルを生成して活用することで、投資戦略においてより高いリターンや低いリスクを追求できる可能性がある。

・資産およびポートフォリオ管理：生成ＡＩは、さまざまな市場シナリオのもとで異なる資産の組み合わせのパフォーマンスをシミュレーションし、将来の予測パフォーマンスに基づいて最適なポートフォリオを生成することで、資産管理のパフォーマンスを大幅に向上させることができる。

・規制遵守：生成ＡＩは、継続的に学習して適応を続けるコンプライアンスシステムの開発において重要な役割を果たすことができる。数千ものコンプライアンスシナリオを生成およびテストすることで、新しい金融商品やサービスが異なる法域の厳しい規制基準を満たしているかどうかを確認できる。

・顧客確認（ＫＹＣ）およびマネーロンダリング防止（ＡＭＬ）：これらのプロセスは、銀行が金融犯罪を抑止し、規制遵守を維持するために重要である。生成ＡＩは、個人データや取引履歴を含む大量の顧客データを分析し、潜在的なコンプライアンスの問題を特定することで、これらのプロセスを自動化するのに役立つ。

・業務リスク管理：生成ＡＩは、さまざまな業務上の失敗シナリオをシミュレーションすることにより、潜在的な業務リスクを予測し、それを軽減する手助けができるため、より強固なリスク管理を実現する。

・レガシーソフトウェアの保守：実は、多くの銀行は60年前に開発されたコボル（COBOL）のような古いプログラミング言語で書かれた非常に古いソフトウェアに依存している。こうした古い言語に精通している開発者は少なく、保守が問題となることがある。しかし、生成ＡＩはこれらのレガシーソフトウェアのプログラミング言語を容易に理解し、保守することができる。

## ◆会計士および内部会計機能の支援

生成ＡＩは、会計事務所や組織内の内部会計機能を支援する上でも重要な役割を果たす。本章の主要な焦点ではないが、生成ＡＩが会計チームを支援し、会計や財務のプロセスを強化する方法について触れておきたい。具体的には次のようなものが挙げられる。

・レポートの作成および要約
・財務予測の作成
・データの分析
・リスクの軽減
・経営者向けのアクションにつなげやすい提言
・意思決定を支援するためのさまざまなシナリオのシミュレーション作成
・請求書作成などの日常業務の自動化

他の業界と同様に会計の専門家を支援するＡＩツールが今後さらに登場するものと予想され

る。たとえば、企業の業績向上につながる、より先見的な示唆を生み出す支援を行うことなどが挙げられる。

## 生成AI活用に伴うリスク

生成ＡＩは金融業界に大きな変化をもたらす一方で、新たなリスクももたらす。国際通貨基金（ＩＭＦ）の報告書では、金融サービス業界における主なリスクとして次の４つの領域が挙げられている。[2]

・固有の技術リスク：これには、データプライバシー（例えば、学習データを通じた個人データの漏洩）や、データに埋め込まれたバイアスによって差別を助長するリスクが含まれる。

・パフォーマンスリスク：これには、生成ＡＩシステムがハルシネーションと呼ばれる、誤った（しかし説得力のある）情報を生成してしまうリスクや、「説明可能性」の問題が含まれる。特に、金融機関はその行動や意思決定の理由を説明できなければならないため、この点は重要である。

・サイバーセキュリティの脅威：生成ＡＩシステムが攻撃を受ける可能性や、ハッカーが生成ＡＩを使って金融システムを狙うリスクが含まれる。

・金融の安定性リスク：ＩＭＦは、生成ＡＩがシステミックリスク（金融システム崩壊リスク）を引き起こす可能性があると指摘している。特に、金融アドバイザーが生成ＡＩに過度に依存した場合は危険である。例えば、生成ＡＩシステムが金融機関に同じ意思決定プロセスを促し（「群衆行動」）、市場流動性に影響を与えてしまう可能性があるとされている。

これらの脅威にもかかわらず、ＩＭＦは生成ＡＩが金融業界において大きな可能性を秘めていると依然として考えている。生成ＡＩは効率を高め、コンプライアンスを強化することで、顧客体験を向上させる手助けをするだろう。しかし、生成ＡＩツールの導入には注意が必要であり、その最大の可能性を引き出すために人間による慎重な監視が求められる。

## 金融業界での活用事例

それでは、銀行や金融サービス提供者が生成ＡＩをどのように活用しているのか、いくつかの実例を見ていこう。

### ◆銀行（および保険会社）がより良いサービスを提供するための支援

まずは、英国のナットウエスト銀行から始めよう。この銀行はＩＢＭと提携し、バーチャルアシスタント「コーラ（Cora）」の機能を強化している。[3] 生成ＡＩのおかげで、「コーラプラス（Cora+）」はナットウエストの顧客に対し、パーソナライズされた会話形式でより広範な情報を提供できるようになっている。顧客が情報を求めたり、ナットウエストの提供する商品やサービスを比較したりする際に、より人間味のある体験を提供することを狙っている。

イランの民間銀行であるサマン銀行も、パーソナライズされた金融サービスを提供するために生成ＡＩを活用している。同銀行は「サマンボット（Saman Bot）」というバーチャルＡＩアシスタントを開発し、24時間３６５日、顧客の質問に答え、金融アドバイスを提供している。[4] これらは、銀行が顧客向けのソリューションとして生成ＡＩを導入した初期の例であるが、これが最後になることはないだろう。

ブロック社が所有する金融サービスプラットフォーム「スクエア」は、生成ＡＩを非常に興味深い形で活用している。同社は、生成ＡＩを使って顧客向けのコンテンツ作成、オンボーディングプログラム、および設定のためのツールを提供している。[5] 新機能の1つに「メニュージェネレーター（Menu Generator）」ツールがあり、これによりレストランはウェブサイト用のメニューを数分で作成することができる。また、生成ＡＩを活用したメール機能もあり、企業が顧客向けにパーソナライズされたメッセージを作成するのをサポートする。この他にも、ウェブサイトの見出しやコピー、ブログ記事を自動生成する機能も備わっている。これらは、将来的に銀行がビジネス顧客向けの時間を節約できる新ツールや商品を生成ＡＩで提供できる可能性を示している。

もう1つの例として、保険および金融サービス会社の「ネイションワイド（Nationwide）」が挙げられる。同社は、生成ＡＩを活用してペット保険の提供を改善し、ペットの健康管理に関する支援を行っている。同社は生成ＡＩを利用して71種類のペットの健康状態に関する簡単でわかりやすい要約を作成し、それを「ペットヘルスゾーン（Pet Health Zone）」というプラットフォームに提供している。このプラットフォームは、ペットの保険請求データを活用し、ペットの健康リスクに関してパーソナライズされた情報を提供している。生成ＡＩのおかげで、チームは3万５０００語以上の医療コンテンツを迅速に作成し、３００時間以上の時間を節約することができた(6)。

## ◆生成ＡＩによる銀行業務の効率化

一方、中国の複数の銀行は、バックオフィスの業務効率化のために生成ＡＩを採用していると言われている。例えば、中国工商銀行は、資産運用のツールとして生成ＡＩ言語モデルの活用を模索している。また、フィンテック大手のアントグループも同様に、資産運用や保険分野における言語モデルを開発し、金融専門家を支援する取り組みを進めている(7)。

アメリカでは、キーバンク（KeyBank）が同様のアプローチを取っている。まずは内部業務を効率化するために生成ＡＩを活用し、その後顧客向けにも展開しようとしている。この銀行は、書類作成チームの手作業を最小限にするために生成ＡＩを使用していると報じられている。[8]世界的な銀行であるＨＳＢＣも生成ＡＩの導入に積極的であり、生成ＡＩを活用できる「数百」の活用事例を発見していると言われている。[9]

資産運用会社のシュローダーは、独自のデータで訓練された内部版のチャットＧＰＴを開発し、さまざまな方法で有用性を示している。その一例として、コンテンツの多言語翻訳が挙げられる。以前は２日かかっていた翻訳が、現在ではわずか２分で完了し、翻訳の質も「ほぼ完璧」に近づいているという。[10]シュローダーはさらに、生成ＡＩを活用してデータ分析や、将来のニーズを特定し、それに基づいた商品設計を行う可能性も探っている。

## ◆金融専門家の「アシスタント」としての生成ＡＩツール

投資銀行のモルガン・スタンレーは、オープンＡＩのＧＰＴ-４モデルを試験的に導入し、この言語モデルを金融アドバイザーのための百科事典のように活用している。同社は、金融アドバイザーが投資提案や一般的な業務パフォーマンス、内部プロセス（特定の申請書の記入方法など）に関する質問に答える手助けをするために、10万件以上の文書をもとにＧＰＴ-４を訓練した。[11]本書でも、生成ＡＩが専門家の「アシスタント」として機能し、業務をより効率的に行う手助けをする方法がいくつも示されているが、金融業界もその例外ではない。

一方、リスク評価や信用格付けで知られるムーディーズは、グーグルクラウドと提携し、金融サービスの専門家がＬＬＭを活用して金融分析プロセスを加速できるよう支援している。基本的には、生成ＡＩを用いて専門家が新しい金融市場の示唆を得たり、金融データをより迅速かつ簡単に要約したりすることを目指している。[12] 具体例として、ユーザーは開示情報やその他の金融報告書から「意思決定が可能となる示唆」を簡単に分析し、抽出できるようになる。

### ◆生成ＡＩによる決済業務の強化

決済を促進するために生成ＡＩを活用する事例も出てきている。例えば、マスターカードはすでにＡＩを使用して毎年数十億件の取引を保護し、銀行が不正行為を予測または特定することを支援している。しかし、決済サービス提供者は、顧客体験を向上させ、製品テストを実施し、顧客のビジネス上の課題（例えば、信用判断におけるバイアスの削減）解決の支援をするために、生成ＡＩを積極的に活用しようとしている。[13]

また、ストライプはオープンＡＩのＧＰＴ－４ＬＬＭとの初期の協力者である。ストライプの従業員は、このモデルを活用して新しい製品を特定し、ワークフローを改善するための革新的な方法を考案することを期待され、その成果の1つとして不正監視の活用が挙げられた。ストライプは現在、ＧＰＴ－４を使用してディスコード（Discord）などのプラットフォーム上でのストライプフォーラムの投稿を分析している。これらのフォーラムは、正当なコミュニティメンバーを装った悪意のある人物が人々を騙したり、個人情報を提供させたりするために使用することができる。生成ＡＩを用いた構文解析を活用することで、ストライプはこれらの通信を監視し、問題のあるやり取りを特定できるようになった。ＧＰＴ－４は調査が必要な投稿をフラグ付けし、それをストライプの不正対策チームに引き渡すことができる。[14]

ストライプは、ＧＰＴモデルに基づく新しいユーザー向けツールも開発している。[15] その１つが「ストライプドック（Stripe Docs）」である。これは開発者がドキュメントを読み込むのではなく、自然言語での問い合わせを言語モデルに投げかけることを可能にするＧＰＴ搭載ツールである。ストライプによれば、これにより開発者は文書を読む時間を減らし、ソリューションの構築に多くの時間を割くことができる。

## ◆会計業務における生成ＡＩ活用

生成ＡＩが会計士や内部財務機能の業務を支援できることにも触れた。したがって、会計ソフトウェア企業は自社の製品に生成ＡＩを統合することに注力している。例えば、クイックブックス（QuickBooks）オンライン会計ソフトウェアを手掛けるソフトウェア大手のイントゥイット（Intuit）は、「イントゥイットアシスト（Intuit Assist）」と呼ばれるＡＩアシスタントを導入した。[16] このツールは、ユーザーが問題を解決するためのパーソナライズされた示唆や提案を提供し、詳細な説明が必要な問題については顧客を人間の専門家に誘導することができるものだ。例えば、イントゥイットのソフトウェアを使って税金を管理する個人ユーザーに対しては、税務申告を行い、より簡単に還付を受けるためのパーソナライズされた税金チェックリストを作成することができる。

また、クイックブックスの会計ソフトウェアを使用する小規模ビジネスに対しては、顧客の行動や企業業績を分析し、潜在的なキャッシュフローの問題を特定したり、最も売り上げが出ている商品をピックアップしたりすることができる。このすべてが、「どの請求書が期限切れですか?」のような自然言語での問い合わせや質問を通じて行うことができる。

オラクルの子会社であるネットスイート(NetSuite)は、クラウドベースの統合基幹業務システム(ERP)のアプリケーションを提供している。現在、ネットスイートは「ネットスイートテクストインハンス(NetSuite Text Enhance)」と呼ばれる生成AI機能を追加し、財務チーム(人事、サプライチェーン、営業チームも含む)が文脈に応じてパーソナライズされたコンテンツを生成できるよう支援している。[17] このツールは、わずか数語のインプットを基にチームメンバーがレビューできるドラフトテキストを生成することができる。これはネットスイートが展開しているAI機能の1つであり、予算準備のためのデータ分析を自動化する新機能も含まれている。

## 本章のまとめ

この章では、生成AIによって金融業界が大きな変革を迎えることを学んだ。

・AIは金融業界において何年もの間、ゲームチェンジャーであったが、生成AIはこれを新たな高みへと引き上げる。生成ＡＩは、銀行がＡＩアシスタントを通じてより良く、十分に検討されたサービスを顧客に提供する手助けをすることができる。また、カスタマイズされた製品・サービスの開発や、クライアントへのパーソナライズされたアドバイスの提供にも使用できる。さらに、信用決定、不正検出、資産管理、コンプライアンスなどの内部プロセスを自動化および補完するためにも利用できる。

・生成ＡＩは、会計士や内部財務チームの業務を補強するためにも活用できる。例えば、生成ＡＩは財務予測、報告書の作成や要約、より先を見越した提案の提供に活用できる。

・しかし、生成ＡＩは金融業界に新たなリスクをもたらす。具体的には、データプライバシー、データバイアス、ハルシネーションリスク、サイバーセキュリティの脅威、金融安定性へのリスクが存在する。そのため、生成ＡＩツールは慎重な人間の監視の下で導入される必要がある。

・生成ＡＩはすでに銀行や金融サービスプロバイダーによって、顧客向けの1日24時間週7日のアドバイスを行うチャットボットから、バックオフィスの業務、金融アドバイザー向けのＡＩ「アシスタント」ツールに至るまで、さまざまな方法で使用されている。また、マスターカードなどの決済プロバイダーにおいても導入されており、個人やビジネス向けの会計ソリューションに組み込まれている。

・要するに、生成ＡＩの活用に後ろ向きな銀行や金融サービス運営者は、将来的に取り残されるリスクがある。

次はコーディングとコンピュータプログラミングに目を向け、生成ＡＩが開発者（および一般の人々）の業務を興味深く新しい方法でどのように支援できるのかを見ていこう。

第16章

# コーディングとプログラミング
## ——生成ＡＩ導入による革命
Coding and Programming: The AI Revolution

この新しい生成ＡＩの高度なＬＬＭは、単に文章を書く能力だけに留まらず、コンピュータコードを書くことも可能である。コンピュータコードが一種の言語であると考えれば、これは当然のことと言えよう。生成ＡＩは、コーダーやプログラマー、開発者の作業を支援し、ソフトウェア開発のプロセスを加速させることができる（もしこのテーマに不慣れで、コーダー、プログラマー、開発者の違いが気になるなら、簡単に説明しよう。コーダーはプログラミング言語を使ってコンピュータやソフトウェアに指示を与える者である。一方でプログラマーや開発者は一般的により経験豊富なコーダーで、複数のプログラミング言語を扱い、プロジェクト全体を管理する。それには、ロジックの開発や開発プロジェクトを最初から最後まで計画・管理することが含まれる。これらの用語はしばしば互換的に使用されるが、この章ではそのように扱うこととする。ただし、厳密に言えば、コーディングはプログラミング全体のプロセスの一部である）。では、生成ＡＩはコンピュータコードの作成においてどれほど優れているのだろうか。

アルファベット（Alphabet）傘下のディープマインド研究所がそのアルファコード（AlphaCode）ＡＩモデルを人間のコーダーと競わせた際、アルファコードのパフォーマンスは「数カ月から1年ほどの訓練を受けた初心者プログラマー」に相当するものであった[1]。これはＡＩにしては決して悪い結果ではない。そして、生成ＡＩの能力が急速に進化していることを考えると、近い将来、より経験豊富なコーダーに追いつくことが期待できる。もう１つ興味深い点は、著者のようなプログラミング言語に関する知識がほとんどない者でも、生成ＡＩを活用してさまざまなアプリケーション用のコンピュータコードを書くことができるということである。生成ＡＩがコーディングに果たす役割についてさらに探っていこう。

## 生成ＡＩがプログラミングに与える影響

このセクションでは、まず生成ＡＩによって具体的に何ができるのかを探り、それがプログラマーや一般の人々の作業にどのような影響を与えるのかを見ていくことにする。

## ◆生成ＡＩは何ができるのか？

新しいソフトウェアを開発することは、家を建てることにたとえられる。それは常に予想以上に時間がかかり、費用もかさむものである。しかし、生成ＡＩは以下の方法でこのプロセスを加速させることができる。

・要件の収集：すべてのソフトウェア開発は、要件の特定（「ユーザーがＸ、Ｙ、Ｚを行いたい」など）から始まる。生成ＡＩは要件リストを生成することで、このプロセスを支援することができる。また、要件の見直しや、見落としがないか（たとえばセキュリティ要件）を確認する際にも役立つ。

・コードの生成：生成ＡＩは、自然言語での指示を、実際に機能するコードへと変換することができる。これにより、英語（または母国語）がコンピュータプログラミング言語に変わる。

・コードの補完：コーダーがコードを入力している際、生成ＡＩはコードの補完を提案することができる。特に、繰り返しが多く単調な作業を行っているときに、時間を節約できる。また、コードの補完は人為的なミスを減らすことにもつながる。さらに、生成ＡＩはソフトウェアのレビューやテストにも有用なツールとなりうる。

・コードのレビュー：生成ＡＩは既存のコードを確認し、改善案を提案したり、より効率的な代替コードを生成したりすることができる。また、コーディングスタイルのガイドラインに基づいてコードを分析し、一貫性を保つことができる。

・バグの修正：生成ＡＩはコード内のバグを特定し、それを修正することで、より品質の高い製品を作り上げる。

・ソフトウェアのテスト：生成ＡＩは、テストケースの生成、テストコードの作成、テスト結果の分析など、多くのテストステップを実行することができる。

今後、生成ＡＩはシステムやソフトウェアが本稼働に入る前にどのように失敗するかを予測し、その修正方法を開発者に教えることもできるようになるかもしれない。これこそがソフトウェア会社ダイナトレース（Dynatrace）の目指すものである。彼らは数年前から「予測ＡＩ」を開発しており、システムの故障を予測しようとしている。

ダイナトレースの共同創設者で最高技術責任者（ＣＴＯ）であるベーンド・グライフェネダー氏は、ジーディーネット（ZDNet）のインタビューで次の段階として、生成ＡＩをこのような形でプロセスに組み込むことを目指していると述べている。つまり、生成ＡＩがコーダーに対して、彼らのコードがどのような不具合を引き起こす可能性があるのか予測し、その修正方法を教えるというのである。[2]「ＣＩＯからの典型的なリクエストは、『実際にシステムが故障する前に修正してほしい』というものだ」と彼は述べた。言い換えれば、プログラミングの究極の目標は、不具合を修正するよりも、不具合を引き起こすコードを未然に防ぐことである。このような形で生成ＡＩを利用する取り組みはまだ初期段階にあるが、ダイナトレースは間違いなくその目標に向かって取り組みを進めている。

もちろん、生成ＡＩをプログラミングに使用する際には、ハルシネーション、データセキュリティ、知的財産権（ＩＰ）に関する問題も存在する。たとえば、自社の貴重なコードが学習目的で吸い上げられ、他のユーザーに公開されるリスクは避けたいところである。どの業界においてもそうであるが、人間による監督と明確なガイドラインが必要である。

## ◆将来的にソフトウェア開発者が不要になるのか？

答えは「ＮＯ」である。しかし、他の専門職、たとえばジャーナリストや医師と同様に、ソフトウェア開発者もＡＩと共に仕事をする機会がますます増えるだろう。確かに、生成ＡＩはコーディングの自動化に利用される可能性があり、その結果として若手コーダーの仕事が危険にさらされるかもしれないが、私はむしろ、生成ＡＩが経験豊富なプログラマーにとって共に作業する「アシスタント」や「共同コーダー」として活用される方が大きな応用例となると考えている。特に、生成ＡＩが要件の収集やコードのデバッグ、またはコードが特定の要件に準拠しているかの確認に使われるような場合が想定される。

さらに忘れてはならないのは、上級開発者やプログラマーのような人々にとって、コードを書くことが彼らの一日の主な作業ではないという点である。実際、コードを書く作業は彼らの時間のわずか20％程度を占めるに過ぎず(3)、残りの時間は要件の収集、テスト、会議、ユーザーとの協力、プロジェクトの管理などに費やされているのである。

また、生成ＡＩツールを使ってプログラミング作業を自動化したり支援したりする場合でも、ＡＩの能力を最大限に引き出すためには、詳細なプロンプトを記述する経験豊富な開発者が必要となるだろう（ＡＩに対して、正確に望む作業を指示するための詳細なプロンプトを書くことは、ある意味では別の形のプログラミングだと言えるかもしれない……）。つまり、プログラマーを置き換えるのではなく、生成ＡＩは繰り返しの作業を自動化し、ソフトウェア開発のスピードを上げる。それにより、生産性を向上させることでプログラマーの作業を支援してくれるのである。

生成ＡＩは、プログラマーにとって革新的なツールとなりうる。たとえば、生成ＡＩは開発者の生産性を10％向上させたという事例がある。また、開発者が行うべき単調な作業（内部コミュニケーションや文書作成など）を70～80％削減したという報告もある。[4] このため、多くの開発者が生成ＡＩの導入に賛成しているのも不思議ではない。ギットハブ（GitHub）の調査によれば、米国の開発者の92％がすでにＡＩコーディングツールを使用しており、70％がＡＩコーディングツールを使うことが仕事において有利にはたらくと考えている。[5] 予想されるメリットとしては、コードの質の向上や作業完了までの時間短縮が挙げられている。つまり、生成ＡＩはプログラミングのやり方を変え、プログラマーにとってその仕事をより良いものにすることが期待されている。

## ◆一般の人々にとっての活用メリット

生成ＡＩはプログラマーにとって革命的なツールとなることは明らかである。しかし、プログラミング言語を知らない一般の人々が、アプリを作成したり、ソフトウェアを開発したりしたい場合にも有用なツールとなりうる。

生成ＡＩツールを使用すれば、何をしたいのかを生成ＡＩに伝えるだけで、その結果を得ることができる（少なくとも理論上は、生成ＡＩが時折自信満々に誤ったもっともらしい答えを提供することがあると私たちは知っているのだが）。これはつまり、専門知識に関係なく、誰もがコーダーになる可能性を秘めているということだ。たとえ著者の私であっても。

著者が作成するユーチューブショート動画では、煩雑なテンプレートを作成しなければならない。これらのテンプレートは非常に制約が多く（例えば、タイトルや説明に特定の文字数が必要など）、各動画にこれを行い、文字数制限を守るのは非常に手間がかかり、時間を要する作業であった。そこで、チャットＧＰＴに私のユーチューブ動画用のＨＴＭＬテンプレートを作成する小さなプログラムを書いてもらった。そのプログラムは機能し、プログラミング経験のない著者の貴重な時間を節約してくれている。

## 生成ＡＩの採用と新たなコーディングツールの実例

生成ＡＩの能力がわかったところで、企業がこれをどのように活用、実践しているのかを見てみよう。まず、生成ＡＩをソフトウェア開発に導入した企業の事例を紹介し、次に専門家と非専門家の両方がコードを作成するのに役立つとされる新しいツールについて見ていく。

### ◆生成ＡＩを社内で活用している企業の事例

ソフトウェア企業であるフレッシュワークス（Freshworks）のプログラマーは、チャットＧＰＴを使用してコードを書いている。その結果、開発期間を約10週間から1週間未満に短縮している。(6) チャットＧＰＴはジャバスクリプト（JavaScript）、パイソン（Python）、シープラスプラス（Ｃ＋＋）などの複数のプログラミング言語でコードを記述できるだけでなく、コーディングチューターのようにコードの動作を説明したり、デバッグを行ったりすることも可能である。

コラボレーションソフトウェア企業であるオーグメンド（Augmend）は、マイクロソフトのギットハブ・コパイロット（GitHub Copilot）ツールとチャットＧＰＴを開発、デバッグ、学習に使用しており、小規模なスタートアップながらソフトウェア開発サイクルを加速させ、競争力を高めている。ＣＥＯで共同創設者のダイヤモンド・ビショップは「この生成ＡＩの助けなしにコーディング作業を実施するのは、インターネットなしで仕事をするようなものだ」と述べている(7)。また、生成ＡＩツールはわずか５人の開発者チームで、生産性をほぼ２倍にしたという。

一方、オラクル（Oracle）では、ＣＴＯであり創業者のラリー・エリソンが、今後オラクルは開発者のプロンプトに基づき生成ＡＩを用いてアプリケーションを開発していくと述べている。「我々はもうコードを書いていない。コードを生成しているのだ。これによりアプリケーションの構築方法、運用方法が根本的に変わる。すべてが変わる」と述べている(8)。生成ＡＩを使えば少人数の開発チームでも迅速な開発が可能となり、セキュリティ上の欠陥も減少するとしている。

技術系以外の企業（もっとも、現在では「技術系でない企業」が存在するかどうかは別の話だが）にとっても、生成ＡＩは有用であることが証明されている。ドバイ電力水道局（ＤＥＷＡ）はギットハブ・コパイロットツールを採用することで、自社のソフトウェア開発者がコードを書き、アプリケーションを開発することを支援している(9)。コパイロット（副操縦士）という名前の通り、コードを記述するプログラマーに提案や指導を行い、プロセスのスピードを上げる役割を果たしている。

シアトルを拠点とする不動産企業レッドフィン（Redfin）では、ＬＬＭ、特にチャットＧＰＴをプログラミング業務に活用している。レッドフィンのＣＴＯであるブリジット・フレイは、生成ＡＩが「あるプログラミング言語から別の言語への移行や、他のメンバーが書いたレガシーコードの解読、データフォーマットを変換する関数の作成」に役立っていると述べている。これらは、エンジニアがＬＬＭなしでもこなせるタスクではあるが、これらのモデルを使うことで作業速度が飛躍的に向上する。エンジニアが30分かけて行っていた作業が、今ではＡＩによって1分で完了することもあるという[10]。

自動車メーカーのゼネラルモーターズ（ＧＭ）では、最高データ分析責任者のジョン・フランシスが、ＡＩが同社にとって大きな投資分野であることを述べており、「人事のチャットボットによるバックオフィス業務、工場フロアでの予測保守、ＩＴ運用におけるソフトウェア開発のスケールアップや生産化」にＡＩが活用されると述べている[11]。

## ◆新たなコーディングツールの登場

さて、コーディングを支援するために登場している数々のツールを簡単に見てみよう。もちろん、チャットＧＰＴはすでにご存じかと思うが、より広範なリストをアルファベット順（優先順位ではない）で紹介しよう。

・オート（Auto）−ＧＰＴ：このオープンソースツールは、オープンＡＩのＧＰＴ−４モデルを活用してタスクを実行する。例えば、シンプルなアプリを作成するよう依頼すると、プロジェクトを具体的なタスクに分割し、それらのタスクを自律的に完了する。

・バード（Bard）：グーグルのチャットGPTに相当するもの。バードは、プロンプトからコードを生成したり、貼り付けられたコードを説明したりするコーディングアシスタントとして機能する。特にこのために設計されたものではないが（詳細はGoogle Codeyを参照）、コーディングを支援する機能を持っている。

・チャットGPT：オープンAIのチャットGPTは、元々コードを生成するために設計されたものではないが、指示に応じてさまざまなプログラミング言語のコードを書くことができる。バードと同様、プログラミングには最適なツールではないかもしれないが、使いやすいインターフェースにより、生成AIを使ったコーディングに興味を持つ初心者にとっては適した出発点であるといえる。

・コーダシー（Codacy）：AIを活用したコード品質／コード分析ツールで、コード分析の自動化を助けることができる。開発者がより良いソフトウェアをより迅速に作成できるよう設計されている。

・コードラマ（Code Llama）：メタ（フェイスブック）がラマ ツー（Llama 2）のLLMを微調整して作成したツールで、さまざまなプログラミング言語でのコーディングが可能である。

・コードウィスパラー（CodeWhisperer）：アマゾンのコード生成ツールで、オープンソースコードとアマゾンの独自データを使用して開発された。このツールは自然言語によるプロンプトを受けて、プログラマーの目的やスタイルに合わせたコードを生成することができる。また、コード補完にも使用できる。

・コード（Code）：ワードプレス（WordPress）のコード生成ツールで、非常に人気のあるワードプレスのコンテンツ管理システム上でサイトを構築する開発者向けに設計されている。

・コーディー（Codey）：グーグルのＡＩコーディングアシスタント。ワークフローを効率化し、生産性を向上させることを目的としている。コード生成やコード補完などの機能を提供する「コードチャット」機能により、開発者はボットと会話しながら新しいアイデアを得て、質問を投げかけながら、デバッグの支援を受けることができる。

・ギットハブ・コパイロット：マイクロソフトが提供する生成ＡＩで、コードの提案や生成を行うツールである。開発者の作業を強化することを目的としており、開発中に適切なコードスニペットを提案する機能などを有している。これはオープンＡＩとの協力で作成されたものである。

・ＳＡＰビルドコード（Build Code）：ＳＡＰのアプリケーション開発ツールであり、ジャバ（Java）とジャバスクリプトに最適化されている。コーディング、テスト、統合、アプリケーションライフサイクル管理に使用される。

・セールスフォース・エニーポイントコードビルダー（Salesforce Anypoint Code Builder）：このコードビルダーは、開発者がコストを削減し、ソフトウェア開発のスピードアップに役立つよう設計されている。標準的な機能のほかに、ヘルスケアや金融サービスなどの業界向けに特化した統合ツールも提供されている。

・タブナイン（Tabnine）：オープンＡＩのコーデックス（Codex）モデルに基づいて構築されたコーディングアシスタントで、コードの提案を生成したり、コードを自動補完したり、社内の規約に合わせたコードを提供したりする。

・ティンカーコパイロット（Tynker Copilot）：６歳から12歳の子ども向けに設計された、ゲームベースのコーディングプラットフォームである。メタのラマツー（Llama 2）ＬＬＭを微調整して作られており、若いコーダーが想像力豊かなアイデアを視覚的なブロックコードへと変換することで、アプリやゲームを作成することを支援する。

・ウィザード（Uizard）：生成ＡＩを使用して、モバイルアプリ、ウェブサイト、ランディングページを数分でデザインするツールである。その直感的なインターフェースにより、デザインプロセスが簡略化され、迅速かつ簡単にプロトタイプを作成できる。

・ワトソンコードアシスタント（Watson Code Assistant）：ＩＢＭの生成ＡＩツールで、コード生成をスピードアップし、開発者の生産性を向上させることを目的としている。

・ワットザディフ（What The Diff）：生成ＡＩを活用したコードレビューアシスタントで、プルリクエストとの「差分」をレビューする。プルリクエストとは、開発者がバグ修正などを完了し、新しいコード変更をプロジェクトに統合する準備が整ったことを関係メンバーに通知する方法である。このツールを使うと、新旧コードの違いを平易な英語で説明してくれるため、技術的な知識を持たないチームメンバーでも何が行われたかを理解できる。

これらは、現在市場に登場している数多くのコーディングアシスタントツールのほんの一部にすぎない。ここでは、大手テクノロジー企業やあまり知られていない企業から提供されているツールを紹介した。こうした生成ＡＩツールが一般的になるにつれ、開発者は日常的にこれらを利用するようになる。その結果、開発者の作業がより容易でより良いものになることが期待されている。

## 本章のまとめ

この章では、生成ＡＩがソフトウェア開発において有用なツールとして機能することを学んだ。

・生成ＡＩは、コンピュータコードの記述、レビュー、およびテストを自動化または支援することができる。
・開発者を絶滅させるのではなく、生成ＡＩは繰り返しの多いタスクを自動化し、ソフトウェア開発を加速させ、生産性を向上させることで、開発者の作業を支援する。具体的には、生成ＡＩを活用することで開発プロセスを数週間から数日まで短縮できることが示されている。

・テクノロジー企業だけでなく非テクノロジー企業も、ソフトウェア開発のタスクに生成ＡＩを活用し始めており、新しい生成ＡＩコーディングアシスタントツールが急速に登場し、開発者がより良いコードをより速く作成する手助けをしている。

さて、次は生成ＡＩのやや意外なスキルであるデータ分析について見てみよう。次の章では、生成ＡＩがデータに関する理解や扱いにおける大きな問題を解決するためにどのように役立つのかをみてみよう。

# 第17章

# 生成ＡＩの力を活用して得られるデータインサイト

## Data Insights: Harnessing The Power of Generative AI

データは現代のビジネスにおいて重要な資産である。それは、組織におけるより良い意思決定を促進するための燃料である。このため、組織のすべての人々がデータから示唆を引き出せることが重要である。しかし、それは言うほど簡単ではない。データによって力を与えられるどころか、多くの人々はデータに圧倒され、あるいは完全に麻痺してしまう。

本章では、データが豊富にありながらもそこから得られる示唆が乏しいという問題を探り、生成ＡＩの活用によって企業がデータをどのようにして有効に活用していくのかを探っていこう。

# データの問題とは何か、そして生成ＡＩはどのように役立つのか？

私たちはデータで溢れた世界に生きている。実際、私たちの行うすべての活動がデータを生み出し、一般的なビジネスはそのデータの海に完全に溺れてしまっている。膨大なデータの海をもつことは、最終的にそのデータの海で溺れてしまう可能性があるという問題もはらんでいるのである。

## ◆データの氾濫という厄介な問題

データは有用ではあるが、その膨大な量が人々を圧倒することがある。この現象は、オラクルによって「意思決定のジレンマ」と表現されている。また、「意思決定の麻痺」や「データ不安」と呼ぶこともできる。どのような呼び名であれ、その基本的な要点は、より多くのデータが必ずしもより良い意思決定を促すのではなく、不安や行動の欠如を引き起こすこともあるということである。

オラクルが２０２３年に発表した意思決定のジレンマに関するレポートのために17カ国の１万４０００人以上の従業員とビジネスリーダーを調査した結果は、次の通り驚くべきものであった[1]。

・83％が、データへのアクセスがビジネスの意思決定に不可欠であると認めたが、しかし…
・86％が、データが自分の自信を低下させると答え、
・72％が、データのせいで意思決定ができなくなったと述べた。

オラクルのプロダクト戦略・アナリティクス担当副社長ジェームズ・リチャードソン氏に話を聞いたところ、次のようなコメントがあった。「私たちの手元に豊富なデータがある一方で、それを使うための時間が限られていることから来る不安が存在する。今回の調査結果から、意思決定の際に、データに圧倒されて決断を下さなかった人々が相当数いるという興味深い発見があった。したがって、問題はこのような事態にどう対処すべきかということである」。

著者自身のコンサルティング業務においても、この現象が起こっていることは実感している。組織はデータを豊富に持ってはいるが、それが必ずしも意思決定や行動に必要な示唆に結びついているわけではない。ビジネスリーダーの70％が、時にはこのような意思決定をロボットやＡＩに任せたいと考えるのも無理はない(2)。

リチャードソン氏は、これは人々が意思決定の責任をすべて放棄したいと考えているわけではなく、単に助けを求めているのだと考えている。彼らは「助けてほしい」と訴えているのだ。では、私たちはこれに対して何をすればよいのか？　この章で見ていくように、解決策の一部は、生成ＡＩがデータを理解し、より良い意思決定を助けてくれるための有用な情報を抽出す

る能力にあるのかもしれない。

### ◆データリテラシーの重要性

生成ＡＩを真に活用するためには、企業が「セルフサービス」アナリティクスの新しい時代を受け入れる必要がある。これは、誰もが自分に必要な回答を見つける力を持つことを意味する。従来のアプローチとは異なり、示唆となるアイデアを組織内のビジネスアナリストから提供されるのではなく、自ら探し出すことが求められる。この考え方の転換を成功させるために、組織はその変化を推進するためのリソースを投入しなければならない。たとえば、専門的なデータスキルを持つ人々が、そうでない人々を支援するためのデータおよびアナリティクスのハブを設立するようなことが考えられる。

現実に目を向けると、データリテラシーの欠如が驚くほど広がっていることがわかる（データリテラシーとは、データアナリストであることを意味するのではなく、必要な情報を得るために自信を持ってデータを扱う能力を指す）。このデータリテラシーの欠如は、データを扱うことへの不安や、手元に膨大なデータを持っていることから来る圧倒感によるものもあるが、データリテラシーに関する訓練の不足も一因である。ある調査によれば、82％のリーダーがすべての従業員に基本的なデータリテラシーを求めており、79％が自部門の従業員に重要なデータスキルの獲得を支援していると述べている。しかし、従業員のうち、雇用主が期待するデータスキル獲得に対する支援が提供されていると答えたのはわずかに40％となっている。(3)

私たちは、データを扱うことに自信を持ち、能力を高める必要がある。そのため、すべての組織は、データスキル獲得のためのトレーニングを提供するだけでなく、トップ層からボトム層に至るまでデータドリブン型の文化を根付かせるためのデータリテラシープログラムに投資しなければならない。重要なことに、生成ＡＩもデータリテラシーを向上させる役割を果たすことができる。それはどのようにして可能なのか？　その答えは自然言語による質問を実施し、誰もが直感的に膨大なデータを分析できる能力を備えることによってである。

## 生成ＡＩとデータ理解力

生成ＡＩは、大量のデータから学習し、そのデータのパターンを認識することで、テキストや画像などのアウトプットを生成することができる。これは大まかな説明ではあるが、実際にはその領域の先端をゆくＡＩ専門家でさえ、生成ＡＩがどのように機能するかを正確に説明することはできない。重要な点は、生成ＡＩシステムが膨大なデータを分析するのに優れており、企業はこれを有利に活用できるということである。

生成ＡＩは、高度なデータ解釈や示唆の生成をあらゆる規模の企業が利用できるようにすることで、データアナリティクスを民主化する可能性を持っている。生成ＡＩは、パターン認識やトレンド分析といった複雑なプロセスを自動化することで、データの分析と解釈を効率化し、膨大なデータセットを理解しやすいストーリーに仕立て、リアルタイムで示唆の可視化を可能にする（複数のモデルシステムを使用すれば、グラフやテキストなど、希望する形式でデータを提示できる）。さらに、理論的には、生成ＡＩは写真や動画データ、ソーシャルメディアの投稿など、さまざまな未整理のデータを扱うことができるため、その対象はデータベース内の整然と構造化されたデータだけに限定されない。

これにより、組織内の意思決定者にとって、データがよりアクションしやすいものとなる。データに関する専門知識の有無に関係なく、意思決定の麻痺は解消されていくであろう。過去3年間で、ビジネスリーダーの75％が、日々の意思決定の量が10倍に増えたと述べていること[4]を考えると、これは朗報である。

生成ＡＩを通じたデータの民主化は、「意思決定の麻痺」の問題を軽減するだけでなく、大企業と中小企業の間で競争の公平性を高める助けにもなる。生成ＡＩを使えば、競争上の優位性を得るために大量のデータサイエンティストを必要とせず、ただ生成ＡＩに正しい質問を投げかけるだけでよい。そのため、マイクロソフト、クリック（Qlik）、タブロー（Tableau）などのアナリティクスソフトウェアベンダーは、分析ツールに生成ＡＩを組み込む動きを強めている。ツールについては、この章の後半でさらに詳しく述べることにする。

## 生成ＡＩの活用事例

では、生成ＡＩはデータとどのように連携して活用できるのか？　潜在的な活用ケースには次のようなものがある。

・迅速かつ良質な意思決定の推進：リアルタイムのデータ追跡を通じて、意思決定者はビジネス全体で何が起こっているかをよりよく把握し、生成ＡＩによって提案されるアクションに繋がりやすい示唆を得ることができる。これはたとえば、「先月の顧客行動のトップ3のトレンドは何か？」といった自然言語プロンプトを使用することで実現できる。
・意思決定のアシスタントとしての役割：生成ＡＩの会話能力を活かして、これらのツールをバーチャルアドバイザーとして使うことができる。アイデアを議論し生成するための壁打ち相手となる。
・データの要約生成：生成ＡＩは膨大なデータを精査し、その中から重要なポイントとベストプラクティス実行に向けた推奨事項を抽出したエグゼクティブサマリーを作成することができる。また、さまざまな対象（経営陣、部門長、マネージャーなど）に合わせて報告書に含めるべき情報を変えて提案することも可能であり、誰もがより良い意思決定を行うために必要な情報を得られるようにする。

・データの可視化：生成ＡＩは、データから得られた示唆をテキスト形式のストーリーだけでなく、ビジュアル形式（グラフ、チャートなど）でも提示して理解しやすい形式の分析レポートを生成することができる。

・データ分析の自動化：生成ＡＩはデータ分析プロセスを自動化し、販売数の急増、ウェブサイトのトレンド変化、工場機械のパフォーマンスの低下、病欠の増加など、あらゆることに関して自動通知を提供することが可能である。

・予測能力の活用：本書を通じて、潜在的な問題が実際の問題になる前に生成ＡＩがアクションを取る手助けをする方法を見てきた。したがって、ビジネスの現状を理解するだけでなく、生成ＡＩはその予測能力を発揮して意思決定者が今後の可能性を先取りする手助けをすることができる。

・合成データを使用したアイデアやシナリオのテスト：現実のデータを模倣した大量の合成データを生成することで、リーダーは現実のデータでモデリングが難しいシナリオ（たとえば、まれに起こるイベントだが影響力が大きい場合や、そのような大量のデータを収集することが困難かつ高コストの場合）をモデル化することができることを思い出してほしい。合成データは、実世界のデータを小量使用することで生成されることが多く、中小企業でも大規模なデータ分析が可能となる。

・データの準備：生成ＡＩは、タグ付け、分類、セグメンテーション、匿名化などのデータ準備タスクを処理するためにも利用できる。

・分析結果を向上させるためのデータのクリーニング：生成ＡＩはパターンを見つける能力に優れているため、データ内の異常や不整合を検出するのに使用できる。これにより、結果に歪みをもたらす可能性のある要素を特定することができる。後ほど、こうした生成ＡＩ機能を製品に組み込んでいる分析ツールについても触れることにする。

## ◆生成ＡＩはデータアナリストを失業させるのか？

ビジネスリーダーが生成ＡＩの分析ツールに「顧客満足度を向上させるために何をすべきか？」と尋ねられるとした場合、将来的に分析専門家は本当に必要とされるだろうか？

私の考えでは、その答えは「イエス」である。むしろ、生成ＡＩがよりアクセスしやすく主流となるにつれて、データチームはこれまで以上に組織にとって重要な存在になる可能性がある。結局のところ、現在の生成ＡＩツールは、批判的思考、戦略的計画、複雑な問題解決といった重要な能力が欠けている。私たちは、データに精通し、組織がデータを戦略的に活用することを支援する専門家を必要とし続けるであろう。

とはいえ、多くの職業と同様に、データアナリスト、ビジネスアナリスト、データサイエンティストの仕事は間違いなく変化する。ルーチンワークや反復の多い分析タスクは自動化される可能性が高い。アナリストはより戦略的なタスクに集中し、組織内のチームと協力することに専念できるようになるだろう。また、チャットＧＰＴのようなツールを扱う知識もアナリストにとってますます重要になると考えられる。

## ◆生成ＡＩの限界

これまでの話がすべて素晴らしく思えるなら、ちょっと待ってほしい。なぜなら、データ分析に生成ＡＩを導入する際には、常に限界や課題が存在するからである。再度強調したいのは、データのセキュリティとプライバシーがここでの大きな懸念事項となることである。

組織の貴重なデータがＬＬＭの訓練に使われることは望ましいことではなく、その結果として会社外部のユーザーに情報が漏洩する可能性がある。また、顧客や従業員の個人データを扱う際には特に注意が必要である。さらに、偏ったデータが結果を歪める可能性があるという永遠の問題も存在する。加えて、これらのシステムがどのように機能し、どのように答えに至るのかを十分に説明できない「ブラックボックス」の問題や、ハルシネーションを引き起こすリスクもある。

とはいえ、これが生成ＡＩを活用してデータリテラシーを向上させ、組織内のデータを民主化することをためらわせる理由とはならない。私は企業がこの文脈で生成ＡＩを探求すべきだと強く考えている。しかし、ＡＩと人間の判断・監視とのバランスを取ることが重要である。また、すべての責任をＡＩに委譲することを目指しているわけではないということも忘れてはならない。したがって、リーダーや意思決定者は、判断力、複雑な意思決定、戦略的思考といったスキルを育成し続ける必要がある。生成ＡＩ実装の成功事例においてどのようにこれらのプロセスが進められたかについては、第18章でさらに詳しく述べることにする。

## 実際の事例と新しい分析ツール

次に、組織がどのようにして生成ＡＩを活用し、データからより多くの価値を引き出しているかの具体例を見ていくことにする。その後、生成ＡＩ機能を組み込んでいる多くの分析ツールのいくつかを探っていくことにする。

### ◆データ分析のための生成ＡＩの活用事例

組織が内部分析に生成ＡＩを採用し始めたばかりであるが、いくつか興味深い事例を紹介したい。ジェットブルー航空は、「世界で最もデータドリブン型の航空会社」になることを目指している。(5) 同社では、運営、商業、サポート機能など、ビジネスのあらゆる部分でデータが活用されている。同社では、社員がデータを活用し、意思決定を向上させるために「ブルースカイ（BlueSky）」と呼ばれるＡＩドリブンのオペレーティングシステムを開発した。また、同社は「ブルーボット（BlueBot）」というＬＬＭを作成しており、ブルースカイに組み込むことで、すべてのチームがデータやそこから得られる示唆にアクセスできるようにしている。

一方、通信会社のテラス（ＴＥＬＵＳ）は、ＡＩ専門企業であるハーベイ・ＡＩと提携し、パフォーマンス分析や顧客体験の向上を図っている。テラスは、生成ＡＩによるインタラクティブな可視化機能を活用して、顧客情報から顧客単価の向上を実現する機会を特定するための重要な示唆を引き出すことに成功した。その結果、テラスは、ワイヤレスサービスを最も利益の高い地域に集中させることができた。(6) これは、データをより賢く活用し、可視化するだけで達成されたものである。今後も多くの企業が、自社における生成ＡＩの成功事例を公表するようになるであろう。

## ◆生成ＡＩを搭載した分析ツール

分析ソフトウェアやプラットフォームの提供者は、長年にわたりＡＩを製品に組み込み、より高度なデータ分析を実現してきた。しかし、最近では生成ＡＩ機能を追加し、自然言語での指示や簡単なデータサマリーのアウトプットを可能にする動きが加速している。いくつかの事例を見ていこう。

まず、マイクロソフトパワービーアイ（Microsoft Power BI）の例が挙げられる。現在、このツールにはマイクロソフト・コパイロット（Microsoft Copilot）のＬＬＭ技術が組み込まれている。コパイロットにより、パワービーアイのユーザーは会話形式で質問したり、得たい示唆や可視化の形式を説明したりすることで、生成ＡＩがデータを分析しながら関連情報をレポートに取りまとめ、実用に直結する示唆を提供する。(7) ユーザーはレポートのトーンや範囲、スタイルを好みに応じてカスタマイズすることも可能である。

次に、テラデータ（Teradata）が最近発表したバンテージクラウドレイク（VantageCloud Lake）企業分析ソリューションの新しい生成ＡＩ自然言語インターフェース「アスク（ask）・ａｉ」がある。(8) この機能により、アクセス権限を持つ誰もが、会社のデータに質問し即座に回答を得ることができる。複雑なコーディングやクエリを必要としないため、テクノロジーとは直接に関係のない役割を担う人々にも利用が拡大している。

また、クリックも生成ＡＩ機能を提供しており、インタラクティブな検索、チャット、多言語でのサポートを実現している。さらに、クリックはオープンＡＩコネクターの新しいソフトウェアスイートを立ち上げ、クリッククラウド（Qlik Cloud）プラットフォーム上でチャットＧＰＴサービスを提供している。(9) この新機能は、より広範な示唆を引き出し、データ分析に多くのユーザーを巻き込むことを目的としている。

データ可視化企業のタブローも生成ＡＩを活用し、データエクスペリエンスの「再構築」を目指している。(10) セールスフォース（Salesforce）のアインシュタインＡＩ技術を搭載したタブローＡＩは、データの分析をする際に「質問するだけ」で平易な言葉での示唆を提供できるよう設計されている。また、ユーザーが次に尋ねたいと思うような質問を積極的に提案する機能もある。さらに、新機能「タブローパルス（Tableau Pulse）」は、専門知識のレベルに関係なく、組織内のすべての人がデータにアクセスできるようにし、カスタマイズされた「データダイジェスト」をワークフローツール内で提供することで、情報をより身近なものにする。

また、オラクルも新しい生成ＡＩ機能を発表しており、企業が大規模言語インターフェースをアプリに統合することを可能にしている。[11] これにより、データからテキストを生成したり、データを要約したりすることができる。ビッグデータ企業のAlteryx（アルタリスク）も、生成ＡＩを活用して熟練労働者でなくてもデータのトレンドを可視化でき、理解しやすくしている。[12]

次に、分析およびＢＩ（ビジネスインテリジェンス）企業であるMicroStrategyは、生成ＡＩ製品「MicroStrategy AI」を発表した。この製品は、データとのやり取りをより迅速かつ簡単にし、誰にとってもアクセスしやすくすることを目的としている。[13]

この製品には、「Auto Answers」という機能が含まれており、ユーザーが自然言語を用いてデータと対話し、投げかけた質問に対して即座に回答を得ることが可能である。また、「Auto Dashboard」という機能も備わっており、ＡＩがユーザーに質問を提案したり、クエリ（検索内容）を自動補完することもできる。

また、センサーや機械データの活用に特化したKineticaは、「SQL-GPT」という新たな機能を発表した。この機能により、ユーザーは自然言語でデータに対してあらゆる質問を投げかけることが可能である。質問を入力すれば即座に回答が得られる仕組みである。Kineticaによれば、このツールは複雑な質問にも高い精度で対応できる点で他のツールを凌駕しているとされる。たとえば、「ミズーリ州上空のすべての航空機を表示してほしい」といった質問にも対応可能である。[14]

さらに、クラウドベースのデータ企業であるSnowflakeも、そのデータクラウドプラットフォームに生成ＡＩを導入している。Snowflake Cortexでは、ユーザーがデータと対話し、データ内の感情を検出し、回答を抽出し、情報を要約し、テキストを選択した言語に翻訳することが可能だ[15]。

他方、Akkioは、小規模および中規模企業に生成ＡＩを活用した分析を提供することを目指している。同社の「Generative Reports」ツールは、ＳＭＢ（中小企業）がデータを迅速に理解し、インサイト（洞察）を得て、ライブレポートをチームと共有できるようにする。このツールは、標準的なダッシュボードツールを超え、ユーザーの特定の問題、プロジェクト要件、使用事例を理解するように設計されている。言い換えれば、ユーザーが解決したい問題を理解し、その質問に答えるレポートを提供する仕組みである。Akkioはこれを「アナリストと話しているようなものだ」と表現している[16]。

このように、データ分析ツールの提供者は生成ＡＩ機能を製品に組み込むことに非常に積極的である。これらのツールが普及するにつれて、あらゆるスキルレベルのユーザーが簡単にデータにアクセスし、必要な答えを得ることができるようになるだろう。これは、データに基づいて意思決定を行う企業が、直感や勘に頼る企業を凌駕する時代が到来することを意味する。

## 本章のまとめ

本章では、生成ＡＩが組織の主要なデータ活用の課題解決に貢献する方法について学んだ。

・人々がデータに対してより容易にアクセスし、クエリ（指示、命令）を実行できるようにすることで（例えば自然言語による質問を通じて）、生成ＡＩはデータの民主化を進める。データリテラシーも向上させ、データ活用に対する不安を解消させる可能性がある。

・生成ＡＩは、データの準備、レビュー、分析、通知の自動化、データの要約作成、重要な示唆の提示、レポート生成、得られたインサイトを強調するビジュアルの作成など幅広いデータ分析タスクを自動化または実行支援できる。

・生成ＡＩの支援により、組織のすべての人々が技術的な能力の有無に関係なく、データを活用してより良い意思決定を行い、業績を向上させることが可能となる。

・しかしながら、ＡＩにすべての意思決定を委ねるのではなく、人間の監督や判断、複雑な意思決定、戦略的思考といった人間固有のスキルは依然として重要である。

・分析プラットフォームの提供者は、ユーザーがデータに質問し、より容易に示唆を得て、それを組織内で共有できるよう、生成ＡＩ機能を急速に製品に組み込んでいる。

本書を通じて、生成ＡＩに伴ういくつかの課題に触れてきた。では、これらの課題、落とし穴をどのようにして回避し、また、どのようにして効果的に生成ＡＩを導入すればよいのだろうか？

次章では、成功する生成ＡＩ導入のためのヒントを探っていく。

# 第3部
# 生成ＡＩとの前進

*Part3*
*Moving Forward*
*with Generative AI*

ここまでで、さまざまな業界の組織が生成ＡＩをどのように活用しているかを見てきた。次は、あなたのビジネスでこのテクノロジーを導入し、製品やサービスの向上、プロセスの強化などに役立てる時である。しかし、どこから始めればよいだろうか？

第３部では、ビジネスで生成ＡＩを成功裏に導入するためのヒントを紹介する。最終章では、生成ＡＩが今後どのように進化していくかについても考察してゆく。

# 第18章

# 生成ＡＩ導入の成功の鍵

Implementing Generative AI: Keys for Success

さて、他社が生成ＡＩを効果的に活用している様子を見て、このテクノロジーが大きな変革をもたらすことを理解し、意欲的に導入を進めたいと思っていることだろう。では、すぐにこのテクノロジーに飛び込み、チャットＧＰＴのようなツールをあらゆる場面で使い始める準備はできているのだろうか？　それはそう簡単ではない。

著者がこれまで多くの組織で変革技術の導入をコンサルティングしてきて学んだことの１つは、「変革はテクノロジーから始まるわけではない」ということである。むしろ、テクノロジーはパズルの最後のピースにすぎない。

生成ＡＩに関しては、「試してみて有用かどうかを見てみよう」という程度ではうまくいかない。チャットＧＰＴのようなツールをすぐに全社的に使い始めるわけにはいかない。特にプライバシーに関する課題や制約があるため、例えば、営業チームが顧客データをチャット

GPTにアップロードするようなことは避けるべきだ。これは個人データを外部に露出、流出させる可能性があるからだ。もちろん、できるだけ早くこうしたツールを利用したいとは思うだろうが、それには慎重さが必要である。慎重に、注意深く、そして新しい技術を最大限に活用できるようにサポートやガイダンスを提供することが重要である。

組織で変革を成功させ、社員をその変革に引き込むためには、変革を支えるための正しい土台を整えなければならない。そして、その最初であり、おそらく最も重要な土台は、文化とマインドセットに関わるものである。

## 成功のための適切な組織文化とマインドセットの醸成

このような変革的技術を採用するには、文化とマインドセットの転換が必要である。ビジネスの現場で人々が現状に挑戦し続け、変化（および失敗）に対して前向きであり、実験を恐れず、新しいことを学ぶことに対して開かれている組織文化が求められる。つまり、「どのようにすれば顧客により良いサービスを提供できるか？」「どのようにして顧客にさらなる価値を創出できるか？」「どのようにして世界に対してより多くの価値を生み出すことができるか？」「それを実現するために、どのようにテクノロジーを活用できるか？」といった問いを絶えず投げかける文化の醸成が必要なのだ。

## ◆生成ＡＩマインドセット

この新たな生成ＡＩの時代が進展するにつれ、企業（および個人）の間で大きな分岐が生まれると私は確信している。すなわち、テクノロジーを活用してイノベーションと生産性を高める者と、遅れを取る者である。その決定的な要因はマインドセット、心構えにある。

変革をマネージする際の出発点は、まず自分たちがどのように変わるべきかを理解することである。ほとんどの人にとって、それは「生成ＡＩマインドセット」（または「成長マインドセット」と呼んでも良い）を採用することを意味する。これはスキルを超えたものであり、特定の信念や特性を受け入れることに関するものである。特に次の点が重要である。

生成ＡＩはツールであることの理解：生成ＡＩは私たちに代わって仕事を行うものではなく、私たちがより効果的に仕事を行うためのものである。そのため、生成ＡＩは創造性や問題解決といった人間の特性を置き換えるものではなく、反復的または単調な作業に費やす時間を大幅に削減する。

・適応力：たとえ現状がうまくいっていると感じても、新しいことを試すために既知のものを捨てる意思を持つこと。
・好奇心：偉大な発明家や探検家を突き動かしてきた特性であり、急速に変化する職場で成功するために不可欠である。好奇心は、積極的に聞き、質問するなど、分からないことを受け入れる訓練を通じて磨くことができる。著者にとって、好奇心と謙虚さは表裏一体である。好奇心が「どうすればもっと良くできるか?」を問い、謙虚さは「私はすべてを知っているわけではないが、学ぶ意思がある」と言う。

・継続的な学習への取り組み：学校や大学が一生涯のキャリアを築くための基盤となる時代は終わった。現在では、スキルや知識を常にアップデートし続けることが先を行くための鍵となる。これについては章の後半で詳しく述べる。

・協働の意欲：これは、人間とＡＩの両方と協力して仕事を進める意欲を持つことを意味する。今後、ますます多くの仕事が人間の労働とＡＩの労働の最良の部分を組み合わせて行われるようになる。

・倫理に配慮すること：ほとんどの新技術は倫理的な課題をもたらす。生成ＡＩマインドセットではこれを避けることなく、物事がどのように行われるのか、その決定の倫理を常に問い続ける。

・批判的思考：生成ＡＩマインドセットは、ＡＩが示す答えに盲目的に従うことではない。むしろ、人間が批判的に考えることがこれまで以上に必要となる。

これは、インターネットなどの大規模な変革をうまく活用した人々が採用してきたマインドセットと同様である。実際、ＭＩＴの主要な研究者であるアンドリュー・マカフィーはその著書『The Geek Way』の中で、ギークのマインドセットについて語っている。彼は、ギークを

「頑固でありながら型破りな天才」と表現し、迅速さ、責任感、科学、そして開放性という4つの特性を「ギーク流」の特徴として挙げている(1)。

マカフィーの4つの特性は、著者が考える生成ＡＩマインドセットとも密接に関連している。例えば、迅速さは、すぐに繰り返し改善し、必要に応じて失敗して、その教訓を活かして向上させることである。責任感とは、全員が自分の仕事に責任を持ち、自分の目標達成に向けて主体的に行動することを意味する。科学とはデータに基づいて行動し、証拠に基づいた意思決定を行うことである。そして、開放性は批判や新しいアイデアを受け入れる能力である。

これらはすべて、生成ＡＩの活用を成功させるために必要な要素であり、生成ＡＩ自身もそれを支援することができる。生成ＡＩは、新しいアイデアを考え出したり、意思決定を支えるデータから洞察を見出したり、最適な方法で仕事を完遂したり、実験を行ったりする手助けをしてくれるのである。もちろん、これらの特性は職場だけで必要なものではない。日常生活においても変化や逆境に対処しながら、新しい経験を受け入れ、他者と協力しながら倫理的な選択をする上で役立つ。さらに重要なのは、これらの特性は誰でも身につけ、磨くことができるという点である。

## ◆組織文化（および構造）への適用

ＡＩマインドセットの考え方は、組織文化の考え方と密接に関連している。組織文化は新しいテクノロジーの採用を成功に導く助けとなることもあれば、障害となることもある。著者が述べた生成ＡＩマインドセットは、上層部から始まり、組織全体に浸透しなければならない。つまり、取締役会の認識と変革への賛同が必要であり、リーダーが生成ＡＩマインドセットを体現して生成ＡＩを受け入れる文化を育むことが求められる。

また、組織の構造についても再検討が必要かもしれない。多くの組織はいまだに硬直した階層的な構造を維持している。しかし、ＡＩドリブンな新しい世界で最も成功している組織は、より透明性を備え、柔軟かつ流動的である。なぜなら、そういった組織は変化に適応しやすく、迅速にイノベーションを進められるように設計されているからである（階層的な組織では意思決定が承認されるまでに時間がかかることが多い）。

したがって、生成ＡＩの時代は、より流動的で透明性の高い組織の必要性を加速させると考える。ビジネスは階層構造ではなくチームによって組織され、チームはオフィスの常勤社員、自宅から働く社員、そしてフリーランサーがシームレスに協力し合うことでプロジェクトを進める構造であるべきである。これは、企業が従来の雇用に対するアプローチを再考するだけでなく、従業員を新しい働き方に備えさせる必要があることを意味する。具体的には、プロジェクトベースの業務、部門横断的な協働、リモートおよびデジタルツールの活用といった新しい働き方である。

さらに、ビジネスリーダーや個々の従業員も、直線的で一生涯続くキャリアという概念が崩れつつあることを受け入れなければならない。未来の仕事は、技術革新、社会変革、環境問題などによって推進される流動的なキャリアパスに特徴づけられるであろう。再び、生成ＡＩマインドセット、すなわち生涯学習への取り組み、適応力、好奇心を体現するマインドセットが、こうした流動的な労働環境において人々にとって有益なものとなるであろう。

## ◆組織内での新たな役割の必要性

生成ＡＩ時代において仕事がどのように変わるか、またＡＩプロンプトエンジニアといった新たな役割の出現について触れてきた（第5章参照）。これからは、新たなリーダーシップの役割についてみてゆこう。

特に、著者は組織にチーフＡＩオフィサー（ＣＡＩＯ）を任命することを推奨する。この役職は取締役レベルのものであり、ビジネス全体（特にリーダーシップチーム）における技術に対する意識を高めながら技術が効果的に利用されていることを確保する役割を担う。基本的に、ＣＡＩＯは組織のＡＩ戦略のモニターを行い、それをビジネスゴールと合致させることが求められる。これには、ＡＩを展開する機会の特定、ＡＩ戦略を効果的に実行するためのスキルと人材の確保、ＡＩドリブンの文化の育成、倫理、規制、コンプライアンスに関する問題への対処が含まれる。

このような役割は、チーフデジタルオフィサー（ＣＤＯ）やチーフテクノロジーオフィサー（ＣＴＯ）とはどのように異なるのか？　ＣＡＩＯが行う多くの業務は、ＣＤＯやＣＴＯの業務の一部と見なされるかもしれないが、ＣＡＩＯは特にＡＩに関わるタスクに時間を割くことになる。ＡＩに関わるタスクと責任が組織の大部分を占めるようになることを考えると（したがってＣＤＯやＣＴＯの仕事量も増える）、それを効果的に管理するためには専任のシニアレベルの役員が必要であることは明白である。

もしあなたの組織でＣＡＩＯを任命することができない場合はどうだろうか？

ある組織では、ＡＩ技術を理解し、それを実装する方法を取締役会に助言するためにＡＩ専門家を非常勤取締役として任命している。実際、これは著者自身が複数の企業に対して行っている役割であり、社内に知識がない場合や持てない場合には素晴らしい選択肢となる。

## 適切なスキルと人材の育成

生成ＡＩ時代は、職場で成功するために必要なスキルを完全に見直すことを促す。この点は、生成ＡＩを実装する際に考慮すべきもう1つの土台となる。

### ◆AI委任スキル

未来の職場において、ＡＩ委任スキルはそれ自体が重要なスキルとなる。ＡＩ委任スキルとは何か。それは、自分たちが何をする必要があり、何をＡＩに任せるべきかを見極めることである。生成ＡＩがより強力になり、広く利用可能になるにつれて、それを効果的に活用して効率を高めて価値を創出する能力が成功の要因となる。

ビジネスリーダーやマネージャーにとって、生成ＡＩの能力、利用可能なツール、そしてそれらが特定のビジネス機能や業界とどのように関連しているかを理解することを意味する。そして、個々人にとっては、自分の業務量を見直し、生成ＡＩがどのように反復作業にかかる時間を削減できるかを考えることで、他のより重要なタスクに費やす時間を増やすことを意味する。

マネージャーでも個人でも、ＡＩ委任は、データ入力、処理、分析、エラー検出、文書レビュー、スケジューリング、時間管理といったルーチンワークをＡＩに任せ、管理することで効率を大幅に向上させることができる。委任の他の形態と同様に、価値は節約した時間で何ができるかにある。すなわち、独創的な思考、戦略的思考、意思決定、関係構築を要するタスクにより多くの時間を充当することができる。

成功のための他のスキルについてはどうか。私たちは、人々がＡＩと人間の両方から最大の利益を得るための補完的なスキルを育成することを望んでいる。なぜなら、私たちは完全な自動化について話しているわけではなく、仕事の拡張と作業の質を向上させることについて話しているからである。

３人の子どもの父親として、著者は最近このことを非常に考えている。私の子どもたちは、この未来の世界でどのように成功するのだろうか。急速に変化する職場に備えるために、家庭でどのようなスキルを身につけさせることができるのだろうか。このことは、私たち自身の仕事や自分が率いる人々の仕事だけでなく、次世代の人々についても考えるべきことである。

必須スキルについて詳しく知りたい場合は、私の著書『Future Skills: The 20 skills and competencies everyone needs to succeed in a digital world（将来必要なスキル：デジタル世界で成功するために必要な20のスキルと能力）』（未邦訳）を手に取ってみることをお勧めする。この書籍は、未来の職場における必須スキルを実用的に考察し、特に共感、複雑な意思決定、協力、批判的思考といった人間のスキルに焦点を当てている。これらは基本的に、人間がＡＩに対して優位性を持つ分野である。つまりは、補完的なスキルがますます必要とされることになるだろう。

## ◆スキル向上とパートナーシップを通じたＡＩ人材の活用

組織全体でＡＩに関する知識とスキルを構築する必要があるのは当然のことである。しかし、これは必ずしもＡＩ人材を採用することを意味するわけではない。実際、一般的な企業がオープンＡＩやグーグルのような企業と競ってテクノロジー人材を引きつけるのは非常に難しいのが現実である。

したがって、最善の策は、既存の従業員のスキルを向上させるための投資をして、新しいテクノロジーを理解した上で業務に生成ＡＩを活用し、どのように価値を追加できるかを自分自身で判断できるようにすることである。このアプローチは、従業員を単に後部座席に座らせるのではなく、運転席に座らせて主導的に変化を起こさせるものである。

人材育成は各企業によって異なるが、最も典型的なやり方には、正式な教育・訓練プログラム、メンタープログラム、そして非公式な職場での学びの機会が含まれる。朗報は、ＡＩ、生成ＡＩ、データスキルに関する教育用の新しいコースが豊富に登場し、かつてないほど生涯学習を行いやすい時代であるということである。さらに、これらのコースの多くは無料であり、特定のニーズに応じたコース（例えば、動画生成のための生成ＡＩなど）を選択することができる。

オンライン学習の機会は、ユーデミー（Udemy）やコーセラ（Coursera）のような大規模なオンライン学習提供者から、テクノロジー企業（およびテクノロジー専門の教育機関）が作成したコースまで幅広く存在する。例えば、ＩＢＭはＡＩアカデミーを立ち上げ、マイクロソフトやアマゾンは生成ＡＩに関するコースを作成した。グーグルはクラウドスキルブースト（Cloud Skills Boost）プラットフォームで非技術的役割向けのコース（営業、マーケティング、人事など）を含む生成ＡＩの無料および有料のトレーニングコースを開始している。

著者自身のユーチューブチャンネルもお薦めしたい。これは、テクノロジーの変化に直面している非技術者にとって素晴らしい（そして無料の）リソースである。著者の名前をユーチューブで検索してチャンネルを登録してほしい。

スタートアップのテクノロジー企業とのパートナーシップを構築することや、ＡＩを専門とする大学の学部との提携も、社内人材を雇用せずにテクノロジーの専門知識にアクセスする素晴らしい方法である。また、必要な社内スキルを持つ企業を買収することを検討するのも良いかもしれない。さらに、フリーランスの労働者の膨大なプールも存在する。

## ◆人材の維持がこれまで以上に重要になる

人材、特にＡＩに精通した人材の獲得競争は激化している。そのため、必要なスキルについて十分に考え、成功のためのスキルを従業員に身につけさせたとしても、優秀な人材が定着するようにすることが非常に重要である。つまり、従業員の定着率を高める環境を整える必要がある。

これは、良好な給与、魅力的な福利厚生、柔軟な働き方、キャリア開発の機会、成果に対する評価、快適な職場環境など、期待される要素全般を含む。しかし、ここでも、組織文化が好奇心、継続的な学習、適応力といった特性をサポートしているかどうか、それともイノベーションを押しつぶすものになってしまっているかどうかも重要である。

この急速に変化する時代において、従業員の定着率を高めるためのもう1つの良い方法は、スキルだけでなく、文化的適合性や潜在能力を重視して採用することである。なぜなら、あなたの組織に適した人材であれば、スキルが完璧でなくても、会社での満足度が高く、長く留まる可能性が高くなるからである。スキルは開発可能であるが、文化的ミスマッチは克服するのが難しいことを忘れてはならない。

## データは重要な土台

ＡＩはデータなしには成り立たない。そのため、データは現在において最も価値のあるビジネス資産の1つとして扱う必要がある（そして重要なことに、データは共有資産として、組織全体で共有されなければならない。各チームがデータを独占するような状況は避けたいものである）。

まずは、あなたの企業にはすでにデータ戦略があるということが重要だ。データ戦略は、ビジネスの問題や未解決の質問を特定し、それらの課題を解決するために必要なデータ、目標を達成するために必要な技術、そして良好なガバナンスを通じてデータを保護する方法を明確にするものだ。

もしデータ戦略を持っていないのであれば、著者のベストセラー『Data Strategy: How to Profit from a World of Big Data, Analytics and the Internet of Things（データ戦略：ビッグデータ、分析、ＩｏＴの世界で利益を得る方法）』（未邦訳）を読むことをお勧めする。また、すでにデータ戦略を整えている場合は、生成ＡＩについて学んだことを踏まえて、それを見直し、更新することを忘れないでほしい。

現在、世界には非常に多くのデータが存在する。私たちはこれまでにないほどのデータを持っており、その量は常に増加している。それでも、利用可能なデータのごく一部しか組織によって利用されていない。徹底した最新のデータ戦略を持つことで、この広大な資源を最大限に活用できるようになる。最新のデータ戦略を持つだけでなく、データの有効期限についても考慮する必要がある。データはすぐに古くなってしまうからである。

### ◆リアルタイムデータの重要性

タイミングは非常に重要である。先週、先月、あるいは昨年にあなたのビジネスで何が起こったのかを理解することは有益である。しかし、さらに重要なのは、今まさにビジネスで何が起こっているのかを理解することである。そのため、データと分析の最大のトレンドの1つはリアルタイムインサイトである。生成ＡＩを活用するために役立つデータを考慮する際には、情報が発生した時点でそれを捉え、行動に移す方法を考えることが重要である。

リアルタイムデータがビジネスにとって非常に価値がある理由は、私たちが毎日2・5クインティリオンバイトのデータを生成している世界では、古いデータを保存することがコスト的に高価であるだけでなく、データの有効期限が短くなっているからである。最も価値のあるインサイトは、常に最新のデータに存在する。ウォルマートのシニアアナリスト、ナビーン・ペッツダメールは著者に、「1週間や1カ月の売上を分析するまでインサイトが得られないのであれば、売上を失っている」と語っている。(2)

必要なデータはあなたのビジネス固有のものであるが、出発点として（これは著者のデータ戦略の本でも触れていることである)、ビジネスリーダーは、最も大きなビジネス上の問題や課題を解決するデータ、あるいは最も緊急のビジネス上の質問に答えるために役立つデータに焦点を当てることだ。

## ◆専有データが差別化要因となるが、外部データも見逃すべきではない

内部ソース(企業内の専有データ)と外部ソース(第三者からのデータ)の両方からデータを活用することができる。専有データは明らかに非常に価値があり、その性質上、あなたの企業がその情報を持っている。これは競合他社と差別化するための情報である。

とはいえ、外部データも非常に有用である。外部データとは、あなたのビジネスが所有していないすべてのデータを指す。ソーシャルメディアのデータであったり、気象データや衛星データであったり、人口統計データであったり、インターネット検索データであったりする。出所はどこであれ、第三者のデータセットから貴重なインサイトを得ることができる。例えば、ある建設会社は高解像度の衛星画像を使用し、これをAI分析と組み合わせることで、競合他社の建設現場の進捗を監視できる。

もちろん、外部データを扱う際には課題もある。まず、データへのアクセスにはコストがかかる場合がある。データを直接にコントロールすることはできず、データ提供者に過度に依存する可能性もある。データへのアクセスを喪失することもある。そして、購入またはアクセスするデータが法的かつ倫理的に収集・処理されていることを確認する必要がある。しかし、す

べてを考慮すると、外部データは非常に有益な可能性を秘めており、貴重な内部データと組み合わせることで、事態の全体像を把握することができる。

データに関する話は人々を不安にさせることがあると著者としては認識しているため、正しいデータを見つけるための著者なりのヒントをまとめる。生成ＡＩを考慮して更新した最新のデータ戦略を用意する、最も大きなビジネス上の問題を解決するデータに焦点を当てる、そのデータの有効期限やリアルタイムデータにできるだけアクセスする方法を考える、最後に貴重な内部データから始めつつ、外部データの価値も考慮することである。

## 適切なテクノロジーの導入

最後に、文化、スキル、データを考慮した上で、これらを実現するために必要なテクノロジーについて考える。すべてのビジネスには異なる技術的ニーズがあるが、一般的には生成ＡＩに関する技術要件は、ネットワーク、データインフラストラクチャ、サイバーセキュリティからなる基盤と生成ＡＩツールの２つに分けて考えることができる。

### ◆基盤：ネットワーク、データインフラストラクチャ、セキュリティ

生成ＡＩ技術に関する決定を下す前に、基盤技術を正しく整えることが非常に重要である。

これらの技術は「あったら良い」というものではない。絶対的必要なものであり、企業の規模や予算に関わらず必須である。

ネットワークに関しては、高速で安全なネットワークと、オフィス内だけでなく、外出先でも容易に接続できることが求められる。最新のモバイルネットワーク技術である5Gは、多くの企業にとって接続性を変革し、従業員がどこにいても迅速な接続とリアルタイムのコラボレーションを可能にする。

データ管理に関しては、大量のデータを収集することではない。適切なデータを適切なタイミングで収集し、そのデータを保存、アクセス、活用する手段を持つことが重要である。データストレージには多くの選択肢があるが、私の意見では、クラウドストレージがほとんどの企業にとって最良の選択肢である。

サイバーセキュリティに関しては、ランサムウェア、フィッシング、データ侵害といった脅威から企業を守るためのテクノロジーが必要である。これには、高度な脅威検出メカニズムの導入だけでなく、新たな脅威の動向を把握しながら、従業員が潜在的な脅威を検出できるように訓練することも含まれる。

これらの3つの基盤要素は、すべての規模と予算の企業にとって不可欠である。予算が限られた小規模企業は、基盤をシンプルに保ちたいと考えるだろうが、それでも必要である。もし著者が小規模企業であれば、ネットワーク接続を強化してシームレスな業務を確保し、適切なクラウドベースのデータインフラストラクチャを整えることで最高のサイバーセキュリティを確保することに重点を置くだろう。これらは、生成ＡＩのような次世代技術に備えるためにできる基本的なことの３つである。

もし基盤技術にさらに資金を投じる余裕がある場合は、基盤要素をレベルアップすることを検討しても良い。例えば、より高速で堅牢な接続を実現するために５Ｇを選択したり、示唆を豊かにするために有料の外部データセットを統合したり、あるいは合成データに取り組んでリポジトリを拡張したりすることが考えられる。

## ◆生成ＡＩツールの選択

本書を通じて生成ＡＩツールについて述べてきたが、付録には便利なリストが１つにまとめられている。生成ＡＩやその基盤となるＧＰＴ－４言語モデルのような、すぐに利用可能なツールを活用することもできるが、プライバシーの影響を考慮する必要がある。少なくとも、入力した情報が言語モデルの訓練に使用されるかどうかは常に意識しておくべきである。

著者が関係する多くの組織は、自社の安全なＧＰＴ－４バージョンを作成することを選択しているが、これは予算や専門知識によって実現可能性が異なるかもしれない。生成ＡＩの素晴らしい点は、限られた予算の企業から資金に余裕のある企業まで、多くの選択肢があることである。どのツールが自社に適しているかを判断するための社内知識が不足している場合は、ＡＩの専門家に相談する価値がある。

## 戦略的アプローチを忘れずに

最後に、第3章で述べたことを再確認すると、生成ＡＩはビジネスに大きな影響を与えることを想起すべきである。全体的なビジネス戦略を見直し、それが依然として有効であることを確認した上で、生成ＡＩの驚異的な可能性を踏まえてアップデートする必要がある。

著者が企業とＡＩ戦略について取り組むとき、しばしば起こることは、既存のビジネス戦略が目的に合致しなくなることである。ＡＩ全般、特に生成ＡＩは、ビジネスを変革し、サービスの一部を時代遅れなものにする可能性があるためである。そのため、最後の留意点として、ビジネス戦略を徹底的に見直し、現在の世界の動向に対して依然として有効なものであるかどうかを確認してほしい。

ビジネス戦略が最新であることを確認できたら、ＡＩ戦略を策定することができる。既存のＡＩ戦略がある場合には、それは生成ＡＩに沿って見直し、更新する必要がある。ＡＩ戦略に関する書籍もある。それは『The Intelligence Revolution: Transforming Your Business With AI（インテリジェンス革命：ＡＩによるビジネス変革）』（未邦訳）というタイトルで、企業がＡＩを計画し、成功裏に実施するのを支援するための参考書だ。

しかし、ＡＩ戦略の本質は、２つのシンプルなステップから始まる。第一に、あなたのビジネスにおけるＡＩ／生成ＡＩを活用する潜在的な応用分野を特定することである。これがあなたのユースケース（活用事例）となる。次に、それらの潜在的なユースケースを数個（1〜3個）に絞り込み、さらに1つか2つの「クイックウィン」（初期段階における成功実績）プロジェクトを加える。つまり、長期的なビジネスの成功に不可欠な高価値の長期ユースケースと、戦略的重要性は低いが、ＡＩ／生成ＡＩを試す助けとなり、自信を高めて信頼を得るためのクイックウィンプロジェクトの組み合わせを探索する必要がある。

ユースケースを特定したら、そのユースケースに必要なデータや技術、ガバナンスの問題について考えることができる。新しいテクノロジーの魅力に惹かれながらも、戦略的なアプローチを取ることが本当に重要である。生成ＡＩがビジネス運営、製品やサービス、さらにはビジネスモデルへの影響を理解することから始まり、その後ビジネス戦略をそれに応じて更新した上で、ＡＩ戦略の実施に取り組むという順序となる。

## 本章のまとめ

本章では多くの内容を扱った。要約すると次の通りである。

・生成ＡＩはツールであることを忘れないこと。生成ＡＩは私たちの仕事を代わりにしてくれるものではないが、私たちが仕事をより効果的、効率的に行うために使用するものである。

・生成ＡＩを成功裏に導入するには、文化とマインドセットの変革が必要である。好奇心、謙虚さ、適応力、協力を受け入れるマインドセットが求められる。この文化は、現状に挑戦し続け、変化（および失敗）に対して快適で、実験を恐れず、新しいことを学ぶことに前向きな人々によって支えられなければならない。この文化とマインドセットは、トップダウンでモデル化されるべきである。

・文化とマインドセットの支援（およびＡＩ活用全般の支援）に関して、組織がチーフＡＩオフィサー（ＣＡＩＯ）を任命することを強く推奨する。これは、ＡＩに対する認識を高め、効果的にＡＩが利用されることに責任を持つ役員レベルのポジションである。代替案として、ＡＩ専門家を非執行取締役として任命することも考えられる。

・スキルと人材に関して、ＡＩ委任が重要なスキルとなる。リーダーやマネージャー、個人にとって、何を自分たちで行う必要があり、何をＡＩに任せるべきかを見極めることが求められる。新たにＡＩ専門家を雇用することは多くの企業にとって困難であるため、既存の人材をスキルアップさせることが最良のアプローチとなる可能性が高い。

・ＡＩはデータなしには存在しえないため、まだデータ戦略を持っていないのであれば、今がそれを作成する時である。豊富なデータがある中で、最も重要なビジネス課題を解決するデータに焦点を当てることを推奨する。また、そのデータの有効期限（可能な限りリアルタイムであることが望ましい）についても考慮し、内部データと外部データの両方を検討することが重要である。

・技術に関しては、新しい技術を成功裏に活用するための3つの基本要素がある：高速ネットワークと接続性、データインフラストラクチャ、サイバーセキュリティ。生成ＡＩツールはその基盤の上に位置する。生成ＡＩツールのリストは付録を参照。

・最後に、戦略的アプローチを取ることが非常に重要である。生成ＡＩがビジネスの運営、製品やサービス、さらにはビジネスモデルに与える影響を理解し、それに応じてビジネス戦略を更新する必要がある。

私たちの旅もほぼ終わりに近づいている。最終章では、生成ＡＩの未来に関する予測を探ることになる。その中には、読者を驚かせるものもあるかもしれない。

# 第19章 生成ＡＩの進化の未来

Glimpses of The Future: Predicting The Trajectory of Generative AI

ＡＩが単に賢いだけでなく、あなたの創造的な相棒となる未来を想像してほしい。生成ＡＩはブレインストーミングを無限のアイデアの嵐に変え、カスタマイズされたバーチャル体験をデザインしたり、もしかしたらあなたが夢見ていた小説の執筆の助けになったりするかもしれない。まるでとてもスマートで極めて創造的な仲間がいつでも側にいるかのような状況であり、未来はかなりエキサイティングなものに見えるであろう。

これは、生成ＡＩの未来について、著者がチャットＧＰＴに尋ねたときに返ってきた答えである。さて、著者自身にも生成ＡＩがどのように進化するか、いくつかの予測がある。さっそく紹介していこう。

## 私たちは汎用ＡＩに近づいているのか？

本書でこれまでに扱ってきたすべての生成ＡＩの能力は、「狭義のＡＩ」または「応用ＡＩ」と呼ばれる範疇に属している。つまり、特定のタスクや機能を実行するために人間の思考を模倣するものである（例えば、メールの草案作成や画像の生成など）。まだ、汎用ＡＩや一般化されたＡＩには到達していない。これらは、人間の脳のように、ほぼあらゆるタスクに注意を向けることができるＡＩのことを指す。すなわち、現在のＡＩは、人間の思考や創造性、簡単な意思決定、会話のシミュレーションはうまくこなしてはいるが、人間の脳が行うすべてを完全に模倣できるわけではない。しかし、そこに近づいているのだろうか？

確かに、創造性（もしくは創造性のシミュレーション）は、そこに至る旅路の大きなマイルストーンであると感じられる。かつては人間特有のものと考えられていたことが、現在ではＡＩによって非常に高水準で行われている。そして、これらは今後ますます向上していくだろう。この知能革命は巻き戻せるものではなく、ここからは前進するのみである。より知的なＡＩへと向かって、前進し続けていく。

真に知的なＡＩが実現するかどうかはまだ議論の余地があるが、その時点に近づいているように思われる。現在、ＡＩは見る、聞く、話す、読む、書く、創造することができるようになっている。そして、生成ＡＩはこれらの多くを同時に行う能力をますます獲得している。例えば、テキストから画像を生成するツール「ダリ」の第3バージョンは、画像内に高品質なテキストを埋め込むことができるため、他の画像生成ツールをリードしている。[1]

例えば、広告看板にテキストが入ったＡＩ生成画像や、レンガ壁にグラフィティ風のテキストが描かれた画像を想像してほしい。このようなテキスト入りの画像を作成することは、これまでの生成ＡＩにとって難題であった。最新の生成ＡＩツールは、見る、聞く、話す、さらには書くこともできるようになっている。したがって、著者の予測の1つは、生成ＡＩが今後も進化しながら、複数の方法でリアルタイムに創造できるマルチモーダルＡＩに向かうということであり、それは人間の脳にさらに一歩近づくことを意味する。[2] これにより、汎用ＡＩ、つまり真の人工知能にまた一歩近づくこととなる。ディープマインドの共同創設者であるムスタファ・スレイマン氏によると、生成ＡＩの次のステップは「インタラクティブＡＩ」である。[3] これは、単に会話をするだけでなく、他のソフトウェア（さらには人間）に任せてさまざまなタスクを遂行できるボットを指すという。

第16章では、生成ＡＩを使ってコンピュータコードの作成やレビューができることを見た。これにより、例えば健康的な食生活に基づいた新しいレシピアプリを作成することが可能になる。ＡＩがよりインタラクティブになると、理論上、アプリ作成プロジェクト全体をＡＩに任せることができるようになるだろう。コードの作成やテストから、栄養士、フードフォトグラファー、レシピ開発者（その中にはボットも含まれるかもしれない）を雇い、ベータテスターとのやり取りやアプリのリリース、マーケティングキャンペーンの企画まで、すべてをＡＩが担当できる。

もっとシンプルな例で言えば、チャットボット（例えばチャットＧＰＴ）にパートナーとの旅行の手配をお願いできるだろう。ホテルの予約からレストランの選定、テーブルの予約（レストランにはパートナーの卵アレルギーも伝えた上で）、さらには街のウォーキングツアーの予約まですべてをボットに任せることができる。

このようなことで、マルチモーダルかつリアルタイムの生成ＡＩが全く新しい次元に進化することになるだろう。もしスレイマン氏の言う通りなら、ＡＩはよりインタラクティブで役に立つ存在となり、日常の雑務を引き受けることで、私たちの生活はよりシンプルなものとなる。そして、余った時間で……まあ、靴下を整理するくらいしか思いつかないが。重要なのは、これが汎用ＡＩへのもう1つのステップであるということだ。つまり、ＡＩは人間の脳ができることをすべて行うことのできる段階に向かって進んでいる。しかし、生成ＡＩはどのように進化していくのだろうか？　著者の予測はまだまだある。

## 生成ＡＩとロボットの組み合わせ

ボストン・ダイナミクスの動画を一度でも見たことがあれば、ロボットが驚異的な速さで発展していることをご存知だろう。そう遠くない未来には、ロボットが生成ＡＩの能力を標準装備し、ロボットとＡＩが共に担うタスクの範囲が大幅に拡大することになると著者は考えている。

現在のところ、生成ＡＩは医師、デザイナー、ミュージシャン、マーケティング担当者など、認知的・創造的な仕事を自動化し、強化することができる。しかし、建設現場や組立ライン、清掃などの肉体的な仕事は、生成ＡＩによる変革の波にあまり影響を受けていない。しかし、生成ＡＩとロボットを組み合わせることで、それが変わる可能性がある。ＡＩが工場の現場、病院の病棟、建設現場、小売店、ホテル、レストランなど、あらゆる分野で活躍する未来が見えてくる。生成ＡＩをロボットに組み込むことで、ロボットは単にタスクを実行するだけでなく、新たな顧客体験を生み出すことができるようになる。例えば、ホテルのコンシェルジュロボットが、ゲストの好みに基づいてリアルタイムで旅行プランをカスタマイズすることが可能になるだろう。

さらに未来を見据えれば、私たちは自宅に知能を持つロボットを迎え入れる日が来るかもしれない。家に全知全能のロボットがいる状況を想像してほしい。生成ＡＩを搭載したロボットが、あらゆる質問に答えながら、床掃除をし、スケジュールを管理しながら、夕食のメニューを計画し、仕事の報告書作成を手伝いながら、子ども向けの個別学習計画を作成する。さらにはその日の気分に合わせて映画を提案するような存在である。これは、アレクサ、ルンバ(Roomba)、清掃員、個人シェフ、パーソナルアシスタント、家庭教師、ベビーシッターが1

つにまとめられたようなものだ。

エヌビディアはすでに生成ＡＩとロボティクスを組み合わせる作業に取り組んでいる。(4) 同社は、長年製造業や輸送業界で採用されてきたジェットソン（Jetson）ＡＩおよびロボティクスプラットフォームを更新し、生成ＡＩの活用を促進している。

ここでの主なアイデアは、生成ＡＩがコンピュータビジョン（機械が「見る」能力）の進歩をもたらすことで、機械がより速く学び、周囲の物事をより正確に識別して反応できるようにする点である。従来のコンピュータビジョンは、大量のデータでシステムを訓練することで、機械が特定の物体を認識し、それに応じて反応することに依存している。システムが認識できない物体に遭遇すると、機能停止してしまう。ここで生成ＡＩが役に立つ。生成ＡＩは、訓練されていない要素も認識し、それと対話できるため、より広範な事象に対応できる。

コンピュータビジョンに依存するロボットを使用する業界にとって、生成ＡＩは変革をもたらす可能性がある。しかし、それは他の方法でもロボットを変革するだろう。例えば、周囲の同僚とコミュニケーションを取る能力を機械に与えるかもしれない。つまり、知能を持つ家庭用ロボットにはまだ少し時間がかかるかもしれないが、近い将来、生成ＡＩは産業やその他の職場環境でのロボットに大きな影響を与え始めることだろう。

## ブレインコンピュータインターフェースがより直感的なやり取りを可能にする

現時点では、生成ＡＩとやり取りするためにはアプリやウェブページにアクセスする必要がある。しかし、脳から生成ＡＩシステムにほぼ直接接続できるようになるとしたらどうだろうか？　単に質問や依頼を話すだけで、生成ＡＩがそれに応答する。これがスマートグラスやスマートコンタクトレンズ、さらには脳内のインプラントによって実現する可能性がある。

ハードウェアがどのような形になるかはさておき、重要なのは、生成ＡＩとのやり取りの方法が、より直感的かつ即時的なものに進化するかもしれないという点である。突飛な話だと感じるかもしれない。しかし、ブレインコンピュータインターフェース（ＢＣＩ）の研究はすでに進んでいる。これは、思考だけで機械やインターネットとやり取りする手段である。

ボストンに拠点を置くスタートアップ企業ニューラブル（Neurable）は、すでにこの分野で活動している。脳の活動を解読し、ユーザーの意図を理解して、それを仮想現実に変換するセンサーを開発している。また、イーロン・マスクが設立したニューラリンク（Neuralink）は、人間の脳とアプリ間で双方向のコミュニケーションを可能にするインプラントを開発中である。さらに、メタも脳から直接スピーチを解読するＢＣＩを開発している。

ＢＣＩの進展は、最終的には人類をまったく新しい種へと変える可能性がある。ある程度、人間と機械の融合はすでに始まっている。例えば、ロボットアームや人工視覚が人々に装着されていることからも分かるように、脳が直接アクセスできる能力をＡＩに付与することに不思議はない。

ＢＣＩの分野がどのように発展するかは誰にも分からないが、将来的に機械との協働がますます直感的なものになる可能性は現実的であると私は考えている。もしＢＣＩが人間の脳と生成ＡＩシステムとの直接的なコミュニケーションを可能にしたとしたら、人間の創造力や効率性にどのような影響があるだろうか？　アイデアはかつてない速さと精度で生成、洗練され、実現に至るだろう。人間の認知と経験をＡＩのデータ処理能力と組み合わせれば、意思決定やイノベーションも大幅に向上するはずである。これは非常に興味深い展望であり、認めざるを得ないが、やや大胆な未来予測でもある。しかし、ＡＩとＢＣＩの発展のスピードを考えると、それは決して不可能なことではないだろう。

## 生成ＡＩをより良い世界のために活用する

最後に伝えたいのは、生成ＡＩはこれまでにないほど変革的なテクノロジーであり、世界に大きなメリットと恩恵をもたらす力を持っているという点である。生成ＡＩは、地球上の最も大きな問題のいくつかに取り組む助けとなる。もちろん、友人の結婚式での面白いスピーチを考えたり、今晩の夕食のアイデアを出したりすることもできるが、それだけではない。気候変動、甚大な格差、飢餓、医療アクセスといった問題にも対応できる。生成ＡＩは、新しい治療法を見つける助けとなり、メンタルヘルスサポートへのアクセスの民主化、感染症の進行予測、作物の収量最適化を通じた食糧安全保障への貢献を実現することができる。生成ＡＩは、これほどまでに大きなメリット、恩恵を人類にもたらすことができるのである。よく考えてみれば、人間に「超能力」を与えてくれるようなものだ。

しかし、その一方で、生成ＡＩは誤情報や偽情報の拡散、新たな生物兵器の開発、さらには人間の監視なしに脅威を識別して、脅威を無力化する自律兵器の製造など、悪用される危険性もある。だからこそ、私たちはこの非常に強力なテクノロジーを正しい目的のために使用することを確保、担保しなければならない。生成ＡＩが前向きな変革をもたらし、決して分極化を進めたり、選挙に干渉したり、意図的に虚偽の情報を拡散したりすることがないように、私たちを守るための規制が必要となる。また、これらのシステムがどのように使用されているかについての透明性が必要であり、倫理的なガイドラインやフレームワークを整備することが必要だ。

ある程度、これらの取り組みは始まりつつある。例えば、メタは、フェイスブックやインスタグラムで流れる政治広告に生成ＡＩによるコンテンツや画像が含まれている場合、それを開示することを義務付けると発表している。これは、有権者がオンラインで目にする内容について、より情報に基づいた判断を下せるようにするための試みである。(5) 他の技術企業も同様の動きを見せている。例えば、グーグルは、ユーチューブやその他のグーグルプラットフォームでの政治広告において、ＡＩで加工された音声や画像の使用を開示することを義務付けるポリシーを導入している[6]。このような取り組みは、生成ＡＩが現実的に見えるが全くの虚偽である動画や画像、音声を作成する能力に対抗する助けとなるだろう。

さらに、テック企業や生成ＡＩツールを実装している組織には、バイアスや事実とは異なる回答をするハルシネーションといったＡＩの限界に対処することも求められる。生成ＡＩが時折誤ったことを言う理由は未だ明確ではない中、ハルシネーションの解決は難しいが、並行して2つの生成ＡＩモデルを実行し、一方が他方を事実確認するという対策もある。幸いなことに、この分野では多くの研究が進んでおり、これらの問題を解決することが業界の主要な関係者にとって利益となることだ。

確かに、克服すべき課題はあるが、生成ＡＩが良いことのみに使われるとは限らないと考えるのは現実的である。しかし、著者は、生成ＡＩが圧倒的に世の中のために使われ、人類が直面する最も差し迫った課題に取り組み、私たちの世界をより良いものにすることを願っている。これは私たちに与えられたチャンスであり、まさに素晴らしいチャンスなのである。

# 結び

以上で著者の予測は終わりである。しかし、あなたはどう考えるだろうか？　生成ＡＩのアイデアに興奮しているだろうか、それとも少し奇妙だと感じているだろうか？

著者がこのような本を執筆することを好む理由の1つは、さらなる議論の出発点となるからである。ぜひ質問や感想を自由に共有してほしい。日常生活や仕事において、生成ＡＩをどのように活用し始めているだろうか？　生成ＡＩが、あなたの組織の最大の課題を解決する助けとなるのだろうか？　生成ＡＩやその他の未来テクノロジーによって、あなたの職場はどのように変革されるだろうか？　導入にあたっての最大の課題は何だろうか？　あなた自身の仕事の役割はどのように進化すると考えているだろうか？

もちろん、このＡＩ主導の革命に備えるための計画や未来のテクノロジーを導入する際にサポートが必要な場合は、いつでも著者の私に連絡してほしい。私は、あらゆる形態や規模の企業のコンサルティングを行っている。以下のプラットフォームで私とつながることができる。

・LinkedIn: Bernard Marr
・Twitter（X）：@bernardmarr

・YouTube: Bernard Marr
・Instagram: @bernardmarr
・Facebook: facebook.com/BernardWMarr

また、私のウェブサイト www.bernardmarr.com で、さらに多くのコンテンツ（ポッドキャストを含む）をチェックしたり、最新情報を共有する私の週刊ニュースレターに登録して参加したりすることもできる。

# 日本語版解説

## 第1部　生成AIの原理

我々は先人が残した技術の成果物に囲まれて暮らしています。便利なものをその都度取り入れてきたため、その中にはガスコンロと電子レンジのように機能が重複しているものも沢山あります。しかし我々は生魚を焼くならガスコンロ、冷凍食品を温めるならば電子レンジ、といった具合に、使いどころをおさえて混乱を避けることができています。それは「電子レンジに卵をそのまま入れてしまったら大変なことになった！」といった経験的な知見の蓄積によるところが大きいでしょうか。ただ、あまり普及していない技術の場合は経験的な知見が少ないので、使いどころを把握するには、技術の依って立つところ、すなわち原理といったものをおさえておくことが助けになります。突如として我々の目の前に現れたように見える生成ＡＩも、機械学習という技術の成果物です。本稿ではその技術の原理から解き明かし、その限界や上手な付き合い方について解説します。

## 【1】機械学習が与えるのは「確からしさ」

ニュース記事を入力すると内容を「政治」「スポーツ」「娯楽」などに分類してくれる（文書分類）、画像を与えると被写体を「犬」「猫」などと判別してくれる（画像分類）、といったアプリケーションの背後では、機械学習という手法が働いています。機械学習の本体は、文章（単語の列）や画像（画素の列）を入力として与えると、分類や判別の結果を出力する関数です。ただ、その関数の出力にはちょっとした癖があり、記事の内容が「政治です」、または画像の被写体が「犬です」というように、分類や判別の結果をズバリ返さない。ちょうど天気予報における降水確率のように、「与えられた記事のトピックが『政治』である確率は85％で、『スポーツ』である確率は12％、『娯楽』である確率は5％です」といった選択肢毎の確からしさを返すことしかしてくれません（図1）。

これは、機械学習がデータの背後にある原理やメカニズムを知っているわけではなく、データから観察した結果をまとめているだけ（統計的学習）という性質から来るもので、生成ＡＩの利点・欠点にもこの性質が色濃く影を落としています。機械学習は確率しか与えませんが、その結果を使う人間にとってはあいまいな答えでは困るので、図1の場合では、選択肢毎の確率を比較し、機械学習が最大の確からしさを与えている「政治」だと判断する、といった仕組

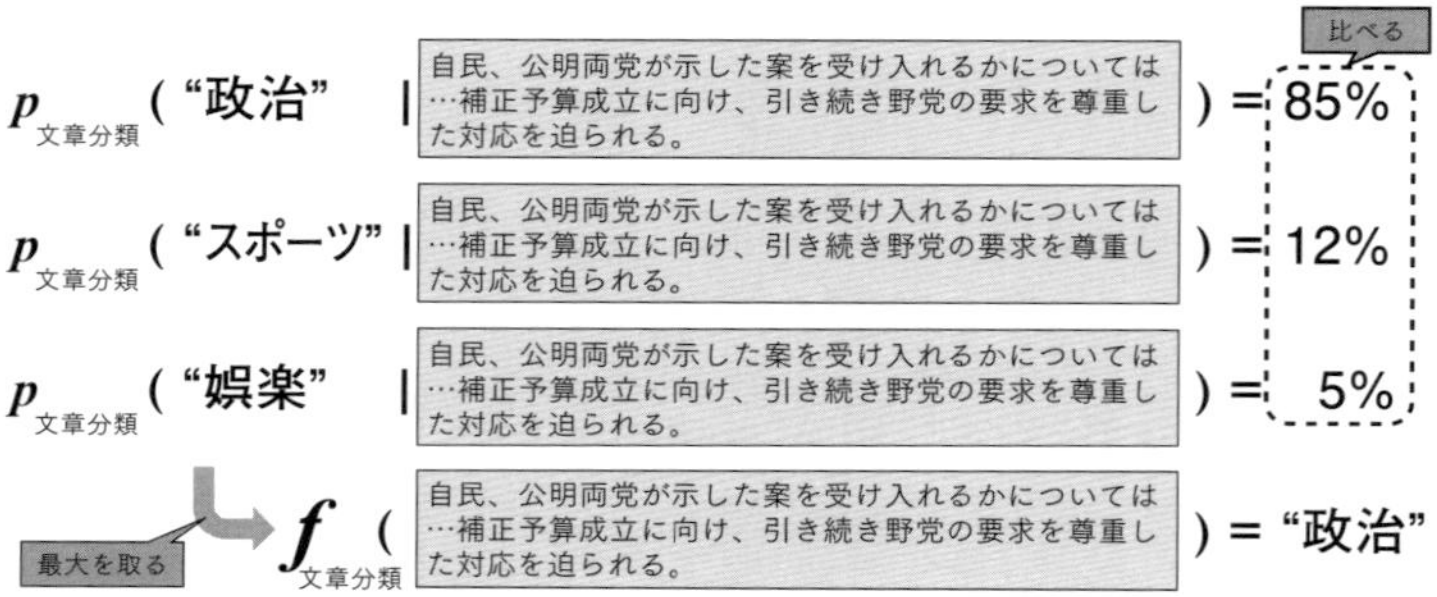


図１　機械学習を使った判別の仕組み

みになっています。

## ◆生成の仕組み

機械学習にどんな仕事を任せるのかは人間の工夫次第。ここまでの話のように分類ラベルではなく、文章の切れ端を入力して、次に続く単語の確率を予測させるようにすることもできます。例えば、「日本で一番高い山は」という文を入力として与えて関数を評価（計算）すると、次に続く単語として何がどの程度確からしいかを教えてくれるので、その確からしさに従って歪ませた「サイコロ」を振って次の単語を予測します。この場合、世の中の文章（データ）を観察した結果として、圧倒的な確率で「富士山」が出るはずです。

こうして出てきた「富士山」も単語に他ならないので、先ほど入力した文章の断片につなげれば新しい入力文「日本で一番高い山は富士

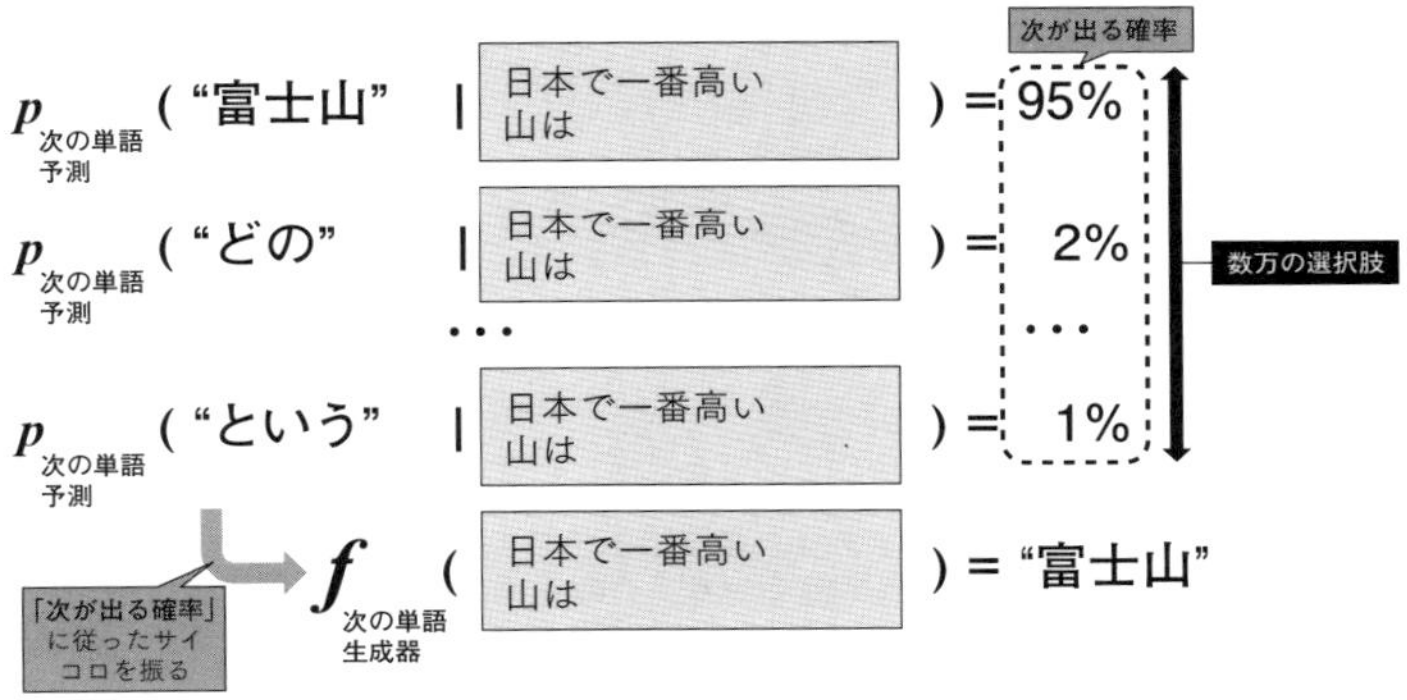


図２　次の単語を生成する仕組み

山」を作ることができて、機械学習にこの次に続く単語の出現確率を評価させることができます。今度は「です」とか「だ」などの助詞が複数あり得るので、何が出そうかを示す確率は比較的ばらつくことが想定されるでしょうか。ともあれ、その確率に従う「サイコロ」を振って出てくる単語を取得します。例えば「で」が出たとすると、次は「日本で一番高い山は富士山で」を入力として次の語を出す。このように、機械学習が教える関数に従った確からしさでサンプルした単語を、入力文に順次つなげることを繰り返せば一つながりの文章が生成できます。小分けにしたタスクを繰り返すという点において画像の生成も同様です。画像のノイズを若干取った画像を生成する、ということを機械学習に何度も繰り返させることで、単なるノイズ画像から絵を作っています。

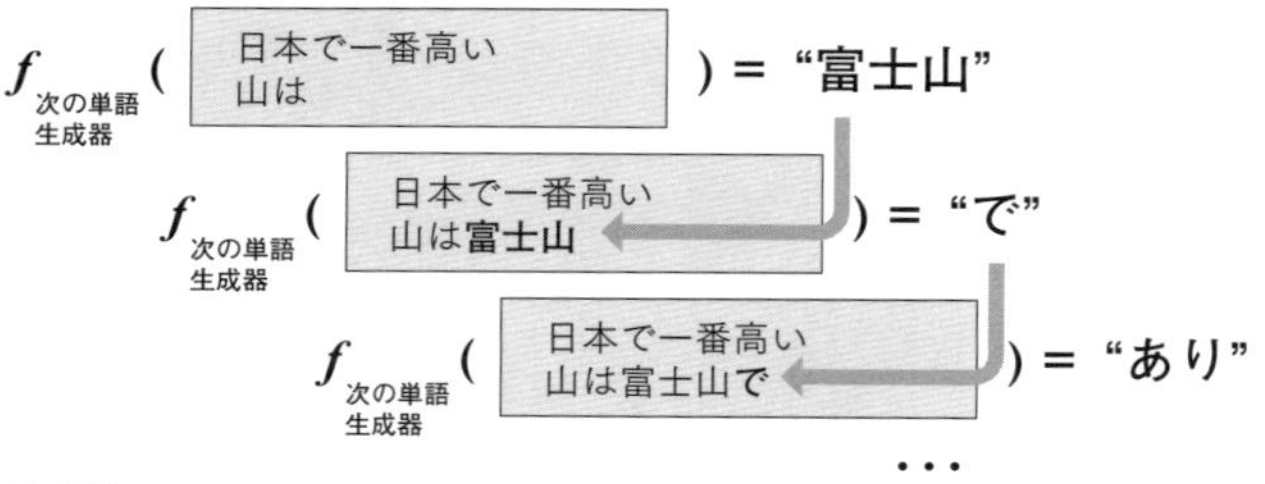


生成例：
**日本一高い山は富士山であり、標高は約3,776メートルです。富士山はその美しい円錐形の姿から、古くから多くの人々に親しまれてきました。山頂からの景色は素晴らしく、晴れた日には遠くの海や山々まで見渡すことができるため、登山者や観光客にとって人気のスポットとなっています。**

図３　文章を生成する仕組み

## ◆「次の単語予測」は侮れない

インターネット上には大量の文章の「海」があります。不特定多数の人によってそれなりに検証された結果なので、ある程度人目に触れる文章なら、あからさまな嘘は統計的には少数派、まぁ内容はともかくとしても文法的には確かなものが多いはず。そこから機械学習にインターネット上の文章を山ほど観察させて「次の単語予測」をさせてみてはどうか、という発想が出てきます。ひとつの文章からでも、その一部を隠していけば「穴埋め問題」を沢山（単語の数だけ）作ることができるので、問題のネタは無尽蔵、というのもじつに好都合です。

Transformerと名付けられた複雑な関数で次の単語として何が確からしいかの確率を表現させることにし、膨大な回答付き穴埋め問題（学習データ）に正解できるよう、関数の中身（パラメータ）を膨大な計算機パワーを使って調整します。その結果「次の単語予測」はほぼ完璧にできるようになり、それを繰り返し使うことで、いかにももっともらしい文章を生み出すことができることがわかりました。「日本一高い山は」に続けて文章を作りなさいと指示を与えると次の文章が出てきます。

**日本一高い山は富士山であり、標高は約3,776メートルです。富士山はその美しい円錐形の姿から、古くから多くの人々に親しまれてきました。山頂からの景色は素晴らしく、晴れた日には遠くの海や山々まで見渡すことができるため、登山者や観光客にとって人気のスポットとなっています。**

想定通り「富士山」がちゃんと出てくるのはもちろんのこと、「であり」の次に句点を打って標高の話になめらかにつなげているのはすごいですね。もうすこし、穴埋め問題学習の成果を見てみましょう。

次は「鉛筆を3本買ったが2本失くした。残りは」に続けて文章を作りなさいと指示をして出てきたものです。

**鉛筆を3本買ったが2本失くした。残りは1本となり、それを大切に使うことにしました。**

このような文章を人が書くには何を知っている必要があるでしょう。「日本で一番高い山は富士山だ」という事実や富士山の標高といった「知識」、「てにをは」のような助詞の使い方や句点の打ち方といった「文法」や「3－2＝1」のような算術を絡めた「推論能力」も必要ですね。さらには1本しかないものは大切にしなければならないという「常識」や「道徳」といったもの。文章を綴るのにこれだけの内容が必要なはずだ、と我々はなんとなく考えています。その一方で、「穴埋め問題」を解くことの繰り返しで実は同等なことができてしまうのではないか、と、ある意味身も蓋もないことを着想して、それを世界中の人が実感できる形で実装してしまったのが、生成ＡＩの真に独創的なところではないかと思います。

こんな文章が書けるのだからこのコンピュータは「知識」はもとより「文法」「推論能力」「常識」「道徳」を備えるに至ったのだ…このような短絡的な考えが、生成ＡＩにまつわる様々な妄信や過度な警戒につながっています。ここまで説明してきたように、機械学習はいわば観察結果（データ）をまとめあげて次に出てきそうな単語の確率を予測、予測結果に従った「サイコロ」を振って出た単語を綴っているだけなのです。いわば「門前の小僧習わぬ経を読む」の小僧に過ぎません。インターネット上の文章（小僧が意味を知らずに「音」として聞いているお経）が膨大で小僧（Transformer）がそれを確率の形で正確に表現できるからこの結果が出るということを踏まえれば、特に観察結果（データ）が十分存在しない状況でのふるまいには特段注意が必要であることは理解できます。

## 【2】生成ＡＩの原理的な弱点

### ◆計算は苦手

そもそも「確率的に物事をとらえる」ということの問題点は、真実性・厳密性が必要な問いかけに対して、ありそうな答えを返すことはできるが、真の答えを必ずしも返さないということです。

図４を見て、計算機が計算を間違うなんて！　と驚くかもしれませんが、そもそも生成ＡＩは実際に計算しているわけではなく、観察結果（データ）に現れたありそうな数字の並びを答えているに過ぎません。前項の３－２＝１とは違って、図４のような複雑な計算式と全く同じ問いかけがデータに現れることはおそらくないので、観察結果からは正解を導くことができないのです。「富士山」の場合に正解が出たのは、富士山という名前を含む観察（データ）が圧倒的大多数だったからですね。

### ◆もっともらしい嘘を言う

フィリップ・コトラーは自身のマーケティング理論に基づくフレームワーク「マーケティング3.0, 4.0, 5.0」を実際に提唱していて、その中身がどんなものか、という解説記事はインター

## 「真実性」は二の次

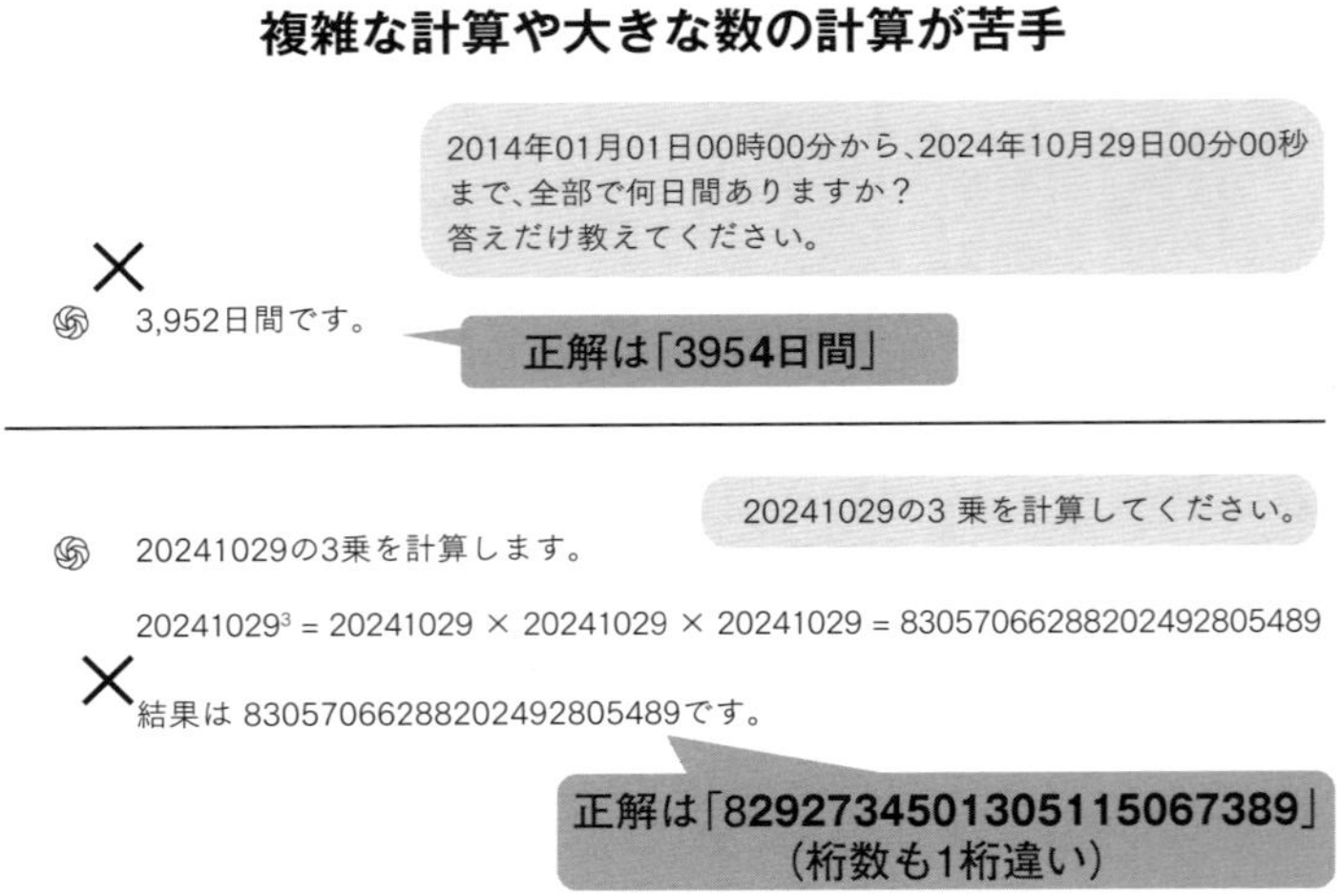
複雑な計算や大きな数の計算が苦手
2014年01月01日00時00分から、2024年10月29日00分00秒まで、全部で何日間ありますか？

答えだけ教えてください。

3,952日間です。

正解は「3954日間」

20241029の3 乗を計算してください。

20241029の3乗を計算します。

20241029³ = 20241029 × 20241029 × 20241029 = 83057066288202492805489
結果は 83057066288202492805489です。

正解は「8292734501305115067389」

（桁数も1桁違い）

図４　計算をさせてみた例

ネット上に山ほどあります。図５は、「マーケティング9.0」という架空の存在をあえて説明させてみた結果です。

想定通り生成ＡＩは「マーケティング3.0, 4.0, 5.0」についての文章を用いてありがちな言葉を並べて、でっち上げを行っています。どんなにもっともらしい文章でも固有名詞一個間違えるだけで全体が「嘘」になってしまうため特に固有名詞には慎重にならねばならない、できれば異なる情報源を参照して裏を取らねばならない、といったことは人間が文章を綴る上での常識ですが、単語の並びによく合致しそうな次の言葉を予測しながら単語を並べている生成ＡＩにそのようなストイックさを求めることはできません。一方でマーケティングがどういうことかとい

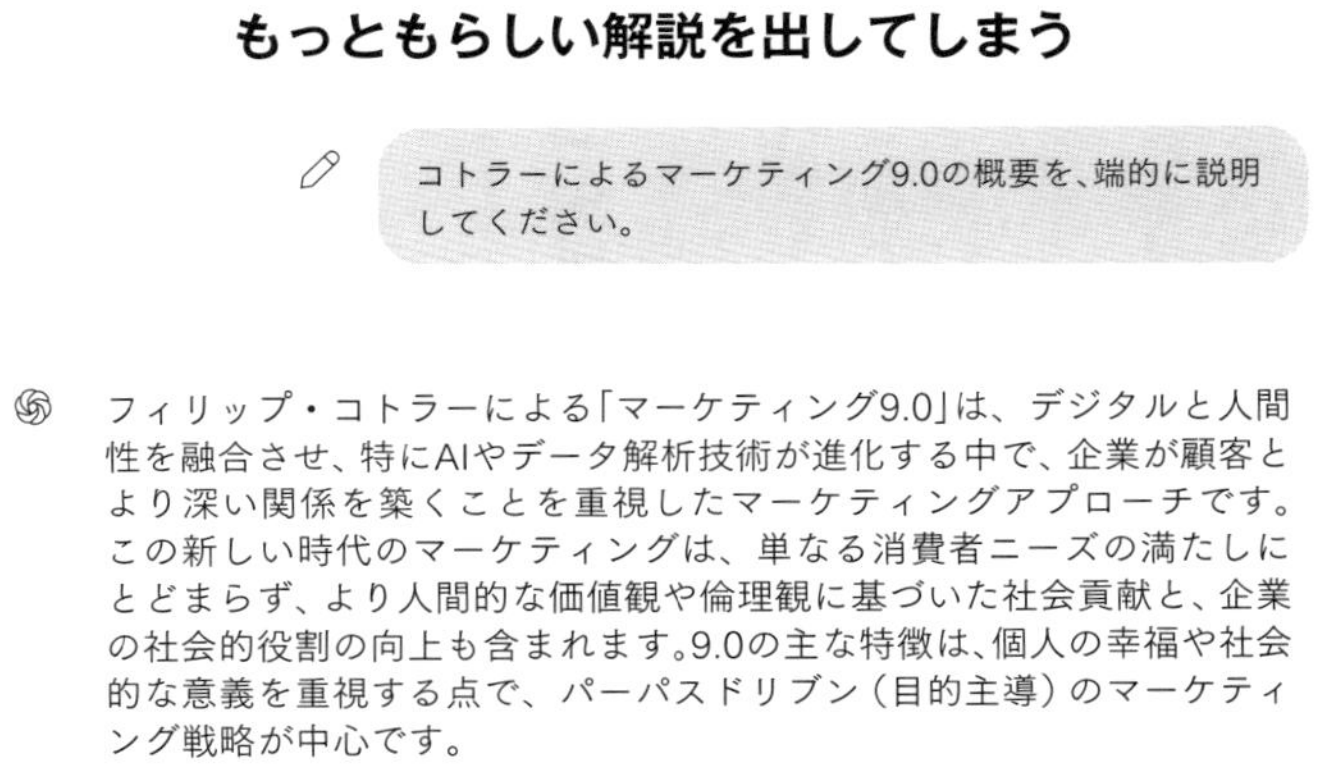
もっともらしい解説を出してしまう
コトラーによるマーケティング9.0の概要を、端的に説明してください。
フィリップ・コトラーによる「マーケティング9.0」は、デジタルと人間性を融合させ、特にAIやデータ解析技術が進化する中で、企業が顧客とより深い関係を築くことを重視したマーケティングアプローチです。この新しい時代のマーケティングは、単なる消費者ニーズの満たしにとどまらず、より人間的な価値観や倫理観に基づいた社会貢献と、企業の社会的役割の向上も含まれます。9.0の主な特徴は、個人の幸福や社会的な意義を重視する点で、パーパスドリブン（目的主導）のマーケティング戦略が中心です。

図5　架空のフレームワーク「マーケティング9.0」を説明させてみた例

った内容に沿った言葉を文法的に正しく綴ることについては相変わらずうまくできるので、もっともらしい嘘を生成してしまうことになります。

### ◆ふるまいが一定しない

「◆生成の仕組み」のところで、どんな単語が出るかという確率を与える関数の評価結果に従う、歪んだ「サイコロ」を振る、と言いましたが、この「サイコロ」の目が振るたびに変化するのも人騒がせなポイントです。先ほどの富士山に関する文章生成をもう一度やらせてみると

> 日本一高い山は富士山で、標高は約3，776メートルです。日本の象徴とも言えるこの山は、晴れた日には遠くからでもその美しい形を眺めることができ、多くの観光客や登山者が訪れます。また、富士山は日本の文化や信仰に深く根

付いており、古くから詩や絵画の題材としても親しまれています。登山道は複数あり、初心者から経験者まで様々なレベルの登山者が楽しむことができます。

少し情報量が増えました。最初の文は全く同じですが、次の文の書き出しで選択された単語が変わり、機械学習の関数の入力となる文が変化して、次に選択される単語も変化する・・、という連鎖が起きていることがわかります。

## 【3】生成AIとうまく付き合う

### ◆質問を工夫して望ましい回答を得る

Ｗｅｂ検索でキーワード検索をしていても思ったような出力が得られないのはよくあることですが、そんなときには検索窓に検索結果を絞り込むキーワードを入れますね。生成ＡＩでそれに相当する技は「プロンプトエンジニアリング」と呼ばれます。そもそも「次の単語予測」がこんなにもっともらしい結果になるのは、過去の単語並び（文脈）が醸し出す雰囲気といったものをうまく数値化して、その文脈に沿った結果を出す機構（自己注意機構）のためと言われていますが、質問文（プロンプト）を工夫することでその機構をコントロールすることができます。次は簡単な「プロンプトエンジニアリング」のサンプルとして、例の富士山の話にち

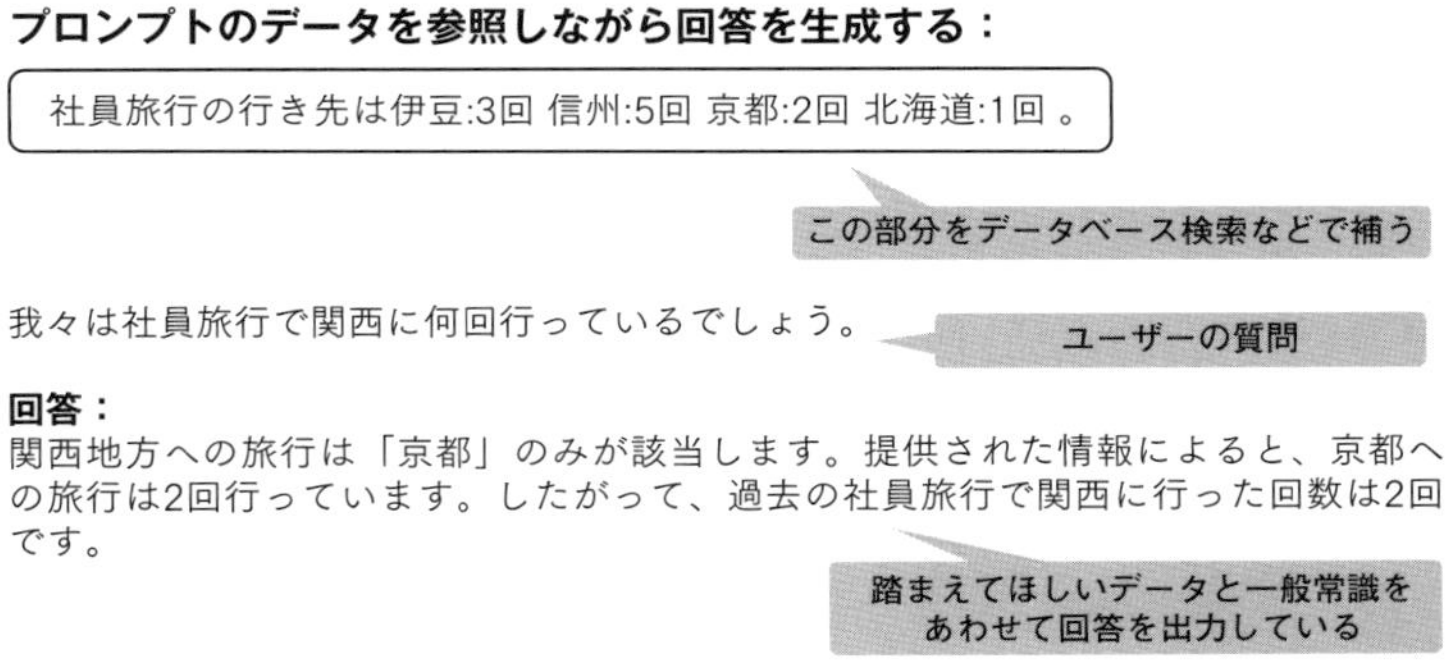
プロンプトのデータを参照しながら回答を生成する：
社員旅行の行き先は伊豆:3回 信州:5回 京都:2回 北海道:1回 。
この部分をデータベース検索などで補う
我々は社員旅行で関西に何回行っているでしょう。
ユーザーの質問
回答：
関西地方への旅行は「京都」のみが該当します。提供された情報によると、京都への旅行は2回行っています。したがって、過去の社員旅行で関西に行った回数は2回です。
踏まえてほしいデータと一般常識をあわせて回答を出力している

図６　RAGの原理

ょっとした前置きを追加した場合の出力結果です。

「あなたは地質学者です。」とプロンプトで前置きした場合：

日本一高い山は富士山であり、その地質は火山岩から成り立っています。富士山は成層火山で、過去の活発な火山活動によって築かれてきました。最近の噴火は１７０７年の宝永噴火であり、その際には大量の火山灰が周辺地域に降り積もりました。富士山の独特な形状や美しいシルエットは、地質学的な過程が生み出した自然の産物であり、地球の内部での動きがどのように山岳地形を形成するのかを理解する上で重要な研究対象となっています。

「あなたは歴史学者です。」とプロンプトで前置きした場合：

日本一高い山は富士山であり、古代から日本人にとって特別な存在とされてきました。富士山は、日本の信仰や文化に深く根付いており、神聖視される一方で、多くの文学や絵画の題材にもなっています。特に、平安時代から江戸時代にかけての時や歌では、富士山が美の象徴としてたびたび言及されました。また、明治時代以降には、登山がレジャーとして広まり、富士山は日本人のアイデンティティの一部となりました。さらに、富士山は国際的にも認知され、2013年にはユネスコの世界文化遺産に登録され、世界中の人々にその魅力が伝えられています。

いかがでしょう。前置きが単語の選択を変化させる作用をし、得られる文章の話題が変わっているのがわかります。

## ◆プロンプトに都度外部知識を与える

回答で踏まえてほしい内容をプロンプトで前置きしておけば、それに沿った回答をさせることもできます。これを応用したのがＲＡＧ（Retrieval Augmented Generation）という仕組みで、ユーザーの質問に関連する情報をデータベース・Ｗｅｂ検索などで都度得て、生成ＡＩにプロンプトとして与えてしまう方法です。

図6の例では質問「社員旅行で関西に何回行っているか」に沿ってプロンプトに挟み込んだ知識と「京都が関西にある」という生成ＡＩがもともと備えている常識をうまく混ぜて回答し

ているのがわかります。いわば生成ＡＩに背後でカンニングさせているようなもので、生成ＡＩはカンニング結果を基になめらかな回答を返す、という手筈です。この方法を使うとインターネットにはない、企業に特化したデータ、例えば就業規則を踏まえ、それをかみ砕いて質問に答える、といった使い方ができるようになります。ただ、生成ＡＩの回答はプロンプト次第で大きく変化します。プロンプトに与えるデータが不十分だと、生成ＡＩのふるまいは制御しきれません。プロンプトの基になるデータの整備と質問に関連する情報検索の仕組みがかなり重要になることは明らかです。

## ◆人のふるまいを模倣する

生成ＡＩが観測している文章には膨大な会話も含まれているので、プロンプトを工夫すれば、まるで催眠術のように、特定の性格や性別や年齢など（デモグラフィック属性）を持つ人の話す内容を再現できることもわかってきました（図７）。

この性質に着眼した応用が、複数の立場の人や専門分野の議論のシミュレーションによるアイディア創発です。

生成ＡＩの回答は性質上多数派に引き寄せられるのでどうしてもありがちな答えになってしまうのが弱いところですが、生成ＡＩが演じる「疑似・人」に性格（ペルソナ）を与えてそれらしい言葉を選択させることで、違った立場や専門分野の人が議論しているような深みのある

# プロンプトで指示を与えて人間を模倣する

## 「梅干しが 3 つ入ったおにぎりが、職場（学校）近くのコンビニに売っていたとしたら、どんなときに買おうと思うか？」に対する回答

私は30代のプログラマで、都内に住んでいます。新しい物好きなので、興味を持つシチュエーションはいくつかあります。

1. **ランチタイムに新しいものを試したいとき**：仕事の合間にコンビニで昼食を買うことが多いので、ちょっと変わったおにぎりがあると試してみたくなります。梅干しが3つも入っているのは珍しいので、興味を引かれます。

2. **仕事が忙しくて手軽に食事を済ませたいとき**：プロジェクトの締め切りが迫っているときや、ミーティングが立て込んでいるときなど、手軽に食べられるものが欲しいです。このおにぎりは手軽に食べられて、かつスタミナがつきそうなので、ちょうどいいです。

3. **健康を意識しているとき**：デスクワーク中心の仕事なので、健康に気を使っています。梅干しは健康に良いとされているので、手軽に摂れるのは魅力的です。

---

うーん、あまり自分から進んで新しいものを試すタイプではないけど、もしその梅干しおにぎりを買うとしたら、次のようなときかなと思います。

1. **お昼ご飯を忘れたとき**：たまにお弁当を家に忘れちゃうことがあるから、そういうときに学校の近くのコンビニでおにぎりを買うかな。300円ならちょっと高めだけど、おにぎり3つ入ってるならお腹いっぱいになりそうだし。

2. **部活や勉強で疲れたとき**：部活の後や、テスト勉強でエネルギーが必要なときに、さっぱりした梅干しが入ったおにぎりを食べたくなるかも。酸っぱくて元気が出そうだから。

3. **友達と一緒にコンビニに行ったとき**：友達と一緒にコンビニに行って、みんなで何か買うときには、新しいものを試してみようかなって思うこともある。友達が「これ美味しそう！」って言ってたら、私も買ってみるかも。

図7　プロンプトによる性格付けと応答の変化

結論が導かれることが示されています。

◆原因と結果の間を埋めさせる

生成AIはプロンプトで問いかけると、原因と結果の間を埋めること（逆行推論）ができます。次は「風が吹くと桶屋が儲かる」のはなぜでしょうか、という質問に対する回答です。

「風が吹くと桶屋が儲かる」という言葉は、日本の諺で、因果関係の面白さを表現しています。

この言葉の背景には、風による影響が桶屋の繁盛に繋がる仕組みがあります。

具体的には、以下のような流れです：

1. 風が吹くことで、砂ぼこりやゴミが舞い上がります。
2. 人々がそれを避けるために、家の中にいる時間が増えます。
3. 家の中で使う桶などの道具が必要になるため、桶の需要が増えます。
4. その結果、桶屋が利益を得るというわけです。

このように、一見関連がなさそうな事象が、実はつながりがあることを示すユニークな言い回しです。この諺は、物事の因果関係や予測できない影響について考えるきっかけになることもあります。

このことわざのオリジナルの解釈は、風が吹くことからいろいろな事象が連鎖して最後は鼠

## 当社事例 マルチAIディスカッションで、アイディエーションを加速する

AIエージェントどうしが、データや個性をぶつけあって新しい「価値」を産む

**背景**
- エージェントを複数集めて議論させ、論点を自律的に深掘りさせながら深みのある結論を得たい

マルチAIエージェントによる会議イメージ

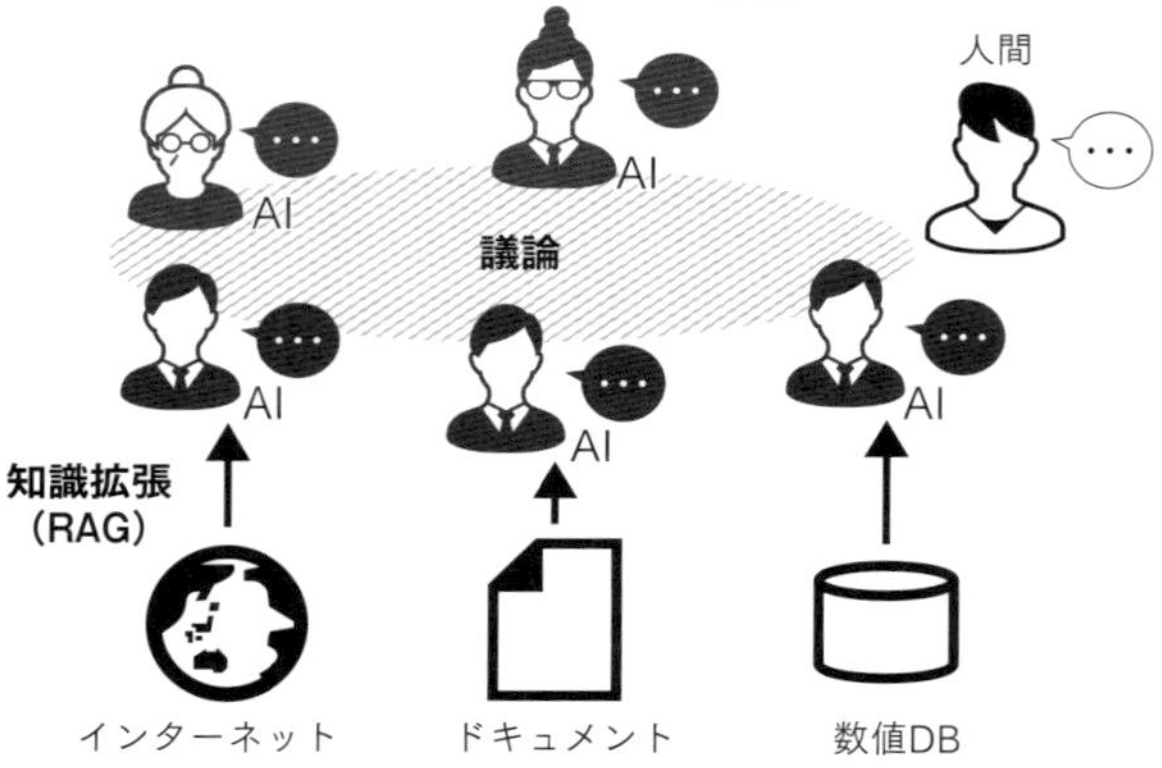


---

LLMのビジネス活用について会議をした例

**AI コンサル**：今日は「LLMのビジネス活用」について話し合うために集まりました。私たちが日々仕事で得られる知識や経験を活かして、具体的な案を出し合っていきましょう。まずは、たたき上げ営業さんからお願いします。

**AI たたき上げ営業**：まず、我々営業が何を求めているか。**現場の納得が得られなければ意味がない**。現場に合わせ、現場の声を聞き、何より現場が納得できるものを。

**AI リサーチャー**：そうですね、AIの活用が目的ではなく手段であり、それが業務改善につながることが大切です。また、短時間で学べる基本的なLLM教育プログラムの構築は効果的と言えます。しかし、それに加えて、**具体的な業績向上の事例を示し、スタッフが直感的に理解できるような形が求められます**。……

議論の追体験により、多角的な視点からの示唆が得られる！

図8　議論のシミュレーションによるアイディア創発

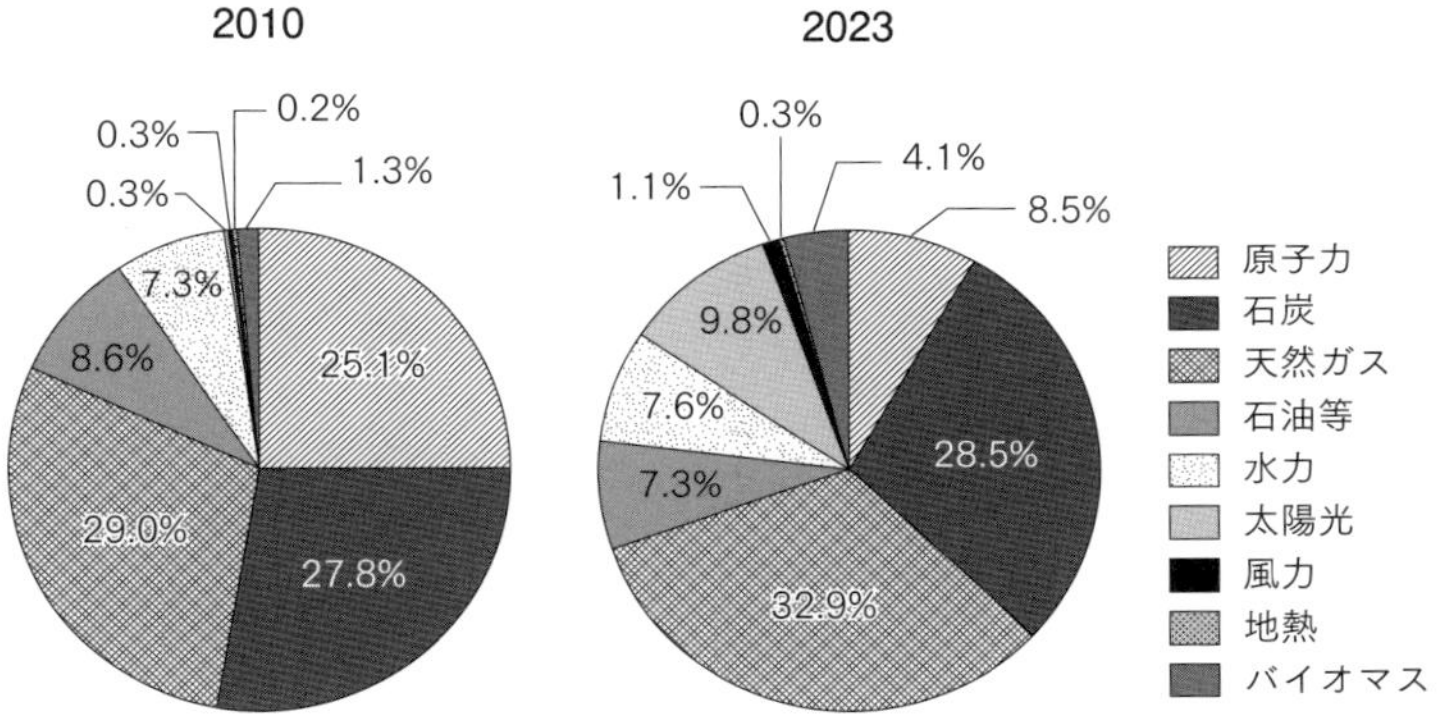


図９　日本の電源構成比率の変化を示す円グラフ（資源エネルギー庁のHP[1]より）

を取る猫が減り、鼠が増えることで桶をかじるから、というものです。日本のことわざは生成ＡＩが観察する文章の総量に占める割合が少ないためなのか、生成ＡＩは独自の解釈を混ぜ込んだ結果を返しています。ある意味明らかなでっちあげに他ならないのですが、この応答はそれなりに筋が通っているようにも見えます。そして、さきほど「いろいろな事象が連鎖」と言葉を濁した部分に含まれるバイアスや反動物愛護的な部分、そしていまどきの猫は本当に鼠を取るとも思えない、といった違和感を見事に解消した解説になっていると言えなくもありません。

## ◆画像やデータを言葉に変える

生成ＡＩの特性がうまく発揮されている例を紹介しましょう。まず次の円グラフ（図９）の画像データをプロンプトに入力して「この円グラフから読み取れることを端的に教えてください」と問いかけてみましょう。
　生成ＡＩは次のように応答します。

2010年から2023年にかけての日本の発電構成の変化

石炭火力発電の割合が増加：2010年の27・8％から2023年には28・5％に増加しています。
天然ガス発電の割合が増加：2010年の29・0％から2023年には32・9％に増加しています。
原子力発電の割合が減少：2010年の25・1％から2023年には8・5％に大きく減少しています。
再生可能エネルギーの割合が増加：全体的に増加傾向にあり、特に太陽光発電の伸びが目立ちます。
水力発電の割合はほぼ横ばい：2010年の7・3％から2023年には7・6％と、大きな変化は見られません。

　驚くべきことに、画像データも言葉の羅列と同じく「文脈」として取り込んだ上でそのあとの文章を生成しているようで、円グラフの中の数字が文章に織り込まれています。さらに、

2010、2023というのが年号を示す数字であるとか、何が再生可能エネルギーであるか、といった知識が混ぜ込まれています。この点については、前項で紹介したRAGと同様の特性を発揮していると言えるでしょうか。この後に続く出力結果は、ここまでの文章に続きそうな内容としていかにもありそうな要約になっています。

**これらの変化から、以下のことが推測されます。**
**エネルギーミックスの変化：原子力発電の割合が減少し、石炭火力と天然ガス火力の割合が増加したことから、日本のエネルギーミックスが変化していることがわかります。**
**再生可能エネルギーの推進：太陽光発電を中心に再生可能エネルギーの導入が進んでいますが、依然として化石燃料への依存度が高いことがわかります。**
**エネルギー政策の変化：福島第一原子力発電所の事故以降、原子力発電の割合が大きく減少したことから、日本のエネルギー政策が大きく変化していることがわかります。**

続いて、「変化の理由としてどのようなことが推測されるかこのグラフに即して述べてください」と問いかけ、結果から原因を推測する「逆行推論」をやらせてみます。

**原子力発電の割合減少の理由**
**福島第一原子力発電所の事故：2011年の福島第一原子力発電所の事故は、国民の原子力発**

電に対する信頼を大きく損ない、発電所の再稼働が遅れたことが大きな要因と考えられます。
安全性への意識の高まり：原発事故以降、原子力の安全性に対する国民の意識が大幅に高まり、再稼働に反対する世論が強まったことも影響していると考えられます。
再生可能エネルギーへのシフト：原発事故をきっかけに、再生可能エネルギーへの関心が高まり、政府も再生可能エネルギーの導入を積極的に推進する政策を進めてきたことが考えられます。

石炭火力発電と天然ガス発電の割合増加の理由
原子力発電の減少に伴う代替：原子力発電の割合が減少したため、その代替として石炭火力発電と天然ガス発電が利用されるようになったと考えられます。
発電の安定供給：石炭火力発電と天然ガス発電は、発電量が安定しているため、変動性の高い再生可能エネルギーの導入を補完する役割を果たしていると考えられます。
既存のインフラ：石炭火力発電所や天然ガス発電所は、既に多くの設備が整備されており、短期間で発電量を増やすことができるという利点があります。

少し長いのでこの後は省略しますが、「再生可能エネルギーの割合が増加」している理由や「水力発電の割合がほぼ横ばい」の理由等が続いて、次のように結ばれます。

**これらの要因は複合的に作用し、日本の発電構成の変化をもたらしたと考えられます。**

震災以降のエネルギー構成の変化というのは、日本に住む我々にとってはかなり馴染みのある話題です。ということは「門前の小僧」である生成ＡＩが聞いた学習データにもかなり沢山現れたはずで、就職試験の一般常識問題で満点を取れそうな回答もそういう状況に助けられたのだろうと想像はできます。ただ、数値データを読み取り、関連する一般常識と混ぜ合わせ、仮説を交えた解釈を出力する能力は決して過小評価されるべきではありません。数値の羅列に過ぎない「データ」を言葉に変え、意思決定者に提供する「インタフェース」として役立つ可能性を秘めていると言えないでしょうか。

事実は解釈次第で見え方が変化します。生成ＡＩの持つ「こじつけ能力」によって生み出された解釈を鵜呑みにしてはなりませんが、数値データの解釈がこうして手軽に得られることで、いったん「セカンドオピニオン」的に生成ＡＩの言うことも聞いてみて、意思決定の一助とする。そういった使い方も今後あり得るかもしれません。

## ◆リスクをどうやって御するか

結局のところ生成ＡＩの出力は入力データを確率的に再構成したものに過ぎないので、入力データにある偏りや虚偽を完全に除去することは困難です。生成ＡＩの巧妙な情報の再構成技術は、驚くほど自然な出力を生み出す一方で、ちょっとした断片をつなぎ合わせて人騒がせな

「偽情報」を生み出してしまうほか、さらに悪いことには何気ないネット上の会話から幅広い知識に基づいて人のプライバシーを暴くようなことができてしまうといった報告(2)もされています。人は相手が人間でないとわかるとつい思わぬ秘密を漏らすものだと言いますが、生成ＡＩは秘密を共有するにはかなり危険な相手で、凄腕の探偵の顔も持っているのだということに留意しておくべきです。そして、一旦入力してしまった情報を消去するのも難しい。なにしろ、生成ＡＩの本体は言葉が現れる確率を予測する無数のパラメータによって制御される関数なので、消そうにもどこに情報が入っているのかがわからないのです。こうしてみると、生成ＡＩの持つ欠点はその成り立ちや性質そのものから導かれたものであり、簡単には直せないものであることがわかります。

創造的な営みによって暮らす人の生活を脅かす著作権違反、チャットの断片からのプロファイリングによるプライバシー侵害、ディープフェイク画像が起こす社会の混乱、など、生成ＡＩを不用意に応用したり悪用したりすることで様々なリスクが生じます。ＥＵのように応用シーンを厳格に規制するのがよいのか、米国のように生成ＡＩの開発元に自主規制をさせるのがよいのか、はたまた日本のように利用や開発を促進しつつアジャイルに対処するのがよいのか、リスク回避策として何が適切かは明らかになっていません。一つだけはっきりしているのは、我々は生成ＡＩのない世界にはもう戻れないこと、生成ＡＩの開発元から法人・個人ユーザーなど様々な立場の人が力を合わせてそのメリットを享受できるよう、知恵を絞らねばならないということです。

# 第2部　生成ＡＩのビジネスへの活用

バーナード・マー氏は、生成ＡＩが単なる効率化のツールではなく、企業の事業変革や画期的な顧客サービスの創出など、世の中に貢献する原動力であることを述べています。また、解説の第1部では生成ＡＩの原理から解き起こし、性質上避けることができない留意事項とビジネスでの活用可能性について説明しています。

第2部では、生成ＡＩを活用してどのようにビジネス価値を創出していくか、そして第3部では価値創出の土台となるリソースやガバナンスをどのように構築するかについて解説します。

## 【1】ビジネスにおける生成ＡＩの価値

私たちがコンサルティングサービスを提供する中で、生成ＡＩは多くの企業が関心を持ち、取り組みを開始しているものの、議事録やメールなどの文書作成支援といった、オフィスワークの効率化に留まっていると感じています。

私たちは、ビジネスにおける生成ＡＩの価値を図10のフレームワークで整理しています。縦軸は、価値の影響範囲が企業内部に閉じているのか、企業外部まで及ぶのかを示しており、横軸は、生成ＡＩの活用が業務効率化に寄与するのか、価値向上を促進するのかを表しています。

先に述べたオフィスワークの効率化（左下①）は、生成ＡＩツールの標準的な機能を利用するため、短期間で導入できるものの、ビジネスへの効果は限定的です。

左上②は、顧客からの問い合わせなどの顧客接点業務の効率化の価値を生む領域、右下③はデータに基づく創薬支援などコア業務の価値を向上させる領域、右上④はショッピングの際のバーチャル試着といった新サービスを創出する領域です。

バーナード・マー氏により、グローバルの先進事例が数多く紹介されていますが、それらを先ほどのフレームワークに当てはめると、各事例によって得られる価値を概観することが出来ます（図11）。

これらユースケースと経営課題を照らし合わせることで、どの経営課題解決に生成ＡＩが寄与するかを特定し、オフィスワークの効率化以外の領域における価値創出に繋げることができます。

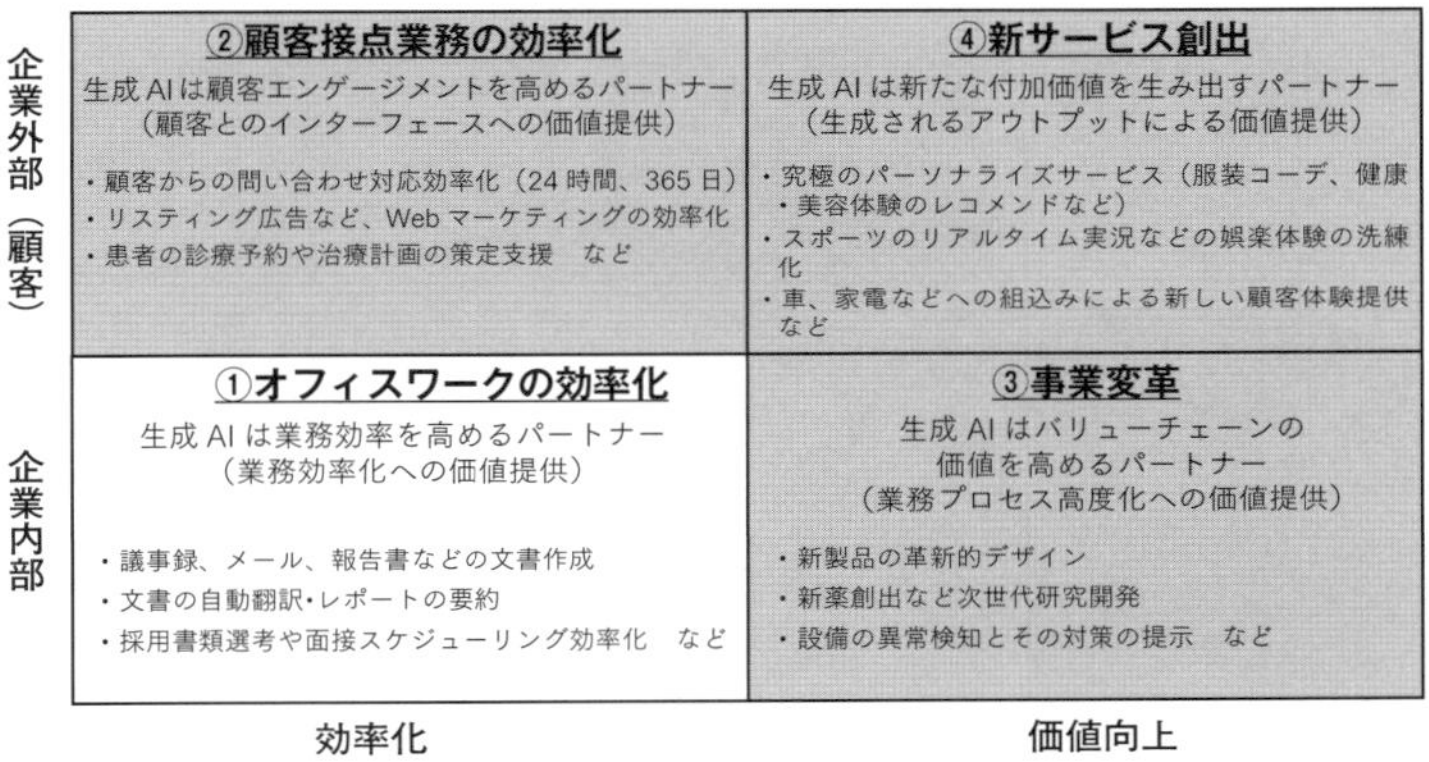

企業外部（顧客）
②顧客接点業務の効率化
生成AIは顧客エンゲージメントを高めるパートナー
（顧客とのインターフェースへの価値提供）
・顧客からの問い合わせ対応効率化（24時間、365日）
・リスティング広告など、Webマーケティングの効率化
・患者の診療予約や治療計画の策定支援　など
④新サービス創出
生成AIは新たな付加価値を生み出すパートナー
（生成されるアウトプットによる価値提供）
・究極のパーソナライズサービス（服装コーデ、健康・美容体験のレコメンドなど）
・スポーツのリアルタイム実況などの娯楽体験の洗練化
・車、家電などへの組込みによる新しい顧客体験提供など
企業内部
①オフィスワークの効率化
生成AIは業務効率を高めるパートナー
（業務効率化への価値提供）
・議事録、メール、報告書などの文書作成
・文書の自動翻訳・レポートの要約
・採用書類選考や面接スケジューリング効率化　など
③事業変革
生成AIはバリューチェーンの価値を高めるパートナー
（業務プロセス高度化への価値提供）
・新製品の革新的デザイン
・新薬創出など次世代研究開発
・設備の異常検知とその対策の提示　など
効率化
価値向上

図10　ビジネスにおける生成AIの価値

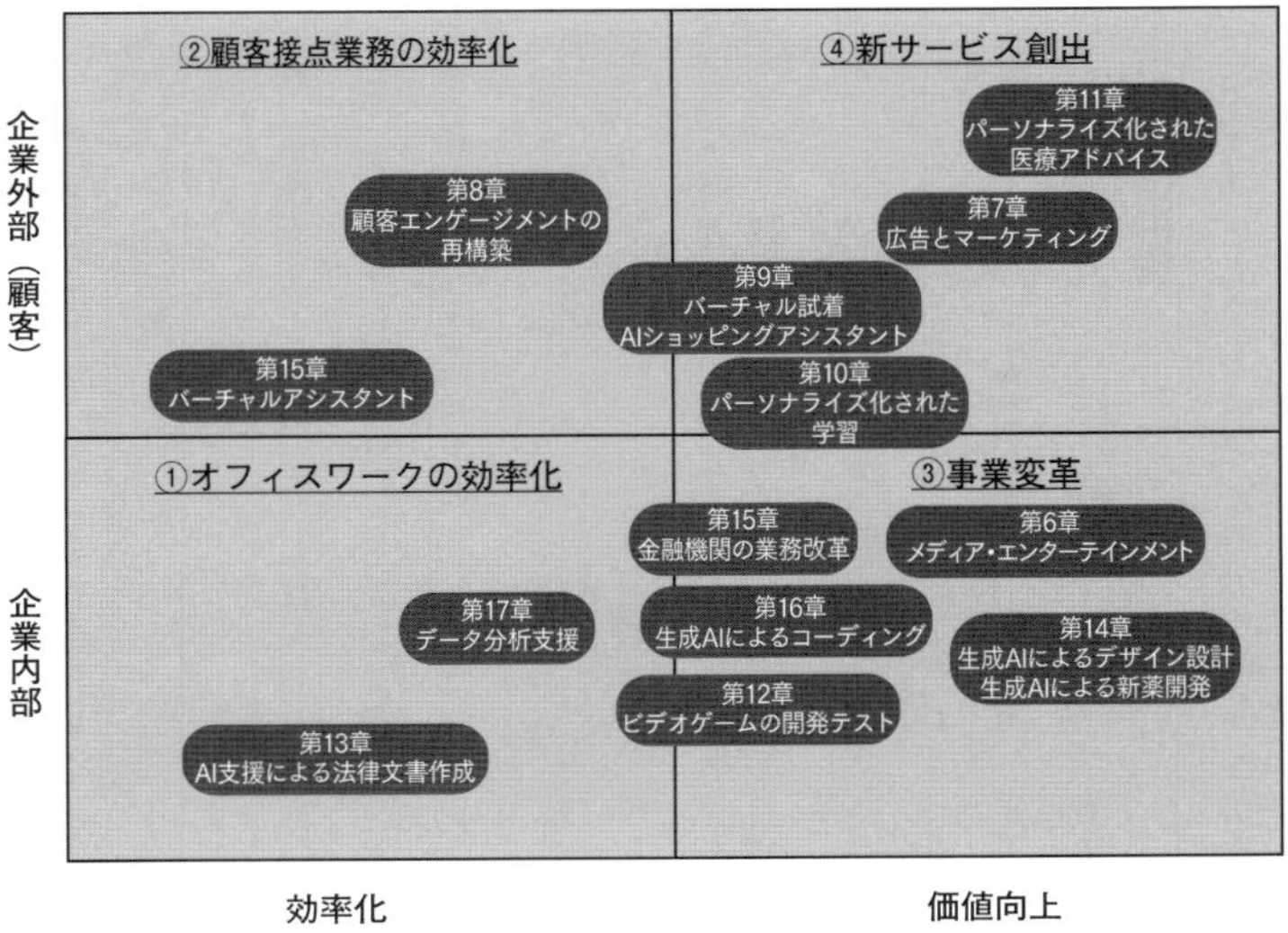

企業外部（顧客）
②顧客接点業務の効率化
④新サービス創出
第11章 パーソナライズ化された医療アドバイス
第8章 顧客エンゲージメントの再構築
第7章 広告とマーケティング
第9章 バーチャル試着 AIショッピングアシスタント
第15章 バーチャルアシスタント
第10章 パーソナライズ化された学習
企業内部
①オフィスワークの効率化
③事業変革
第15章 金融機関の業務改革
第6章 メディア・エンターテインメント
第17章 データ分析支援
第16章 生成AIによるコーディング
第14章 生成AIによるデザイン設計 生成AIによる新薬開発
第12章 ビデオゲームの開発テスト
第13章 AI支援による法律文書作成
効率化
価値向上

図11　生成AIのユースケースパターン

部分的な効率化に
留まってしまっている。
効果的なユースケースが
創出出来ない。
各所バラバラに開発され、
統制が効いていない。
開発したものの、
ユーザ利用が進まない。
セキュリティ面が怖く、
導入に踏み切れない。

図12　生成AI活用で企業が直面する主な課題

## 【2】生成ＡＩ活用における企業の課題

図10②③④の領域で生成ＡＩの価値を創出することが難しいのはなぜでしょうか。

私たちの生成ＡＩ導入・活用プロジェクトの中で実際に耳にしたお客様の声をご紹介します（図12）。

・社内ワーキンググループが立ち上がって生成ＡＩ活用方法を検討し始めたものの、「ありふれたユースケースばかり出てきてしまう」「自社にとって意義のあるユースケースが生まれない」という業務部門からの相談

・ユースケースによる効果を何とか捻りだしたものの、「部分的な効率化に過ぎない。

経営課題解決に寄与するユースケースを考えてほしい。」という経営層からの指摘
・ＡＩシステムを社内にリリースしてしばらく経つが、「アクセス数が全く増えない」というシステム部門の嘆き
・「生成ＡＩ活用によるリスクは大丈夫なのか」というセキュリティ面に対する、経営層／検討者／活用者からの懸念

生成ＡＩ導入にあたり、同様の課題に直面される読者の方も多いのではないでしょうか。

## 【3】課題の根本的要因と解決のために具備すべき機能

こうした課題はなぜ生じるのでしょう。私たちは、生成ＡＩ活用に不可欠な、ユースケースの創出やＩＴシステムの開発などの検討事項を網羅的に整理しないまま、個別に取り組んでしまっていることに原因があると考えています。

課題解決には、「生成ＡＩ活用方針」「ユースケース」「体制・人材」「ＩＴシステム」「ガバナンス」という5つの機能を具備した専門組織やワーキンググループ等を立上げ、統合的に推進することが必要です（図13）。

ビジネス価値創出に関わる「生成ＡＩ活用方針」と「ユースケース」については第2部の後

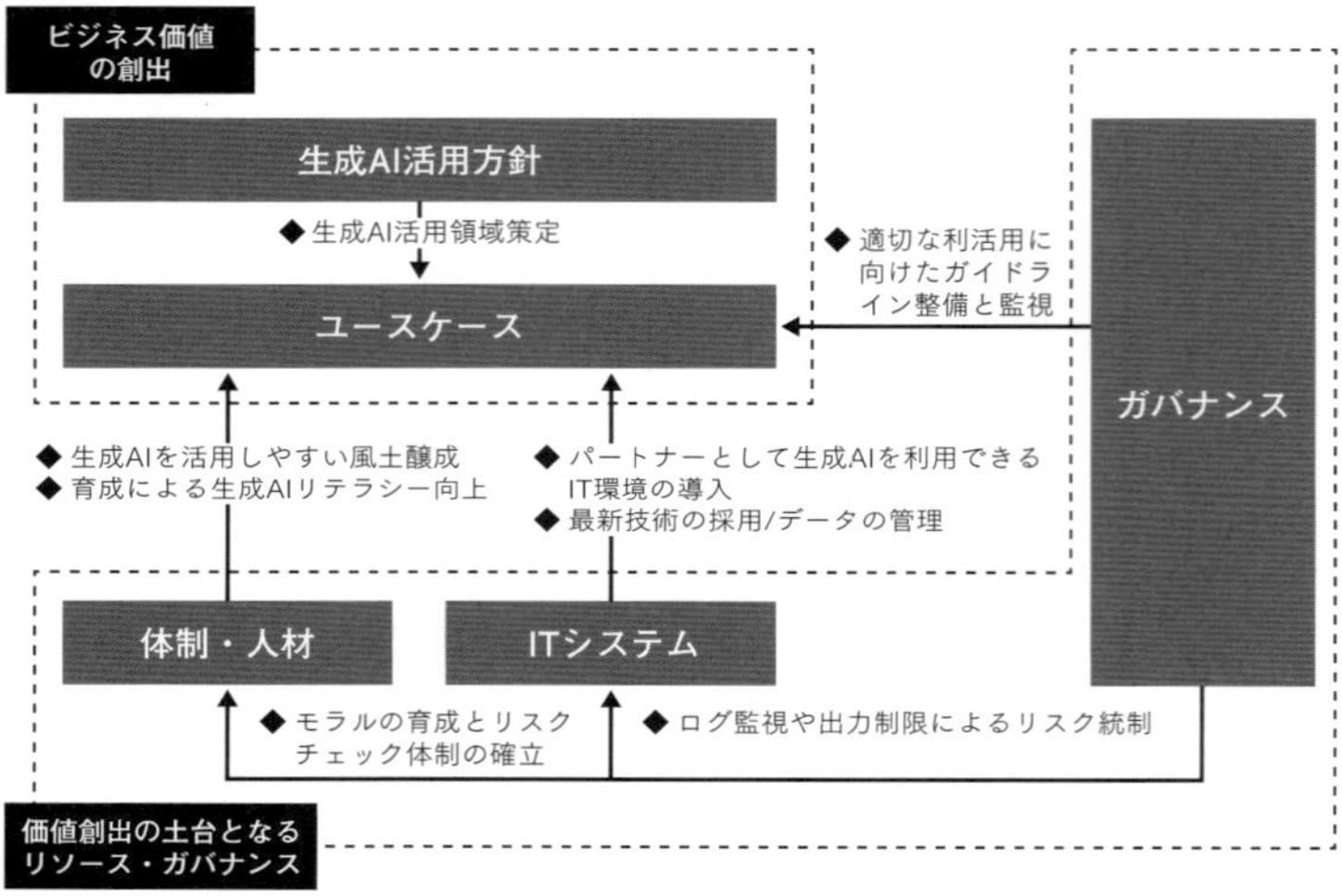


図13　生成AI推進に向けた機能フレーム

半で、価値創出の土台となる「体制・人材」「ITシステム」「ガバナンス」については第3部で解説します。

## 【4】生成AI活用方針策定の要諦

私たちは、生成AIをデジタル変革の主要なドライバーと位置づけています。生成AIは単なるツールではなく、他の技術と組み合わせて活用されることで、人間と協働して業務に取り組み、価値を生み出すパートナーになり得る、とも言えるでしょう。顧客の真の課題解決を目的とし、ユースケースパターンと生成AI以外のデジタル変革ドライバーとを組み合わせて、図10の②③④の領域で価値創出をすることが要諦です（図14）。

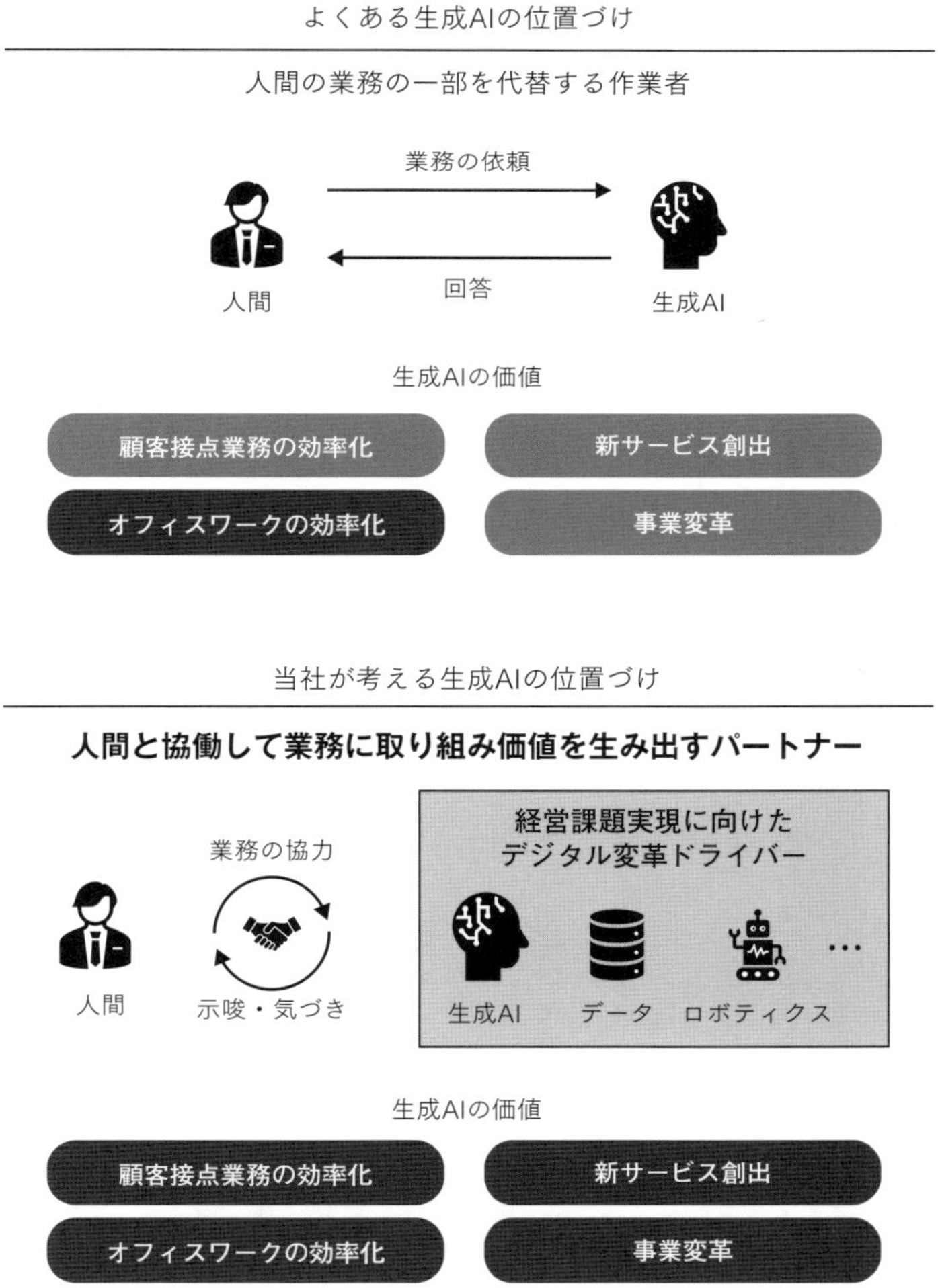


図14　生成AI活用方針

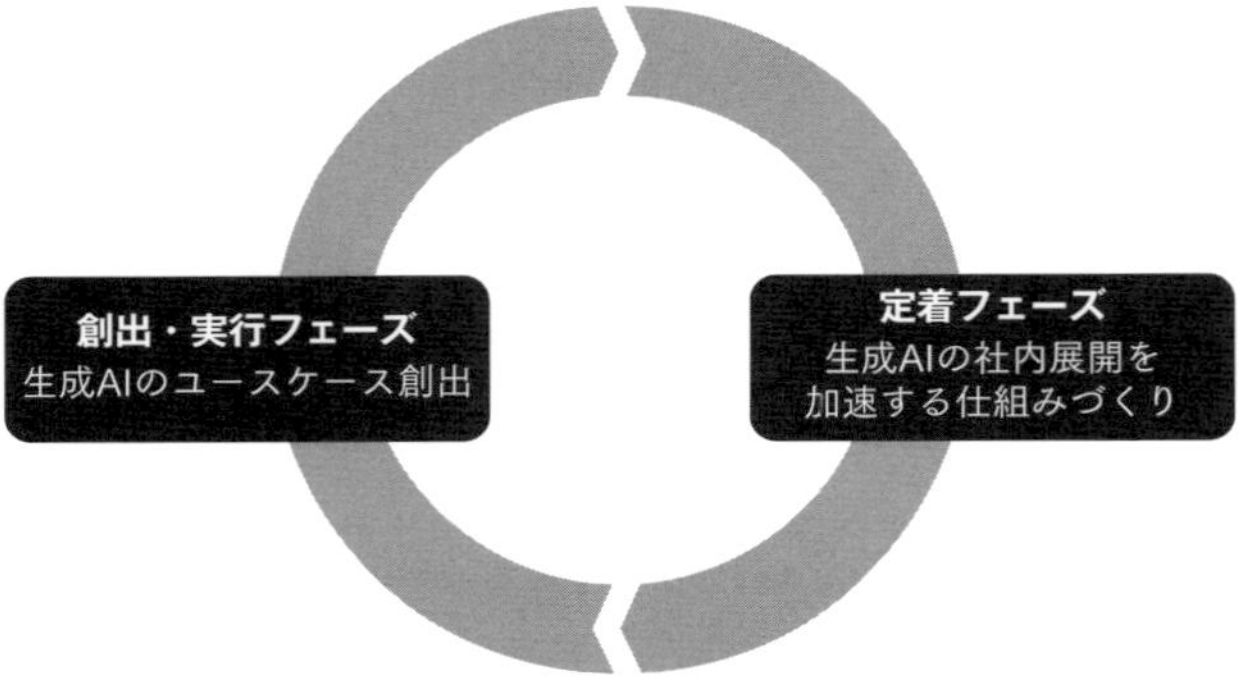


図15　ユースケースによる価値創出のサイクル

## 【5】ユースケースによる価値創出の要諦

事業課題を解決するために、データ分析やロボティクスといった他のデジタル技術と組み合わせて、どのようなユースケースを創出できるかを検討します。その利用者を増やしながら、質と量を向上させるサイクルを継続的に回すことが重要です。私たちは、ユースケースによる価値創出のフェーズを次の通り定義しています（図15）。

●創出・実行フェーズ：生成ＡＩのユースケースを創出・実行するフェーズ
●定着フェーズ：生成ＡＩの社内展開を加速する仕組みづくりのフェーズ

◆創出・実行フェーズ

このフェーズで重要なのは、自社の事業課題に対し生成ＡＩのユースケースパターンがどのように適応できるかを繰り返し検討し、どのパターンが課題を解決し得るのかを特定します。この検証により、効果のあるユースケース創出に繋げることができます（図16）。

私たちのお客様であるA社は、従業員の接客品質の向上と抜本的な業務効率化を実現し、接客力Ｎｏ．1を目指されています。現状分析を行った結果、店舗従業員は事務処理等の非対面業務に追われ、最適な商品提案などの接客業務に、十分な時間を確保できていないことが分かりました。

ここで重要なのは、「非対面業務への業務量の偏り」という目先の課題解決だけに留まることなく、生成ＡＩのユースケースパターンに基づく検討を繰り返し、A社が将来の顧客対応において目指すべき姿を策定することです。A社は、「生成ＡＩが従業員のパートナーとなり、接客の内容やタイミングなどを提示、それを基に従業員が商品を提案するといった高品質な接客ができる状態」を目指すことになりました。

そしてその実現の第一歩として、接客履歴や顧客情報といったデータを整備することが不可欠と考え、非対面業務におけるデータ入力についての課題を洗い出しました。

調査の結果、接客データの入力項目がフォーマットにより定められていて、自由入力が出来ないため、多くの時間を費やしていることが主な課題であることが分かりました。そこで、生成ＡＩの要約機能を活用し、口頭での報告やフリーで入力した情報を自動的にフォーマットに

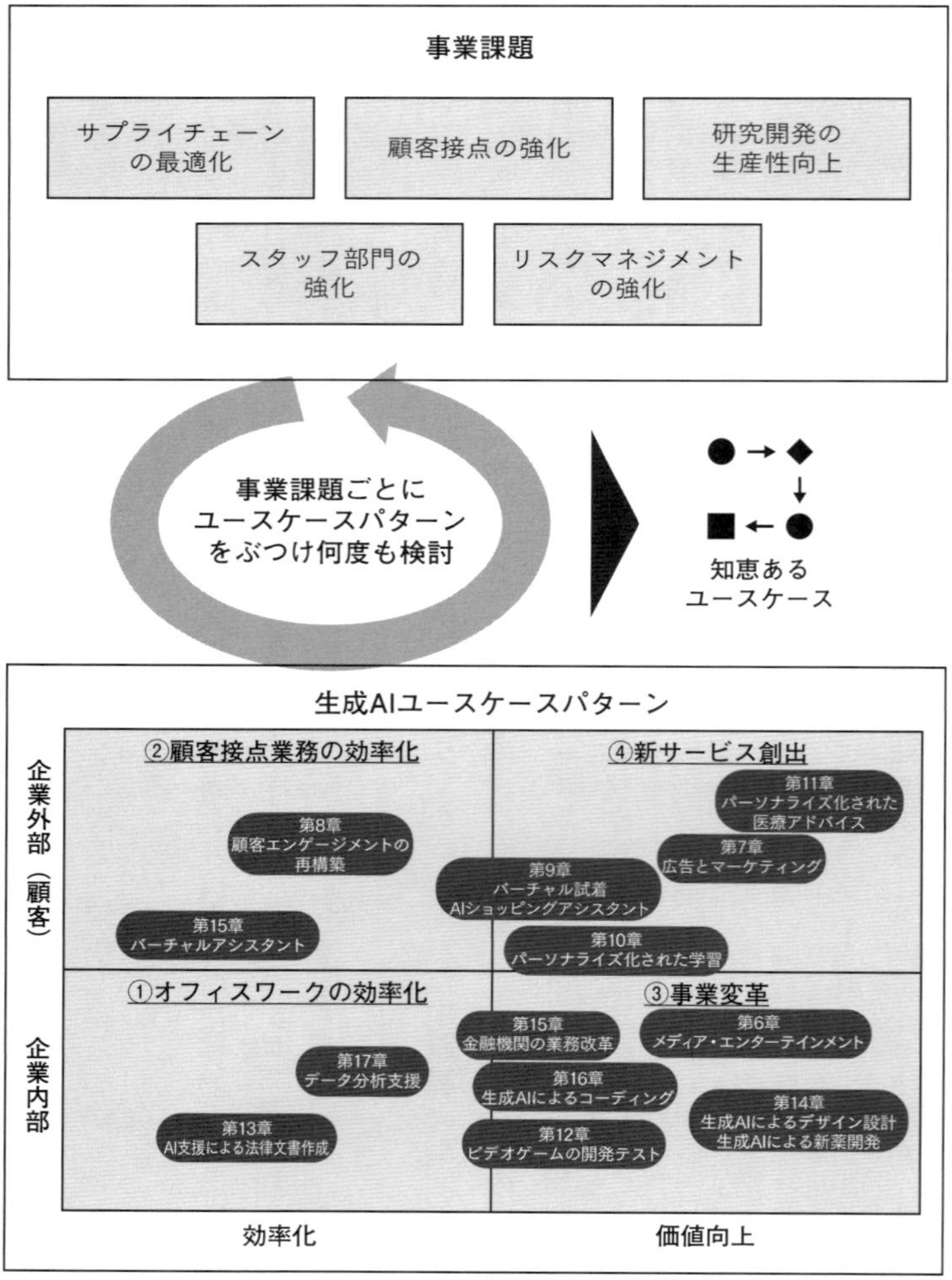
事業課題
サプライチェーンの最適化
顧客接点の強化
研究開発の生産性向上
スタッフ部門の強化
リスクマネジメントの強化
事業課題ごとにユースケースパターンをぶつけ何度も検討
知恵あるユースケース
生成AIユースケースパターン
②顧客接点業務の効率化
第8章 顧客エンゲージメントの再構築
第15章 バーチャルアシスタント
④新サービス創出
第11章 パーソナライズ化された医療アドバイス
第7章 広告とマーケティング
第9章 バーチャル試着 AIショッピングアシスタント
第10章 パーソナライズ化された学習
①オフィスワークの効率化
第17章 データ分析支援
第13章 AI支援による法律文書作成
③事業変革
第15章 金融機関の業務改革
第6章 メディア・エンターテインメント
第16章 生成AIによるコーディング
第14章 生成AIによるデザイン設計 生成AIによる新薬開発
第12章 ビデオゲームの開発テスト
企業外部（顧客）
企業内部
効率化
価値向上

図16　創出・実行フェーズでのユースケース創出の考え方

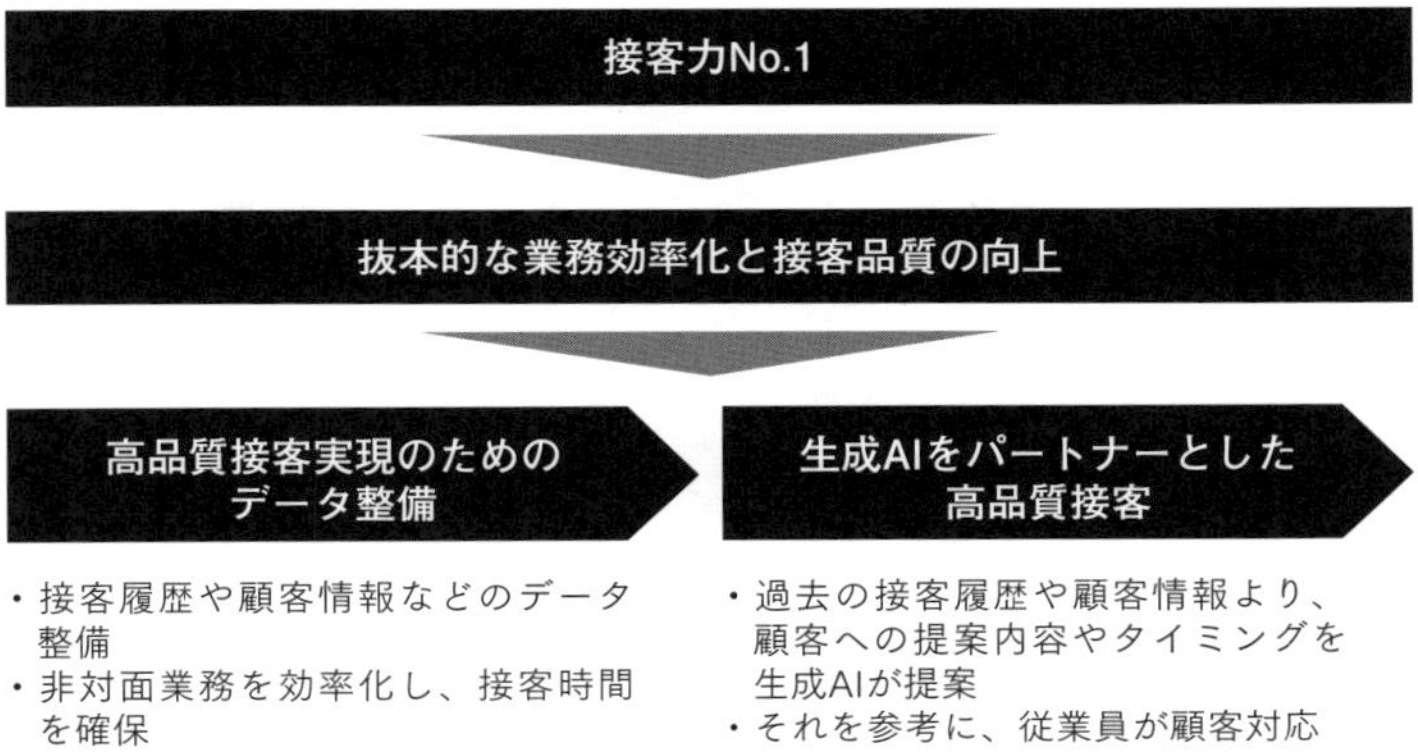

接客力No.1
抜本的な業務効率化と接客品質の向上
高品質接客実現のための
データ整備
生成AIをパートナーとした
高品質接客
・接客履歴や顧客情報などのデータ整備
・非対面業務を効率化し、接客時間を確保
・過去の接客履歴や顧客情報より、顧客への提案内容やタイミングを生成AIが提案
・それを参考に、従業員が顧客対応

図17　接客力No.1に向けた生成AI活用のステップ

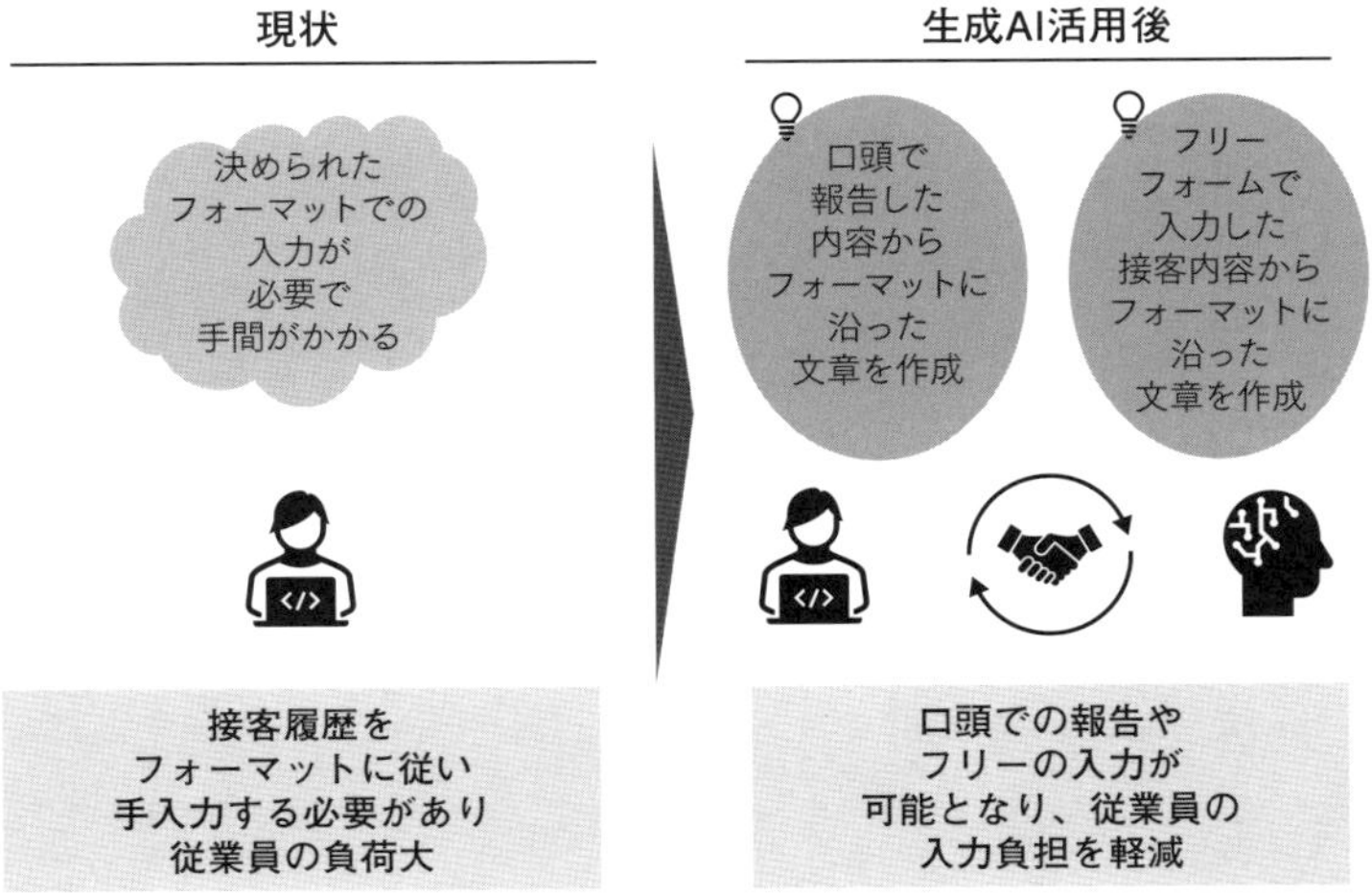

現状
生成AI活用後
決められたフォーマットでの入力が必要で手間がかかる
口頭で報告した内容からフォーマットに沿った文章を作成
フリーフォームで入力した接客内容からフォーマットに沿った文章を作成
接客履歴をフォーマットに従い手入力する必要があり従業員の負荷大
口頭での報告やフリーの入力が可能となり、従業員の入力負担を軽減

図18　生成AIによる接客履歴の初期提案

変換することで、基本となる接客履歴及び顧客情報の入力がスムーズになるとともに、データの品質も担保できるようになり、結果として、従業員の作業負荷の軽減にもつなげることができました（図18）。

小さな取り組みのように見えるかもしれませんが、このように、あるべき姿を達成するための準備から取り掛かることが重要なのです。

ご紹介した事例のように、企業の事業課題に対して繰り返しユースケースパターンをぶつけることで、自社の課題解決に寄与するユースケースを創出できます。

## ◆定着フェーズ

定着フェーズでは、生成ＡＩユースケースの利用者を増やしながら、ユースケースの質と量を向上させる仕組みを構築します。代表的な仕組みの例として、①コミュニティによるナレッジ展開、②生成ＡＩプロジェクトの可視化を紹介します。

①コミュニティによるナレッジ展開

生成ＡＩの利用者を増やすには、ナレッジを体系的に蓄積・展開することが必要です。

そのために、生成ＡＩのコミュニティを立ち上げ、社内外の有識者を招待するなどし、部門横断のコミュニケーションを自発的に活性化させます。活発なコミュニケーションこそが、ナレッジ展開の成功に不可欠なのです。

②生成ＡＩプロジェクトの可視化

生成ＡＩの導入検討は、その手軽さから、社内の各部門で個別に行われがちです。しかしこれが進むと、Ａ部署で検討された内容がＢ部署でも検討されるなど、全社的に見て非効率な重複した議論が発生する場合があります。これを避けるために、全社の生成ＡＩプロジェクトを洗い出し、そのステータスを可視化します。

例えば、Ａ部署で生成ＡＩによるカスタマー応対の提案機能構築プロジェクトが進行中ということが分かれば、Ｂ部署で同様の検討を開始する際、本事例を参考に迅速な検討ができる、また両部署が共同で生成ＡＩの仕組みを利用することでコストメリットをより創出しやすくなる、などの効果が期待できます。

# 第３部　生成ＡＩ活用に求められるリソース・ガバナンス

第３部では、図13生成ＡＩ推進に向けた機能フレームの要素である、「体制・人材」、「ＩＴシステム」、そして「ガバナンス」について解説します。

## 【1】体制・人材育成の要諦

生成ＡＩを社内で活用するには、環境作りが不可欠です。事業課題解決や顧客価値向上のためにデジタルを活用するというビジネスドリブンのマインドセットを備え、働き方の変化に抵抗を感じることなく生成ＡＩを活用できるようになるために求められる、①風土醸成、②人材育成、③体制整備の取組みを解説します。

### ①風土醸成

企業の事業課題解決に向け生成ＡＩを主要な変革ドライバーと位置づけます。つまり、単なるツールではなく、人間と協働して業務に取り組み、価値を生み出すパートナーであると考えます。社員が生成ＡＩ技術を歓迎し、顧客価値提案や事業課題解決のためにどのように活用するかを常に考える風土を醸成するために、社内イベントやハッカソン、ＡＩ技術コンテストなどを開催します。

社員が生成ＡＩに対して抵抗を感じることがあるため、生成ＡＩ導入のメリットを十分に伝えるとともに、生成ＡＩが、担当者の役割を補完するものであり、担当者の仕事を奪うものではない、という認識を広めます。生成ＡＩの導入は、組織全体の働き方に影響を与える可能性があるため、生成ＡＩにより業務がどう変わるか、効果や留意すべき事項は何か、といった観点を丁寧に説明し、社員の納得感を醸成します。

②人材育成

生成ＡＩは従来のＡＩとは異なり、全社員が利用するため、生成ＡＩのスキル習得は全社員が対象となります。基本的な知識や利用ルールの研修に加え、業務内で実践的なスキルを習得するためのＯＪＴも必要です。

③体制整備

生成ＡＩの導入は、ＩＴ部門だけでなく、経営層、各業務部門、法務、セキュリティ部門など多くの部門が関与します。そのため、部門横断的なコラボレーションを促進し、生成ＡＩの活用に関する意思決定を迅速に行える体制を整備します。

生成ＡＩ利用を部署内で推進する担当者の配置に加え、各部署で個別に対応すると部署ごとに取組みに差が出てくる恐れがあるため、ＣｏＥ（センターオブエクセレンス）といった専門組織やＣＡＩＯ（チーフＡＩオフィサー）の設立も推奨します。

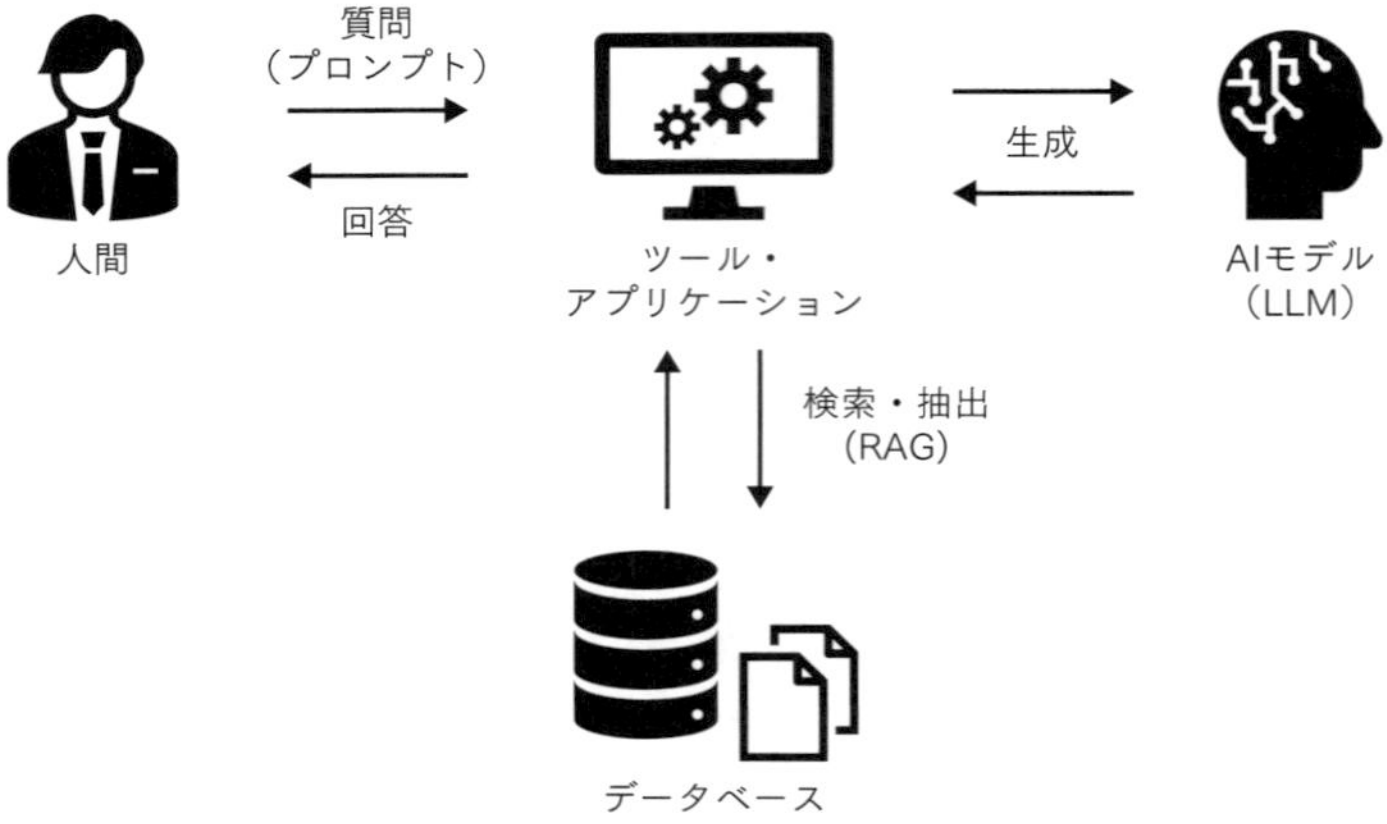


図19　生成AIによる回答作成の流れ（概要）

## 【2】ＩＴシステム導入の要諦

ここでは、継続的に生成ＡＩ環境を活用していくために求められる、①精度、②ユーザビリティ、③非機能要件、④運用について解説します。

### ①精度

生成ＡＩ利用の際に、回答の精度が低いと利用されなくなるリスクが生じます。そのため、精度向上に向けた取組みは必要不可欠です。精度向上は、以下に示す、プロンプトエンジニアリング、ＡＩモデルチューニング、ＲＡＧ（Retrieval-Augmented Generation：検索拡張生成）により対応することになります（図19）。

（ア）プロンプトエンジニアリング

プロンプトエンジニアリングとは、生成ＡＩから望ましい出力を得るための質問（プロンプト）を開発・最適化する技術です。単なる「質問」や「指示」を入力するだけでは適切に回答されない場合があります。そのため、プロンプトに指示の背景や出力形式などを含めることで、望む回答を得られるようにします（https://platform.openai.com/docs/guides/prompt-engineering）。

（イ）ＡＩモデルチューニング

ＡＩモデルのチューニングは、特定のニーズに最適化するためにＡＩモデルの性能を特定のタスクやデータセットに適合させるプロセスです。チューニングにより固有データを学習させることで特化したＡＩモデルを利用できるようになり、より高い精度の回答を引き出すことが可能となります。その際に、ＬＬＭ（Large Language Model）を利用するとチューニングに多大なコストと時間を要することになり、ＳＬＭ（Small Language Model）を用いたＡＩモデルを導入するのも有効な手段となります。

また、モデルの種類によって生成される回答の質や特性が異なるため、目的に応じたモデル選定が重要となります。特定の業界や分野のデータでＡＩモデルをトレーニングすることで、その分野に特化した応答を生成する能力が向上するため、特定分野での利用を考慮する際にはドメイン特化型のモデルが有効となります。

（ウ）ＲＡＧ

ＡＩモデルは公開されている情報を学習しており、例えば社内にある情報までは学習しません。そのため、独自のデータベースやナレッジを利用した回答を得るには、これらの情報を検索し、その情報をもとに回答する仕組み（ＲＡＧ）が必要です。ＲＡＧを利用する際に、独自の情報が整理されていないとＲＡＧが十分に利用できません。プロンプトに挿入される情報が不十分で、精度向上に繋がらないためです。現在使用可能な社内外データの種類と精度の把握や、検索性や精度の向上に向けたアプローチを検討することが、データ管理の取り組みにおいて不可欠です。

②ユーザビリティ

生成ＡＩに対する利用者のリテラシーの高さにはばらつきがあるため、生成ＡＩの活用を全社に普及させるためには利便性（ユーザビリティ）を向上させる必要があります。例えば、エージェント機能を用いることで、質問（プロンプト）を何度も入力する必要がなくなり、質問の内容が曖昧でも、利用者の要求を満たす回答が得られるようになります。

③非機能要件

生成ＡＩ環境の構築においては、主目的となる機能面の要件以外に、求められる性能・精度、メンテナンス性といった非機能要件も重視することになります。

例えば、企業によっては、外部へのネットワーク接続が禁止されていることがあります。その場合はクラウドサービスを利用することができないため、外部ネットワークに接続できないクローズドな環境を構築します。その際、生成ＡＩ稼働に要求されるスペックのサーバの準備やオープンソースのＬＬＭ利用など、クラウドでの環境構築とは異なる対応を取ることを留意する必要があります。

### ④運用

（ア）継続的な精度向上対応

環境構築後は時間の経過と共に精度が低下するため、その精度を定常的に評価すると共に、適宜、更新を行います。そのために、利用者からのフィードバックを収集し、精度改善に向けて対応するといった、運用プロセスを整備します。

（イ）既存システムと連動した利用

生成ＡＩ機能は、現状は主にツールとして利用されていますが、将来は基幹システム等の既存システムと連動して利用されることが想定されます。そのため、生成ＡＩ機能の利用拡充に向けて、既存システムの改修も視野に入れます。

（ウ）最新技術の取り込み

テキストだけでなく画像・音声などの複数種類の情報を処理するマルチモーダル化など、生成ＡＩ技術は今後も進展することが予想されます。また、スマートフォンなどのモバイルデバイスやロボットでの活用など、ＩｏＴ（Internet of Things）での利用も見込まれています。さらなるビジネス活用に向けて、技術トレンドの追随は不可欠です。

## 【3】ガバナンス構築の要諦

従来のＡＩとは異なり、生成ＡＩは様々なリテラシーを持った社員がそれぞれの使い方で利用します。それ故、生成ＡＩの特性を十分に理解せず利用し、個人情報や社外秘情報等の漏洩や著作権侵害などのリスクに繋がります。また、ハルシネーションによる誤った情報を十分な確認をせず、不適切な形で利用してしまうリスクも増加します。これら生成ＡＩのリスクを抑制し、生成ＡＩの価値を最大化するガバナンスの構築が重要となります。

生成ＡＩガバナンスの全体像は、①予防的ガバナンスと②発見的ガバナンスの二つに分けられます。それぞれの観点で取組み例を紹介します。

### ①予防的ガバナンス

#### （ア）生成ＡＩの利用ルールの策定

生成ＡＩの利用ルールは、生成ＡＩの「モデルの開発者」、「サービスの提供者」、「ユーザー」、の立場毎に整備します。そうすることで、生成ＡＩを自身の業務に落とし込んで理解することができ、実用的なルールとなります。例えば、ユーザーに対する禁止事項として、「プロンプトには個人情報や社外秘情報を入力しない」、といったことを明記します。特にユーザーは生成ＡＩのリテラシーが様々なので、禁止事項を明瞭に記載することがポイントです。

生成ＡＩから有効な回答を得るためには、インターネット上にある公開情報に加え、企業固有の情報（社内就業規則や組織情報、社員情報など）をインプットデータにします。社内情報は例えば共有フォルダやクラウドストレージ上に保存しますが、参照できる従業員を情報区分に応じて権限設定するなどの対応も考えられます。

#### （イ）生成ＡＩの利用マニュアルの作成

ルール策定後は、社員が利用できるようになるためにマニュアルを作成します。マニュアルには、自社内で使用している生成ＡＩツールの利用手順や禁止事項を記載します。あまり多く禁止事項を記載すると、利用促進のブレーキとなるため、リスクのインパクトや許容ポリシーに応じて工夫することも必要です。

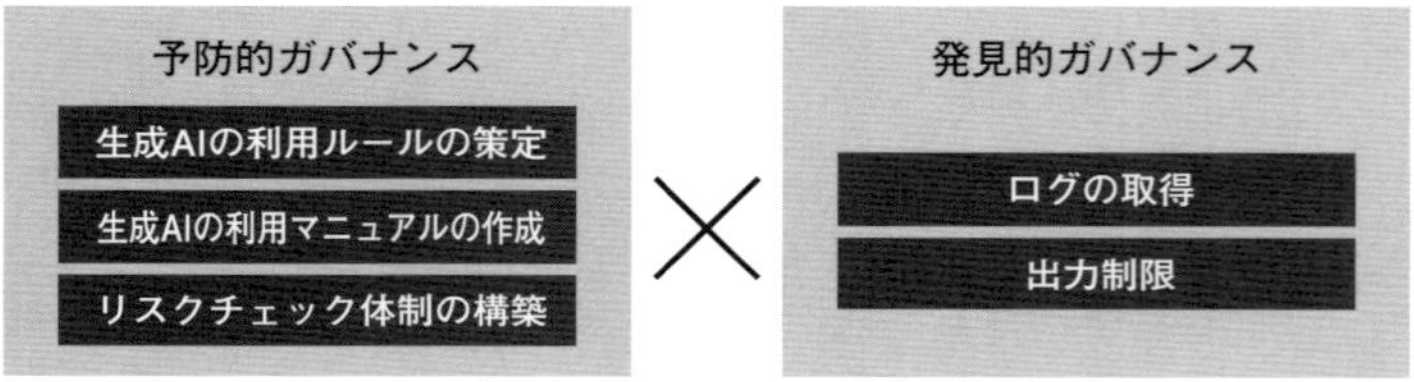


図20　生成AIのガバナンス全体像

（ウ）リスクチェック体制の構築

生成ＡＩの社内利用を検討する前や、顧客に生成ＡＩプロジェクトを提案する前に、生成ＡＩの専門組織などが事前にリスクチェックを行います。図21のような観点に基づき、担当者側と生成ＡＩの専門組織の両方で案件のリスクをダブルチェックし、許容できないリスクがあった際は計画や提案内容を変更します。

## ②発見的ガバナンス

予防的ガバナンスで漏れてしまったリスクを低減するのが発見的ガバナンスの役割です。生成ＡＩは社内の多くの従業員に利用されるため、人によるチェックは現実的でなく、システムによるチェックが有効です。

（ア）ログの取得

既に述べた通り、個人情報や社外秘情報を入

| リスク分類 | チェック観点例 |
|---|---|
| セキュリティ | ・入力に社外秘情報を含まないか<br>・入力情報を再学習するモデルを利用していないか |
| 知的財産権侵害 | ・入力情報に他社の知的財産を不当利用していないか<br>・許可なく他社の知的財産に類似した生成物を出力していないか |
| ハルシネーション | ・提供したサービスやツールによる出力がAIによって生成されたものであることを利用者に周知しているか |
| バイアス | ・人種・性別・年齢等に偏りのある出力が個人の信用性の評価や教育や公共サービス等の審査に利用されないか |
| 不正利用目的 | ・不適切な利用を目的とした出力が可能か |
| プライバシー | ・許可なく個人情報を収集していないか<br>・収集した個人情報を目的外利用していないか |

図21　リスクチェックシートの観点

力することにより情報漏洩などのリスクがあります。その場合、ログを取得することで、不適切な利用を検出し、本人や上長へ注意喚起します。また、ログで管理していることを周知することで、不適切利用の抑止力になります。

（イ）出力制限

利用目的に沿った質問以外に答えないようなセーフガード機能も生成ＡＩにおいては重要な機能です。広く情報を投入する生成ＡＩでは不適切な質問に回答しないことで、情報漏洩や悪用対策を行います。

上記のようなガバナンスが機能しているかを確認すること、変化するＡＩ規制動向を把握し、必要に応じ自社に適応することがポイントです。

本項では、生成ＡＩにおけるガバナンスの考え方や取り組み例についてご紹介しました。生成ＡＩのリスクを正しく理解し、その特性を活かしながらパートナーとして上手に付き合うことで、価値創出に繋げる考え方を組織に浸透させることが、今後さらに重要となるでしょう。

〔注〕

1．資源エネルギー庁　総合エネルギー統計（1990年～2023年度速報）
https://www.enecho.meti.go.jp/statistics/total_energy/xls/stte/stte_jikeiretu2023fysoku.xlsx

2．Robin Staab, Mark Vero, Mislav Balunović, Martin Vechev, "Beyond Memorization: Violating Privacy Via Inference with Large Language Models," May 6, 2024.
https://arxiv.org/abs/2310.07298

# 日本語版あとがき（1）

文書作成や通信、画像処理の道具として計算機（コンピュータ）が社会の隅々まで行きわたって久しく、その中で計算機は受動的な存在であり人間の入力を待つ「指示待ち機械」であることは常識として受け入れられています。計算機は情報を器用に扱うことはできるが、主体的に何かを行う存在ではない。だから計算機が我々に見せる沢山のメールやＳＮＳのメッセージやニュースの内容は送信者が責任を負うべきものであり、検索エンジンにしても探す側がキーワードを工夫しないと意図通りの結果を返してくれない。ソフトウエアの不具合によって起きたインシデントも結局は人間の責任に帰される…。

生成ＡＩの登場で、この常識が覆されようとしています。計算機が「指示待ち機械」の分限を超えて我々に何か語りかけてきたり、画像を作って見せてくれたり、人間の代わりにコマンドを発行して情報検索したりするようになってきたからです。特に情報技術は人間の入力量に対する有益な出力量（入出力レバレッジとでも言うべきもの）が大きいほど、普及する可能性が高い、と私は考えています。生成ＡＩの入出力レバレッジはかつてないほど大きい（「どうして何を聞いてもこんなにすらすら沢山の答えを返してくれる？」）ので、社会の熱狂ぶりは無理もありません。ただ、生成ＡＩは我々人間がインターネット上にまき散らした情報を丹念に拾い集めて確率的に再構成するツールであり、我々は電子の海に投影された自分たちの姿を鏡で見て驚いているに過ぎない、という冷めた見方もあり得るでしょうか。
我々のある側面での「似姿」がそれなりの精度で得られるようになった現在、それを我々自身の営みにどう活用していくかは今や全世界的な「お題」となりました。本書の内容や解説が、読者のみなさまにとって何等かのひらめきを得る一助になれば幸いです。

数理システムの名の通り、我々は法則やデータに基づいて社会の営みを数理的にモデル化し、計算機にかけて結果を出すことを仕事としています。生成ＡＩの口当たりの良さ、親しみやすさと、論理や法則を重んじる数理科学の「堅い」部分は本来補完し合うべきものです。法則やデータの「語り部」として皆に受け入れられるＡＩ、「人」そのものの属性をうまく組み込んだ賢いＡＩを提案し、お客さまと一緒に発展させていきたいと願っております。

第1部の解説の図版は当社の村田康佑さん、飯村翔馬さんが作成・監修した「生成ＡＩのビジネス活用セミナー」の内容から一部を拝借したものです。生成ＡＩの可能性にいち早く着目し、豊富なアイディアや貴重な知見を日常的に寄せていただいているお二人とのやり取りに私の解説は負うところ大です。この場を借りて感謝申し上げます。

株式会社ＮＴＴデータ数理システム　取締役
田辺隆人

## 日本語版あとがき（2）

お客様が生成ＡＩに大きな期待を寄せる中、真に重要なのは、「会社をどう変えるか」です。生成ＡＩはあくまで事業変革や新たな顧客価値を創出するためのデジタル技術の一つに過ぎません。鍵となるのは、生成ＡＩをどのように活用して、お客様のビジネスや業務プロセスを変革していくかです。

私たちは、お客様のデジタル変革支援をミッションとするコンサルティングファームです。多くのプロジェクト事例を通し、生成ＡＩの活用方針や適用領域の検討、そして成果につながる導入を伴走支援することに強みを持っています。

伴走支援に最も重要なことの1つは業務知見です。例えば、人事部や製造部等の業務における最適なプロセスがある一方、多くの企業がその通りになっていない現状。顧客体験向上のためにあるべき姿と、企業が陥りがちな課題。更に、その課題が業界ごとにどのように異なるのか。このような知見を武器に、生成ＡＩという新しいテクノロジーが、お客様のどの課題解決に寄与するのかの仮説を立てることができます。多くのユースケースを理解していることは、課題解決のヒントとしては有効ですが、本質は解くべき課題を理解していることにあると私は考えております。

また、生成ＡＩは汎用技術であり、その価値を最大化するにはボトムアップで新たな使い方を考えることが必要です。そして、その新しい使い方を見出すためには、業務に関する深いノウハウが不可欠なのです。

私たちが有する業務に関する深いノウハウと豊富な実績に、生成ＡＩを始めとしたデジタル技術を掛け合わせることで、より大きなインパクトを生み出す事業変革の実現に貢献できる、と考えています。

コンサルティング実務の中では、『お客様の真の課題は何なのか』、『その課題解決のためにどんな対応ができるか』、そのようなことを常に考えています。時には難しいプロジェクトもありますが、苦労を共に乗り越え、やり切った時にお客様や同僚と喜びを共有する。それこそが、コンサルタントを続けるモチベーションの源泉です。

今回、執筆と翻訳活動という、特定のお客様だけに行うものではなく、かつアウトプットが文字中心となる活動に、チームメンバーと共に翻訳と解説の執筆に臨みました。皆、お客様とのプロジェクトを抱える中での活動です。また、それぞれの得意分野や考える視点、文章の癖も様々です。このような様々なチャレンジがある中、チームメンバーと喧々諤々の議論を楽しみながら執筆しました。

執筆の経験により私は多くのことを学びました。今まで経験的であった生成ＡＩのノウハウが体系立てて整理できたこと、コンサルティングを行うモチベーションの源泉が再確認できたこと、解説内容を共に考え是々非々で意見交換できる仲間の大切さを認識できたこと、などです。

翻訳においては宇佐美翔さん、磯野明日香さんに、第2部の解説では、実際のプロジェクトで検討をリードしている中川貴史さん、福田圭哉さんに、第3部の解説では雨谷幸郎さん、辻本雄太郎さんに多大なるご協力を得ました。この場を借りて感謝申し上げます。

株式会社クニエ　デジタルトランスフォーメーション担当
マネージングディレクター
里　泰志

# 生成AI活用の最前線

## 世界の企業はどのようにしてビジネスで成果を出しているのか

2025 年 3 月 18 日　第 1 刷発行
2025 年 7 月 15 日　第 4 刷発行

著　者――バーナード・マー
訳　者――株式会社クニエ　デジタルトランスフォーメーション担当／
NTT データ・コンサルティング・イニシアティブ
発行者――山田徹也
発行所――東洋経済新報社
〒103-8345　東京都中央区日本橋本石町 1-2-1
電話＝東洋経済コールセンター　03(6386)1040
https://toyokeizai.net/

装　丁…………石間　淳
D T P…………朝日メディアインターナショナル
印　刷…………ベクトル印刷
製　本…………ナショナル製本
翻訳協力………前田俊一
編集協力………パプリカ商店
編集担当………岡田光司
Printed in Japan　　ISBN 978-4-492-55845-4

# 訳者紹介

## 株式会社クニエ デジタルトランスフォーメーション担当

デジタルテクノロジーを梃子に、顧客のビジネス変革と成長を支援するコンサルティングチームである。豊富な業務知見と精緻な分析に基づく深い洞察を活かし、生成AIをはじめとする先進技術の活用方針や適用領域の検討、そして成果につながる導入を伴走支援する。デジタル構想策定に留まらず、業務知見に基づく課題発見力、テクノロジーの目利き力と実装力、顧客内に共通のビジョンを形成し変革を実行に移す力をもとに、ビジネス価値を持続的に創出することに強みを持つ。

## NTTデータ・コンサルティング・イニシアティブ

NTTデータグループのコンサルティング業務におけるNTTデータ内の組織、NTTデータ経営研究所、クニエ、NTTデータ数理システムの事業連携である。フォーサイト起点の社会イノベーションを共通コンセプトとし、政府機関を中心とした公共分野から金融、小売、製造、サービス等幅広い業界を網羅している。将来のあるべき姿の研究から、政策提言、コンソーシアム運営、企業の戦略立案、業務改革支援等、さまざまな社会課題や経営課題の解決に向けて、2500※名を超える各領域のプロフェッショナルが専門性とノウハウを結集しながらコンサルティングサービスを提供している（上記のほかにERPや業務APなどの個別ソリューションについては1000名以上のコンサルタントが活躍している。※日本国内のみ）。

**山口重樹（株式会社クニエ 代表取締役社長、株式会社NTTデータ経営研究所 代表取締役社長、株式会社NTTデータグループ 顧問）**

一橋大学経済学部卒業。専門領域は、経営戦略、デジタル変革、経営実践。主な著書、共著書に、『デジタルエコノミーと経営の未来』（東洋経済新報社）、『信頼とデジタル』（ダイヤモンド社）、『デジタル変革と学習する組織』（ダイヤモンド社）、『フォーサイト起点の社会イノベーション』（日本経済新聞出版）などがある。公益社団法人企業情報化協会副会長。

**里泰志（株式会社クニエ デジタルトランスフォーメーション担当 マネージングディレクター）**

京都大学大学院理学研究科修了。外資系コンサルティングファームを経て、現職では、デジタルトランスフォーメーション部門の責任者として、日本企業のデジタル変革をリードしている。近年は、東南アジアをはじめとしたグローバルへデジタル改革を展開。専門領域はテクノロジーを活用したビジネスプロセス変革や新規顧客創出。特に、製造業／サービス業での支援実績が多い。

**雨谷幸郎（株式会社クニエ デジタルトランスフォーメーション担当 シニアマネージャー）**

東京大学大学院理学系研究科修了。外資系コンサルティングファーム、国内ベンチャーを経て、現職では、顧客のDX推進の一環としてAI活用やデータドリブン経営に関するコンサルティングに従事。専門領域は、デジタル戦略立案やAI技術導入、データ分析・管理、人材育成など、顧客のAI・データ活用に関する業務支援。

**中川貴史**（株式会社クニエ デジタルトランスフォーメーション担当 マネージャー）

東京工業大学大学院理工学研究科修了。大手通信会社を経て、現職では、通信業、小売・流通業、保険業を中心に、デジタル活用戦略立案、新規事業立案、デジタル組織変革、デジタル人材育成など幅広いコンサルティングに従事。専門領域はデジタルテクノロジー活用、データ分析・活用、プラットフォーム戦略、新規事業創発組織開発。

**宇佐美翔**（株式会社クニエ デジタルトランスフォーメーション担当 シニアコンサルタント）

慶應義塾大学経済学部卒業。大手航空会社を経て、現職では、通信業、小売・流通業、銀行業中心に、デジタル活用戦略立案、新規事業立案、デジタルタッチポイント構築、ロイヤリティプログラム企画などの案件に従事。専門領域はデジタルテクノロジー活用及びデータ分析・活用によるビジネスプロセス変革、新規事業開発、顧客体験変革。

**辻本雄太郎**（株式会社クニエ デジタルトランスフォーメーション担当 シニアコンサルタント）

東京大学大学院工学系研究科修了。情報・通信業、金融業を中心に、データ分析・活用支援、全社ナレッジマネジメント展開支援、AIガバナンス運用プロセス整備支援など幅広い案件に従事。専門領域はデジタルテクノロジー活用、AIリスクアセスメント。

**福田圭哉（株式会社クニエ デジタルトランスフォーメーション担当 シニアコンサルタント）**

上智大学大学院理工学系研究科修了。大手自動車会社を経て、現職では、通信業、銀行業、保険業を中心に、デジタルテクノロジー活用戦略立案及び実行、デジタル組織変革、デジタル人材育成など幅広いコンサルティングに従事。専門領域は、デジタルテクノロジー活用及びデータ分析・活用によるビジネスプロセス変革。

**磯野明日香（株式会社クニエ デジタルトランスフォーメーション担当 コンサルタント）**

国際基督教大学教養学部卒業。外資系物流会社を経て、現職では、通信業、製造業／サービス業を中心に、デジタルテクノロジーを活用した新規事業戦略立案及び実行、デジタル組織変革など幅広いコンサルティングに従事。専門領域は、デジタルテクノロジー活用によるビジネスプロセス変革及び新規事業開発、新規事業創発組織開発及び人材育成、国内外の先端テクノロジーに関する政策・市場動向リサーチ。

**田辺隆人（株式会社NTTデータ数理システム 取締役）**

京都大学理学部卒業。専門領域は、数理最適化と数理モデリング。年間10件以上の数理科学・情報科学活用案件（数理最適化、機械学習、モンテカルロシミュレーション、秘密計算、生成AI）に参画し、技術方針策定などに携わる。日本オペレーションズ・リサーチ学会フェロー、「数学・数理科学と情報科学の連携・融合による情報活用基盤の創出と社会課題解決に向けた展開領域」の領域アドバイザー。

**＜翻訳協力＞ 佐々木聡子（株式会社クニエ 経営管理本部 担当部長）**

# 付録　主な生成AIツールの紹介

## マルチモーダルモデル

### チャットGPT（ChatGPT）

生成AIブームの火付け役であるチャットGPTは、2022年の登場以来進化を遂げ、マルチモーダル機能を備えたほか、公開されている最も強力な言語モデルであるGPT-4へのアクセスも提供している。多くのカテゴリに該当する可能性があるためここに挙げた。

https://chat.openai.com/

### グーグルバード（Google Bard）

Bardはチャットボットと類似のマルチモーダルチャットボットであるが、Gmail、Drive、Mapsといったツールとの統合が可能であることは、グーグルユーザーにとって便利であろう。

### グーグルヴァーテックスAI（Google Vertex AI）

言語とビジョンモデルを組み合わせたマルチモーダル検索を提供し、ビジネスデータの整理と分析ができる。

https://cloud.google.com/blog/products/ai-machine-learning/multimodal-generative-ai-search

### メタ・イメージバインド（Meta Imagebind）

画像、テキスト、音声、深度、熱、慣性という6種類の「感覚」データタイプを基に、ホリスティックな学習を可能にするマルチモーダルプラットフォームである。

https://imagebind.metademolab.com/

### サムスン・ガウス（Samsung Gauss）

サムスンは、自社のデバイス全体に統合される予定のマルチモーダル生成AIツールパッケージを開発している。

## 執筆/テキスト生成ツール

### AIライター（AI Writer）

ブログ記事の執筆を行い、出典を提示することで、AIによる誤情報の問題に対処している。

https://ai-writer.com

### エニーワード（Anyword）

マーケティングに焦点を当てたコンテンツ生成ツールで、予測パフォーマンスのスコアリングやオーディエンス分析を提供している。

https://anyword.com

### コピー（Copy）.ai

企業向けのコンテンツ作成ツールで、一般的な業務向けのテンプレートが組み込まれている。

https://www.copy.ai

### Coursera

オンライン学習プラットフォームで、学生、教師、コース作成者向けに生成AIツールを提供している。

https://www.coursera.org/

### デュオリンゴ（DuoLingo）

最も人気のある言語学習プラットフォームの1つであり、GPT-4によ

って強化された生成AIロールプレイ会話や個別フィードバックを提供している。

https://www.duolingo.com/

### ジャスパー（Jasper）

マーケター向けのコンテンツ作成ツールで、ブログ、製品説明、ソーシャルメディア投稿などの自動化を目指している。

https://www.jasper.ai/

### レックス（Lex）

執筆者向けのAIアシスタントで、文章の改善やアイデア生成に役立つツールを提供している。

https://lex.page

### ライトル（Rytr）

ブログ、メール、ソーシャルメディア投稿、SEO見出し、広告を生成する。

https://rytr.me

### スクライブ（Scribe）

ステップバイステップの手順書やハウツーガイドの作成を自動化する。

https://scribehow.com/tools/ai-text-generator

### ワードチューン（Wordtune）

プロフェッショナル向けの生成執筆アシスタントである。

https://www.wordtune.com/

### ライトソニック（WriteSonic）

SEOコンテンツやトラフィックを増加させるコピー作成に特化して

いる。

https://writesonic.com

## 教育ツール

### コグニー（Cognii）

AIによる個別指導や学生評価を提供する教育プラットフォームである。

https://www.cognii.com/

### フェッチ（Fetchy）

教師のために、執筆、計画、整理、レッスン準備をサポートする。

https://www.fetchy.com/

### グレードスコープ（Gradescope）

AIを活用した採点プラットフォームで、ピア評価も可能である。

https://www.gradescope.com/

### アイビー（Ivy）

主に高等教育機関を支援するカスタマーサービスチャットボットを作成するためのAIフレームワークである。

https://ivy.ai/

### ノウィジ（Knowji）

個別にカスタマイズされたレッスンを作成するAIを活用した語学学習ツールである。

https://www.knowji.com/

### プライト（Plaito）

執筆者がスキルを向上させるために、個別フィードバックを提供する生成テキストツールである。

https://www.plaito.ai/

### キュリアム（Querium）

STEM分野における個別指導を提供している。

https://www.querium.com/

## 画像、アート、デザイン

### アドビファイアフライ（Adobe Firefly）

AIを活用して、あらゆる種類のビジュアルを作成できるグラフィックデザインツールで、アドビのクリエイティビティツールと統合が可能である。

https://www.adobe.com/uk/sensei/generative-ai/firefly.html

### オートデスク（Autodesk）

業界標準のデザインプラットフォームで、ユーザーのスキル向上とクリエイティビティを向上させるための生成ツールを提供している。

https://www.autodesk.com/

### キャンバ（Canva）

使いやすいグラフィックデザインプラットフォームで、ジェネレーティブデザインツールが統合可能である。

https://www.canva.com/

### ダリ（DaLL-E）

テキストの説明に基づいて画像を作成し、現在はチャットGPT Plusに統合されている。

https://openai.com/dall-e-2/

### デュラブル（Durable）

言語プロンプトから、画像とコピーを含むWebサイト全体を生成できる。

https://durable.ai/

### ミッドジャーニー（Midjourney）

テキストから画像を生成する非常に強力なツールで、現在はDiscord上でのみ利用可能となっている。

https://www.midjourney.com/

### ステイブル・ディフュージョン（Stable Diffusion）

最も人気のある画像生成モデルの1つで、DaLL-Eとは異なりオープンソースである。

https://stablediffusionweb.com/

## 動画

### コロッサイヤン（Colossyan）

職場学習向けにカスタマイズされた合成コンテンツを生成できる。

https://www.colossyan.com/

### ディープブレイン（Deepbrain）

企業やビジネスユーザー向けにAIが生成した仮想アバターや合成メ

ディアを提供している。

https://www.deepbrain.io/

### ディスクリプト（Descript）

スクリプトベースの編集と自動トランスクリプションを提供するオールインワンのAIビデオ編集プラットフォームである。

https://www.descript.com/

### デザインズ（Designs）.AI

グラフィック、ビデオ、ロゴ、その他のデザインアセットを生成する。

https://designs.ai/

### イーライ（Elai）

トレーニングビデオのデザインに特化した生成ビデオツールである。

https://elai.io/

### フィモーラ（Filmora）13

AIを活用したフルビデオ編集パッケージで、チャットボットがサポートする。

https://filmora.wondershare.com/

### フリキ（Fliki）

テキストをリアルな音声とビデオに変換し、数分でビデオを作成できる。

https://fliki.ai/

### ヘイジェン（HeyGen）

話す写真など、AIによるクールなビデオトリックを作成できる。

https://app.heygen.com/

### インビデオ（Invideo）

シンプルなインターフェースとプリセットテンプレートを使用してビデオを作成できる。

https://invideo.io/

### オーパス（OpusClip）

長いビデオを自動的に短くし、パンチの効いた切り抜き動画に変換できる。

https://www.opus.pro/

### ピーチ（Peech）

ポッドキャスト、ウェビナー、ソーシャルメディア用の既存のコンテンツライブラリからブランディングされたビデオを作成できる。

https://www.peech-ai.com/

### ピクトリー（Pictory）

ビデオの作成、編集、ナレーションを行うAIビデオ編集プラットフォームである。

https://pictory.ai

### ランウェイ（Runway）

ストーリーテリングに焦点を当てたクリエイティブ向けのビデオ生成ツールである。

https://runwayml.com/

### シンセシア（Synthesia）

テキストをビデオに変換し、多言語対応の仮想ビデオプレゼンターを作成できる。

https://www.synthesia.io/home

### シンセシス（Synthesys）

AIにより、リアルなアバターと合成音声を生成する。

https://synthesys.io/

### タイプスタジオ（Type Studio）

文字起こしされたテキストを編集するだけで、ビデオを簡単に作成・編集できる。

https://topai.tools/t/type-studio

### ヴィード（VEED：10）

生成AIによるビデオ作成と編集が可能である。

https://www.veed.io/

## サウンド、音楽、声の生成ツール

### アマデウスコード（Amadeus Code）

AIによる作曲アシスタントで、完成したトラックごとに料金を支払うことができる。

https://amadeuscode.com/

### エイヴァ（AIVA）

人間の作曲家が作成したかのように複雑で感情豊かな音楽を作成可能な音楽生成ツールである。

https://www.aiva.ai/

### ベートーベン（Beatoven）

オンラインコンテンツやバックグラウンド音楽を、複数のスタイルで生成し、編集可能なシンプルな音楽生成ツールである。

https://www.beatoven.ai/

### ブーミー（Boomy）

シンプルなインターフェースと強力なユーザーコミュニティを通じて、数秒で曲を作成することができる。

https://boomy.com/

### ラウドリィ（Loudly）

AIが生成したロイヤリティフリーのトラックを作成するための音楽プラットフォームで、AIによるリコメンド機能も備えている。

https://www.loudly.com/

### ミューバート（Mubert）

コンテンツの雰囲気に合わせた音楽を生成するAI作曲ツールである。

https://mubert.com/

### マーフ（Murf）

リアルでカスタマイズ可能なテキスト読み上げ機能を提供するAI音声スタジオである。

https://murf.ai/

### ミュージック（Music）LM

グーグルAIテストキッチン（Google AI Test Kitchen）プロジェクトで、サインアップすることで試用できる。グーグルによる音楽生成ツールである。

https://aitestkitchen.withgoogle.com/experiments/music-lm

### サウンドフル（Soundful）

クリック1つでAIの助けを借りてユニークな曲を生成する。

https://soundful.com/

### スピーチファイ（Speechify）

自然な音声で読み上げるテキスト読み上げツールである。

https://speechify.com/

### サウンドロー（Soundraw）

様々なスタイルとムードでカスタム音楽トラックを作成し、ロイヤリティフリーで使用可能となっている。

https://soundraw.io/

### スプラッシュ（Splash）

テキストプロンプトに基づいて音楽を作成し、ボーカルを追加することができる。

https://pro.splashmusic.com/

### ウェーブツール（Wavtool）

ユーザーフレンドリーな「Conductor」ツールを使用して、初心者でもAI音楽の作成プロセスをガイドしてくれる音楽生成ツールである。

https://wavtool.com/

## コーディングツール

### エーアイエックスコーダー（aiXcoder）

インテリジェントなコード補完と最適化を提供し、プログラミング能

力を強化する。

https://www.aixcoder.com/

### アマゾンコードウィスパラー（Amazon CodeWhisperer）

アマゾンによる自動コード作成支援ツールで、自然言語のプロンプトを使用したリアルタイムのサポートを提供している。

https://aws.amazon.com/codewhisperer/

### コーダシー（Codacy）

自動化されたコードレビューとデバッグを行う。

https://www.codacy.com/

### コードコンプリート（Codecomplete）

リアルタイムでコードを編集、分析、解説し、ソフトウェアの作成を効率化する。

https://codecomplete.ai/

### コードラマ（Code Llama）

メタのAIコーディングアシスタントで、ラマ ツー言語モデルを調整したバージョンを基にしており、コードの作成、分析、解釈を専門とする。

https://about.fb.com/news/2023/08/code-llama-ai-for-coding/

### ハギングフェイス（Hugging Face）

機械学習とデータサイエンスのためのコミュニティおよび協働プラットフォームで、多数の生成AIツール、モデル、データセットにアクセスできる。

https://huggingface.co/

### ギットハブ・コパイロット（Github Copilot）

オープンAIのCodexモデルを使用して、プログラマーにコンテキストに応じたコード提案を提供する。CodexはGPT-3をコーディングタスク向けに微調整したバージョンである。

https://resources.github.com/copilot-for-business/

### アイビーエム・ワトソンコードアシスタント（IBM Watsonx Code Assistant）

IBMのGranite基盤モデルによる生成AIコーディングアシスタントで、企業向けのAI作成に重点を置いている。

https://www.ibm.com/products/watsonx-code-assistant

### メタボブ（Metabob）

コードを自動でレビューし、エラーやバグを分析して修正を提案することができる。

https://metabob.com/

### ミントリフィ（Mintlify）

プログラムのドキュメント作成を自動化できる。

https://mintlify.com/

### ミュータブル（Mutable）

AIを活用したソフトウェア開発プラットフォームで、自動テスト生成機能を備えている。

https://mutable.ai/

### リプリット（Replit）

クラウドベースの統合開発環境（IDE）で、生成機能とコラボレーション機能を強化できる。

https://replit.com/

### スタジオボット（Studio Bot）

グーグルによる生成AIツールで、Androidプラットフォーム向けのソフトウェア開発を支援する。

https://developer.android.com/studio/preview/studio-bot

### タブナインAIコードアシスタント（Tabnine AI Code Assistant）

セキュリティに重点を置いたAIソフトウェア開発アシスタントである。

https://www.tabnine.com/ai-assistant-for-software-development-r

### ワープ（Warp）

コード作成ツールではなく、コンテキストに基づいたオートサジェストやエラー修正、特定のコマンドに関する提案を行うターミナルアプリケーションである。

https://www.warp.dev/

## データ分析

### アッキオ（Akkio）

予測モデリングとインサイト生成を可能にする生成型BIプラットフォームである。

https://www.akkio.com/

### アルタリクス（Alteryx）

Alteryxプラットフォームは、コード不要のAIスタジオを組み込み、カスタムビジネスデータを使用して独自の分析アプリを作成できる。

https://www.alteryx.com/

### マイクロソフトパワービーアイ（Microsoft Power BI）

マイクロソフトは、コパイロットおよびファブリック（Fabric）AIプラットフォームを活用した生成型分析機能をパワー（Power）BIに追加。

https://powerbi.microsoft.com/

### マイクロストラテジー（Microstrategy）

生成AIアシスタントがビジネスデータに関する迅速な回答やインサイトを提供する。

https://www.microstrategy.com

### クリック（Qlik）

Qlikは、生成AI分析コンテンツをレポートやダッシュボードに埋め込むことができる分析およびデータプラットフォームである。

https://www.qlik.com/

### タブロー（Tableau）

Tableau Pulseは、生成AIを使用してデータから有意義なインサイトを抽出するのを支援する。

https://www.tableau.com/

## 合成データ

### ビズデータエックス（BizData X）

合成データ生成を使用して、データマスキングと匿名化を簡素化できる。

https://bizdatax.com/

### CTA テストマネージャー（Test Manager）

非常に技術的で複雑なデータセットの作成を可能にする。

https://www.broadcom.com/products/software/continuous-testing/test-data-manager

### シーベディア（Cvedia）

合成データによるコンピュータビジョンおよびビデオ分析を可能にする。

https://www.cvedia.com/

### デートマイズ（Datomize）

動的検証ツールを使用して、できる限りリアルに近いデータセットを作成できる。

https://www.datomize.com/

### エッジケース（Edgecase）

ラベル付き合成データをサービスとして提供している。

https://www.edgecase.ai/

### ジェネロケット（GenRocket）

ソフトウェアテストを支援するためのデータを、エンタープライズスケールで動的に生成する。

https://www.genrocket.com/

### グレーテル（Gretel）

ソフトウェア開発向けの合成データプラットフォームである。

https://gretel.ai/

### ヘイジー（Hazy）

顧客が実際のデータを「マスク」し、セキュリティとプライバシーの課題を解決できる合成データを生成できる。

https://hazy.com/

### ケーツービュー（K2View）

機械学習モデル用のトレーニングデータを生成できる。

https://www.k2view.com/solutions/synthetic-data-generation-tools/

### コピーキャット（KopiKat）

コード不要のデータ増強ツールで、プライバシーを強化してニューラルネットワークの性能向上が可能になる。

https://www.kopikat.co/

### MDクローン（Clone）

医療専門家向けの合成データである。

https://www.mdclone.com/

### モーストリー（Mostly）

現実世界のデータを模倣する合成データを生成できる。

https://mostly.ai/

### ソジエッティ（Sogeti）

「データ増幅器」として宣伝されており、既存のデータの特性や相関関係を模倣することで現実のデータセットを再現できる。

https://www.sogeti.com/services/artificial-intelligence/artificial-data-amplifier/

### シント（Syntho）

インサイトや意思決定のためのセルフサービスデータ生成が可能になる。

https://www.syntho.ai/

### トニック（Tonic）

リアルで準拠した安全な合成データを開発するための包括的なプラットフォームを提供する「フェイクデータ企業」である。

https://www.tonic.ai/

### ワイデータ（YData）

生産性とAIモデルの性能を向上させるための自動合成データ生成が可能になる。

https://ydata.ai/

## 生産性向上ツール

### エアグラム（Airgram）

会議の記録、書き起こし、要約、共有を自動的に実行できる。

https://www.airgram.io/

### ビューティフル（Beautiful）

アイデアを完全に実現したスライドやプレゼンテーションに変換し、デザイン機能を自動化できる。

https://www.beautiful.ai/

### クリックアップ（ClickUp）

プロジェクト管理、時間追跡、ホワイトボード、議題などの機能を備

えた生成AIドリブンな職場生産性パッケージである。

https://clickup.com/

### デクトパス（Decktopus）

自然言語プロンプトからスライドデッキやプレゼンテーションを生成できる。

https://www.decktopus.com/

### デュエット（Duet）

Google Workspaceに組み込まれたサービスで、生産性タスクのための協働アシスタントを提供している。

https://workspace.google.com/blog/product-announcements/duet-ai?ref=the-writesonic-blog-making-content-your-superpower

### ファイアフライズ（Fireflies）

音声会話の書き起こし、要約、検索が可能である。

https://fireflies.ai/

### ノッタ（Notta）

AIによるメモ取りおよび音声書き起こしができる。

https://www.notta.ai/en

## サイバーセキュリティ

### エアギャップ（Airgap）

自然言語処理を使用して脅威を探索し、データを分析できる包括的なAIセキュリティサービスである。

https://airgap.io/

### クラウドストライク・シャーロット（Crowdstrike Charlotte）AI

リアルタイムで理解しやすいインサイトを提供する、対話型のクラウドセキュリティである。

https://www.crowdstrike.com/products/charlotte-ai/

### グーグルクラウドセキュリティワークベンチ（Google Cloud Security Workbench）

グーグルの包括的なクラウドセキュリティサービスは、強力なLLMによる脅威情報分析ツールを含んでいる。

https://cloud.google.com/security/ai

### マイクロソフト・セキュリティコパイロット（Microsoft Security Co-Pilot）

自然言語生成を用いて、脅威やセキュリティシグナルを要約できる。

https://www.microsoft.com/en-us/security/business/ai-machine-learning/microsoft-security-copilot

## ［原注］

### 序章

（1）企業労働者はGPT-4によって40％の業績向上を達成、ハーバード大学の研究結果；ベンチャービート（VentureBeat）；https://venturebeat.com/ai/enterprise-workers-gain-40-percent-performance-boost-from-gpt-4-harvard-study-finds/

（2）生成AI市場、2032年までに1.3兆ドル規模に成長する見込み；ブルームバーグ；https://www.bloomberg.com/company/press/generative-ai-to-become-a-1-3-trillion-market-by-2032-research-finds/

（3）生成AIの経済的潜在能力：次なる生産性のフロンティア；マッキンゼー；https://www.mckinsey.com/capabilities/mckinsey-digital/our-insights/the-economic-potential-of-generative-ai-the-next-productivity-frontier

（4）アマゾン・ウェブ・サービスのCEO：「生成AIは消費者が触れるほぼすべてのアプリケーションを根本的に変えるだろう」；ユーチューブ；https://www.youtube.com/watch?v=jQ18HJkLJjw

### 第2章

（1）グーグルのエンジニアが同社のAIが生命を持ったと考えている件について；ワシントン・ポスト；https://www.washingtonpost.com/technology/2022/06/11/google-ai-lamda-blake-lemoine/

### 第3章

（1）AIを利用して敗血症を予測・管理する；ミシガン大学；https://precisionhealth.umich.edu/news-events/features/using-ai-to-predict-and-manage-sepsis/

（2）工場現場でのイノベーション；デジタルファーストマガジン（Digital First Magazine）；https://www.digitalfirstmagazine.com/

innovations-on-the-factory-floor-generative-ai-use-cases-and-examples/
(3) ワンボイスAI；https://www.1voice.ai
(4) アイスランドがGPT-4を利用して言語を保存する方法；オープンAI；https://openai.com/customer-stories/government-of-iceland
(5) 生成AIによってパーソナルスタイリングをどのように革命化しているか；スティッチフィックス；https://newsroom.stitchfix.com/blog/how-were-revolutionizing-personal-styling-with-generative-ai/
(6) 人工的な親密さ：生成AIが理想のガールフレンドを作り出す方法；フォーブス；https://www.forbes.com/sites/bernardmarr/2023/09/28/artificial-intimacy-how-generative-ai-can-now-create-your-dream-girlfriend/
(7) あなたの恋人がAIチャットボットと性的なメッセージをやりとりしていたらどう感じるか？；ユーガブ；https://yougov.co.uk/topics/society/survey-results/daily/2023/06/19/87807/2
(8) ビーマイアイズがGPT-4を使って視覚アクセスを変革する；オープンAI；https://openai.com/customer-stories/be-my-eyes
(9) マイクロソフト、アジュールオープンAIサービスを開始し、チャットGPTが近日登場予定；ザ・ヴァージ（The Verge）；https://www.theverge.com/2023/1/17/23558530/microsoft-azure-openai-chatgpt-service-launch
(10) アマゾン、生成AIをアレクサに導入；テッククランチ（TechCrunch）；https://techcrunch.com/2023/09/20/amazon-brings-generative-ai-to-alexa/
(11) アマゾン、アンソロピック（Anthropic）との生成AI契約に最大40億ドルを賭ける；シーネット（CNet）；https://www.cnet.com/tech/amazon-bets-big-up-to-4-billion-big-on-generative-ai-in-deal-with-anthropic/
(12) ユーチューブショートが生成AI機能「Dream Screen」を導入；テッククランチ；https://techcrunch.com/2023/09/21/youtube-shorts-to-gain-a-generative-ai-feature-called-dream-screen/
(13) パーソナライゼーションの世界的リーダー、プローズがAI搭載の

スキンケアを発表；PRニュースワイヤー（Newswire）；https://www.prnewswire.com/news-releases/prose-the-global-leader-in-personalization-debuts-ai-powered-skincare-301865371.html
（14）ビジネスにおける生成AI：アクセンチュアがAIに30億ドルを投資する理由；フォーブス；https://www.forbes.com/sites/bernardmarr/2023/08/07/generative-ai-in-business-why-accenture-is-investing-3-billion-in-ai/
（15）新しい生成AIツールを通じて従業員を支援し、より良い職場体験を創造する；LinkedIn；https://www.linkedin.com/pulse/empowering-associates-creating-better-work-through-new-donna-morris/
（16）メタ（フェイスブック）が生成AIを活用する5つの驚くべき方法；バーナード・マー（Bernard Marr）；https://bernardmarr.com/5-amazing-ways-how-meta-facebook-is-using-generative-ai/
（17）生成AIがアマゾン・ワンの手のひら認識をどのように訓練したか；アバウトアマゾン（About Amazon）；https://www.aboutamazon.com/news/retail/generative-ai-trains-amazon-one-palm-scanning-technology
（18）コカ・コーラがオープンAIのチャットGPTとダリ生成AIの初期パートナーとして契約；コンシューマーグッズテクノロジー（Consumer Goods Technology）；https://consumergoods.com/coca-cola-signs-early-partner-openais-chatgpt-dall-e-generative-ai
（19）オクトパスでAIが200人以上の仕事を代行しているとCEOが発表；シティ（City）AM；https://www.cityam.com/ai-doing-the-work-of-over-200-people-at-octopus-chief-executive-says/
（20）中国のAIの風景：バイドゥの生成AIがアートと検索におけるイノベーションを牽引；フォーブス；https://www.forbes.com/sites/bernardmarr/2023/09/27/chinas-ai-landscape-baidus-generative-ai-innovations-in-art-and-search/
（21）スナップチャットがチャットGPT搭載のスナップAIを発表：しかし、それは子どもにとって安全なのか？；フォーブス；https://www.forbes.com/sites/bernardmarr/2023/04/26/snapchat-debuts-chatgpt-powered-

snap-ai-but-is-it-safe-for-kids/
(22) テンセント、自社のチャットGPTスタイルのサービスをウィーチャットのスーパーアプリ向けに開発へ、中国のテック企業が世界的なAI競争を加熱；サウスチャイナモーニングポスト（SCMP）；https://www.scmp.com/tech/big-tech/article/3214579/tencent-eyes-its-own-chatgpt-style-service-super-app-wechat-chinese-tech-companies-heat-global-ai
(23) メタのAIチャットボット計画には若年層向けの「生意気なロボット」が含まれている；The Verge；https://www.theverge.com/2023/9/24/23887773/meta-ai-chatbots-gen-ai-personas-young
(24) チャットGPTの新しい「話す」機能がすべてを変える可能性がある理由；ライフワイヤー（Lifewire）；[https://www.lifewire.com/chatgpt-can-now-see-hear-speak-7975324]（https://www.lifewire.com/chatgpt-can

**第4章**

生成AIの実践例：
(1) ビッグAIは「透かし（ウォーターマーク）」技術で選挙ディープフェイクを止められない；Wired；https://www.wired.com/story/ai-watermarking-misinformation/
(2) インドの政治家がディープフェイク技術を利用して新しい有権者を獲得；MITテクノロジーレビュー；https://www.technologyreview.com/2020/02/19/868173/an-indian-politician-is-using-deepfakes-to-try-and-win-voters/
(3) AIが子どもをターゲットに偽情報を拡散；BBCニュースラウンド；https://www.bbc.co.uk/newsround/66796495
(4) ビッグAIはウォーターマークを使用しても選挙のディープフェイクを止められない；Wired；https://www.wired.com/story/ai-watermarking-misinformation/
(5) アルゼンチンの大統領候補とリーダーが偽情報対策に署名；リオタイムズ；https://www.riotimesonline.com/brazil-news/mercosur/argentina/

argentine-presidential-candidates-and-leaders-sign-commitment-to-combat-disinformation/
(6) チャットGPTに評価を書かせたところ、ひどく性差別的かつ人種差別的だった；ファスト・カンパニー（FastCompany）；https://www.fastcompany.com/90844066/chatgpt-write-performance-reviews-sexist-and-racist
(7) AIが俳優の声を奪う；クリプトポリタン（Cryptopolitan）；https://www.cryptopolitan.com/epic-disruption-ai-rob-actors-of-their-voice/
(8) ゲッティがロンドンの裁判所にスタビリティ AIシステムの英国販売停止を求める；ロイター；https://www.reuters.com/technology/getty-asks-london-court-stop-uk-sales-stability-ai-system-2023-06-01/
(9) ジョージ・R・R・マーティンやジョン・グリシャムを含む作家集団がオープンAIを提訴；ガーディアン；https://www.theguardian.com/books/2023/sep/20/authors-lawsuit-openai-george-rr-martin-john-grisham
(10) 生成AIとジャーナリズムの最新情報；プレス・ガゼット；https://pressgazette.co.uk/news/generative-ai-journalism-updates/
(11) ニューヨーク・タイムズがオープンAIとマイクロソフトを訴え、AIによる著作権侵害の問題を追及；ニューヨーク・タイムズ；https://www.nytimes.com/2023/12/27/business/media/new-york-times-open-ai-microsoft-lawsuit.html
(12) なぜ小さなスタートアップが大規模なAI反発に巻き込まれたのか；ワイアード；https://www.wired.com/story/prosecraft-backlash-writers-ai/
(13) 生成AIはアーティストから盗んでいるのか？；フォーブス；https://www.forbes.com/sites/bernardmarr/2023/08/08/is-generative-ai-stealing-from-artists/
(14) マイクロソフトがコパイロットユーザーのAI著作権責任を負うと発表；フォックスビジネス；https://www.foxbusiness.com/technology/microsoft-assume-ai-copyright-liability-copilot-users

(15) ゲッティがライセンスされた画像だけを使用して訓練したAIジェネレーターを公開；ザ・ヴァージ；https://www.theverge.com/2023/9/25/23884679/getty-ai-generative-image-platform-launch

(16) 生成AIに関する著作権問題はすぐには解決しない；テッククランチ；https://techcrunch.com/2023/09/21/the-copyright-issues-around-generative-ai-arent-going-away-anytime-soon/

(17) 訴訟でオープンAIが膨大な個人データ、医療記録や子どもの情報を無断で使用してチャットGPTを訓練したと主張；ビジネスインサイダー；https://www.businessinsider.com/openai-chatgpt-generative-ai-stole-personal-data-lawsuit-children-medical-2023-6

(18) サムスン、従業員によるチャットGPTの利用禁止、機密コード漏洩が原因；フォーブス；https://www.forbes.com/sites/siladityaray/2023/05/02/samsung-bans-chatgpt-and-other-chatbots-for-employees-after-sensitive-code-leak/

(19) ハーバードがセキュリティを損なわずにAIを探求・操作できるAIサンドボックスを設計；ハーバード；https://news.harvard.edu/gazette/story/newsplus/harvard-designs-ai-sandbox-that-enables-exploration-interaction-without-compromising-security/

(20) 単一のAIモデルを訓練することで、5台の自動車の生涯排出量に匹敵する$CO_2$が排出される；MITテクノロジーレビュー；https://www.technologyreview.com/2019/06/06/239031/training-a-single-ai-model-can-emit-as-much-carbon-as-five-cars-in-their-lifetimes/

(21) 生成AIとその潜在的な環境影響；ボッシュ；https://blog.bosch-digital.com/generative-ai-and-its-potential-environmental-impact/

(22) 計算とクラウドの驚異的な環境影響；MITプレスリーダー；https://thereader.mitpress.mit.edu/the-staggering-ecological-impacts-of-computation-and-the-cloud/

(23) 持続可能性とクラウド；アマゾン；https://sustainability.aboutamazon.com/products-services/the-cloud?energyType=true

(24) ウォーターポジティブメソトロジー（消費量よりも多くの水を供給することを目指す取り組み）；アマゾン；https://sustainability.aboutamazon.com/aws-water-positive-methodology.pdf

(25) 生成AI機能を責任を持って構築する；メタ；https://about.fb.com/news/2023/09/building-generative-ai-features-responsibly/

(26) 世界経済フォーラム、責任ある生成AIを目指すAIガバナンスアライアンスを設立；世界経済フォーラム；https://www.weforum.org/press/2023/06/world-economic-forum-launches-ai-governance-alliance-focused-on-responsible-generative-ai/

## 第5章

(1) インディード（Indeed）の「AI at Workレポート」によると、生成AIはアメリカのほぼすべての職業に影響を与える見込みである；インディード；https://www.indeed.com/press/releases/indeeds-ai-at-work-report-finds-genai-will-impact-almost-every-job-in-america?co=US

(2) 毎日放送（MBN）、韓国初のAIニュースキャスターを導入；コリア・ジュンアン・デイリー（Korea JoongAng Daily）；https://koreajoongangdaily.joins.com/2020/11/10/entertainment/television/MBN-AI-artificial-intelligence/20201110153900457.html

(3) ロボット記者？　ニュースメディアがAIをどのようにジャーナリズムに活用しているか；ユーロニュース（Euronews）；https://www.euronews.com/next/2023/08/24/robot-reporters-heres-how-news-organisations-are-using-ai-in-journalism

(4) 生成AIは職業を破壊するのではなく、むしろ拡張する可能性が高い；国際労働機関（ILO）；https://www.ilo.org/global/about-the-ilo/newsroom/news/WCMS_890740/lang-en/index.htm

## 第6章

(1) 縮小する報道局の危機は2024年に無視できなくなるだろう；タイ

ム；https://time.com/6269573/local-journalism-decline-2024-election/
(2) 収益の自動化ストーリーが増加；AP通信；https://blog.ap.org/announcements/automated-earnings-stories-multiply
(3) チャットGPTの開発者オープンAIがAPとニュースストーリーのライセンス契約を締結；APニュース；https://apnews.com/article/openai-chatgpt-associated-press-ap-f86f84c5bcc2f3b98074b38521f5f75a
(4) バズフィードがAIは「静的コンテンツの大部分を置き換える」と発表；フューチャリズム；https://futurism.com/buzzfeed-ai-replace-content
(5) グーグルがニュース記事を書くことができるAIツールをテスト中；ニューヨーク・タイムズ；https://www.nytimes.com/2023/07/19/business/google-artificial-intelligence-news-articles.html
(6) ブルームバーグが金融データに基づいてトレーニングされた生成AIモデルを開発；PYMNTS；https://www.pymnts.com/news/artificial-intelligence/2023/bloomberg-develops-generative-ai-model-trained-financial-data/
(7) ニューズコープがAIを使用してオーストラリアの地方ニュース記事3000件を毎週作成；ガーディアン；https://www.theguardian.com/media/2023/aug/01/news-corp-ai-chat-gpt-stories
(8) MSNが人間のジャーナリストを解雇し、人魚やビッグフットに関する偽ニュースを公開するAIに置き換えた；フューチャリズム；https://futurism.com/msn-is-publishing-more-fake-news
(9) ウィンブルドン2023における生成AIと技術革新；バーナード・マー；https://bernardmarr.com/generative-ai-and-technology-innovation-at-wimbledon-2023/
(10) 2023年のF1を変革するAI、データ、分析；フォーブス；https://www.forbes.com/sites/bernardmarr/2023/07/10/how-artificial-intelligence-data-and-analytics-are-transforming-formula-one-in-2023/
(11) フォックス・スポーツが生成AI機能のためにグーグルクラウドを

活用；バラエティ；https://variety.com/2023/digital/news/fox-sports-generative-ai-google-cloud-1235706964/

(12) グローバントとラ・リーガ・テックがスポーツ戦術と放送を再発明するための生成AIアプリケーションをパイロット運用；グローバント；https://www.globant.com/news/globant-laliga-tech-generative-ai-applications-sports

(13) AIが書いた小説が文学賞に選ばれかける；スミソニアンマガジン；https://www.smithsonianmag.com/smart-news/ai-written-novella-almost-won-literary-prize-180958577/

(14) AIが書いた本のリスト；オールグッドグレート；https://allgoodgreat.com/list-of-books-written-by-artificial-intelligence/

(15) SF作家がAIを使って9カ月で100冊以上の本を書いた；インディア・タイムズ；https://timesofindia.indiatimes.com/life-style/books/features/tim-boucher-sci-fi-author-writes-over-100-books-in-9-months-using-ai-including-chatgpt-and-midjourney/articleshow/100528872.cms?from=mdr

(16) マイクロソフトAIとプロジェクト・グーテンベルクのおかげで、数千の無料オーディオブックにアクセスする方法；ジーディーネット；https://www.zdnet.com/article/heres-how-to-access-thousands-of-free-audiobooks-thanks-to-microsoft-ai-and-project-gutenberg/

(17) ナレーターの死？　アップルがAI音声のオーディオブック群を発表；ガーディアン；https://www.theguardian.com/technology/2023/jan/04/apple-artificial-intelligence-ai-audiobooks

(18) ポッドキャスター向けの音声翻訳を導入；スポティファイ；https://newsroom.spotify.com/2023-09-25/ai-voice-translation-pilot-lex-fridman-dax-shepard-steven-bartlett/

(19) ロビン・ウィリアムズの娘が、父の声を再現したAIに「個人的に不快感を覚える」と語った；インサイダー；https://www.businessinsider.com/robin-williams-daughter-zelda-disturbing-ai-recreate-voice-2023-10?r=US&IR=T

(20)『エブリシング・エブリウェア・オール・アット・ワンス』：AIが映画制作をどのように革命しているか；メディアム；https://medium.com/@TheTechTrailblazer/everything-everywhere-all-at-once-how-ai-is-revolutionizing-filmmaking-173bf19d32be

(21) AIが映画制作における人間の創造性をどのように高めるか；バラエティ；https://variety.com/vip/how-artificial-intelligence-will-augment-human-creatives-in-film-and-video-production-1235672659/

(22) 生成AIが映画制作に100年ぶりの大変革をもたらしている；テック（Tech）.eu；https://tech.eu/2023/01/23/flawless-brings/

(23) サー・ポール・マッカートニーがAIにより「最後の」ビートルズの曲が実現したと語る；BBCニュース；https://www.bbc.com/news/entertainment-arts-65881813

(24) バーチャルインフルエンサーのヌーヌーリがレコード契約を獲得；フォーブス；https://www.forbes.com/sites/bernardmarr/2023/09/05/virtual-influencer-noonoouri-lands-record-deal-is-she-the-future-of-music/

(25) グライムスが自分の声でAIソングを作るためのプラットフォームを立ち上げた。これがその音；ギズモード；https://gizmodo.com/grimes-elon-musk-openai-ai-music-elf-tech-1850409972

(26) あなたのDJと出会う；スポティファイ；https://newsroom.spotify.com/2023-02-22/spotify-debuts-a-new-ai-dj-right-in-your-pocket/

(27) スポティファイがプロンプトを使用して生成されたAIプレイリストを開発中；TechCrunch；https://techcrunch.com/2023/10/02/spotify-spotted-developing-ai-generated-playlists-created-with-prompts/

(28) スポティファイが数千のAI生成曲を削除；マッシャブル；https://mashable.com/article/spotify-ai-crackdown

(29) オープンレター：生成AIを使用するアーティストが米国議会に席を求める；クリエイティブコモンズ；https://creativecommons.org/about/policy-advocacy-copyright-reform/open-letter-artists-using-generative-ai-demand-seat-at-table-from-us-congress/

（30）AIによって作成されたポートレートが43万2000ドルで売れた。しかし、それは本当にアートなのか？；ガーディアン；https://www.theguardian.com/artanddesign/shortcuts/2018/oct/26/call-that-art-can-a-computer-be-a-painter
（31）グッチがファッションとアートを組み合わせた新しいNFTを発表；ヴォーグビジネス；https://www.voguebusiness.com/technology/new-gucci-nfts-combine-fashion-and-art-using-generative-ai
（32）中国のAIランドスケープ：バイドゥの生成AIによるアートと検索の革新；フォーブス；https://www.forbes.com/sites/bernardmarr/2023/09/27/chinas-ai-landscape-baidus-generative-ai-innovations-in-art-and-search/

**第7章**

（1）AIを活用したマーケティングと営業が生成AIで新たな高みへ；マッキンゼー・アンド・カンパニー；https://www.mckinsey.com/capabilities/growth-marketing-and-sales/our-insights/ai-powered-marketing-and-sales-reach-new-heights-with-generative-ai
（2）AIで創造性を解き放つ：アドビの先駆的生成ツールがEMEAサミット2023で発表；バーナード・マー；https://bernardmarr.com/unleashing-creativity-with-ai-adobes-trailblazing-generative-tools-at-emea-summit-2023/
（3）大企業がAI生成広告を使用する理由はそれが安価だから；ザ・ヴァージ；https://www.theverge.com/2023/8/18/23837273/generative-ai-advertising-oreos-cadbury-watermarking
（4）ファッションブランドが魅力的な画像のためにミッドジャーニーを取り入れる；デザイン＆ビルド社；https://designandbuild.co/insights/fashion-brands-embrace-midjourney-for-captivating-imagery
（5）コカ・コーラがアートと広告に生成AIを利用する驚くべき方法；フォーブス；https://www.forbes.com/sites/bernardmarr/2023/09/08/the-amazing-ways-coca-cola-uses-generative-ai-in-art-and-advertising/

（6）有名ブランドによるトップAI生成広告キャンペーン；デジタルエージェンシーネットワーク；https://digitalagencynetwork.com/top-ai-generated-advertising-campaigns-from-famous-brands/
（7）メタ（フェイスブック）が生成AIを活用する5つの驚くべき方法；バーナード・マー；https://bernardmarr.com/5-amazing-ways-how-meta-facebook-is-using-generative-ai/
（8）セールスフォースがCRM用の世界初の生成AI「Einstein GPT」を発表；セールスフォース；https://www.salesforce.com/uk/news/press-releases/2023/03/07/einstein-generative-ai/
（9）アプリモがアジュールオープンAI DAM統合内で初のチャットGPTを導入し、マーケティング担当者に拡張可能な自動化を提供；マイクロソフト；https://customers.microsoft.com/en-us/story/1647646542947823380-aprimo-professional-services-azure-openai-service
（10）タイプフェイス（Typeface）がアジュールオープンAIサービスを利用して、数秒で魅力的でブランドに合ったマーケティングメッセージを作成；マイクロソフト；https://customers.microsoft.com/en-us/story/1637196302736110361-typeface-professional-services-azure-openai-service
（11）リンクトインがB2Bマーケター向けの生成AIパワードツールを導入；アドウィーク；https://www.adweek.com/brand-marketing/linkedin-generative-ai-powered-tool-b2b-marketers/
（12）フォックスが新しいパートナーシップを通じてAI生成のCMを提供；アドウィーク；https://www.adweek.com/tvspy/fox-stations-to-offer-ai-generated-commercials-through-new-partnership/250658/
（13）ネットフリックスがAI、データサイエンス、機械学習を活用する方法；ミディアム；https://becominghuman.ai/how-netflix-uses-ai-and-machine-learning-a087614630fe
（14）セルフィージェネレーター；バービーセルフィー AI；https://www.

barbieselfie.ai/uk/

(15) 一部の有名人がAIのディープフェイクを受け入れる理由；BBCニュース；https://www.bbc.com/news/business-65995089

(16) トム・ハンクスがディープフェイクによる歯科広告に警告；ボイスボット；https://voicebot.ai/2023/10/02/tom-hanks-warns-of-deepfake-hanks-dental-ad/

(17) プラダが「キャンディ」という名のバーチャルミューズを創造；バーチャルヒューマンズ；https://www.virtualhumans.org/article/prada-creates-first-virtual-muse-candy

(18) ミケーラに会おう：現在1億2500万ドルの価値があるAI（人工インフルエンサー）；ミディアム；https://medium.com/illumination/meet-miquela-the-a-i-artificial-influencer-whos-now-worth-125-million-879e4da7baf0

(19) シュドゥ：ファッション界初のアバター・スーパーモデルか？；WWD；https://wwd.com/eye/people/shudu-digital-fashion-model-avatar-1202683320/

(20) ピクセルパーフェクト：AIファッションモデルの台頭；フォーブス；https://www.forbes.com/sites/bernardmarr/2023/06/07/pixel-perfect-the-rise-of-ai-fashion-models/

(21) シュドゥ・グラムは、白人男性のリアルな黒人女性像のデジタル投影である；ニューヨーカー；https://www.newyorker.com/culture/culture-desk/shudu-gram-is-a-white-mans-digital-projection-of-real-life-black-womanhood

## 第8章

(1)「AIがオクトパス社で200人以上分の業務を担っている」とCEOが発言；シティ（City）AM；https://www.cityam.com/ai-doing-the-work-of-over-200-people-at-octopus-chief-executive-says/

(2) コストセンターから価値創造者へ；アイビーエム・インスティテュ

ート・フォー・ビジネスバリュー；https://www.ibm.com/thought-leadership/institute-business-value/en-us/report/ceo-generative-ai/customer-service

（3）生成AIがすでに顧客サービスをどのように変革しているか；ボストン コンサルティング グループ（BCG）；https://www.bcg.com/publications/2023/how-generative-ai-transforms-customer-service

（4）エア・インディア（Air India）、システム近代化の一環としてチャットGPTを採用；Analytics Insight；https://www.analyticsinsight.net/chatgpt-will-be-used-by-air-india-as-part-of-system-modernization/

（5）戦略的プログレスレポート；BTグループ（BT）；https://www.bt.com/about/annual-reports/2022summary/assets/documents/Strategic_progress_2.pdf

（6）フレディ（Freddy）AIにこんにちは；フレッシュワークス（Freshworks）；https://www.freshworks.com/freddy-ai/

（7）PGAツアーがアマゾン・ウェブ・サービスと提携し、トーナメント中のファンエンゲージメントを向上；コンピュータウィークリー（Computer Weekly）；https://www.computerweekly.com/news/252497159/PGA-Tour-teams-up-with-AWS-to-improve-fan-engagement-during-tournaments

（8）フィンテックと銀行業における生成AIの変革的可能性を探る；メディアム（Medium）；https://medium.com/@seyhunak/exploring-the-transformative-potential-of-generative-ai-in-fintech-and-banking-c01977c33a64

（9）銀行業および金融サービスのための生成AI；メディアム；https://medium.com/@jeevan_6696/generative-ai-for-banking-financial-services-the-next-frontier-c98d5c42ba30#

（10）Visa、ショッピングと支払いの方法を変革するために1億ドルを生成AIに投資；Medium；https://medium.com/@jhakon/visa-invests-100m-in-generative-ai-to-transform-the-way-we-shop-and-pay-4f18dfd9e268

(11) サムスン、家庭用家電にAIを搭載する可能性；テックレーダー（TechRadar）；https://www.techradar.com/computing/artificial-intelligence/samsung-may-be-adding-ai-to-its-home-appliances-im-so-ready-to-chat-to-my-oven
(12) AIは最高の味を提供するだけでなく、故障時における家電の自己修復エラー防止にも役立つ；Miele；https://www.miele.de/en/m/artificial-intelligence-for-best-taste-as-well-as-for-self-help-and-error-prevention-in-case-of-appliance-malfunctions-6669.htm
(13) LG、AIを使用して消費者が家電をより良く使えるようにし、サスティナビリティを向上；フォーブス；https://www.forbes.com/sites/amandalauren/2020/01/20/how-lgs-artificial-intelligence-is-changing-how-consumers-use-appliances-improving-sustainability-and-doing-our-laundry-better/#
(14) グーグルクラウドとコンチネンタル、車に生成AIを搭載；テックワイヤーアジア（Techwire Asia）；https://techwireasia.com/2023/09/how-is-generative-ai-in-cars-making-talking-cars-real/
(15) Mercedes-Benz、車載音声制御にチャットGPTを導入；メルセデス・ベンツグループ（Mercedes-Benz Group）；https://group.mercedes-benz.com/innovation/digitalisation/connectivity/car-voice-control-with-chatgpt.html

## 第9章

(1) 未来のファッション小売業はどうなるのか？；フォーブス；https://www.forbes.com/sites/bernardmarr/2023/07/13/what-will-fashion-retail-look-like-in-the-future/
(2) 未来のファッション小売業はどうなるのか？；フォーブス；https://www.forbes.com/sites/bernardmarr/2023/07/13/what-will-fashion-retail-look-like-in-the-future/
(3) エクスペディアが旅行手配を簡素化するためにチャットGPTを利用

する驚くべき方法；バーナード・マー；https://bernardmarr.com/the-amazing-ways-expedia-is-using-chatgpt-to-simplify-travel-arrangements/

(4) ニューエッグがレビュー分析の混乱から救うためにチャットGPTを搭載した機能を追加；ジーディーネット；https://www.zdnet.com/article/neweggs-ai-review-summary-tool-could-make-shopping-for-electronics-a-little-easier/

(5) アマゾンが顧客レビューを要約するために生成AIを使用；ジーディーネット；https://www.zdnet.com/article/amazon-now-using-generative-ai-to-summarize-customer-reviews/

(6) 販売促進のためにバーチャル試着技術を使用している7つのブランド；スリーキット（ThreeKit）；https://www.threekit.com/blog/7-brands-using-virtual-try-on-boost-sales

(7) 衣類のバーチャル試着：ファッションの未来か？；3Dルック（Look）；https://3dlook.ai/content-hub/virtual-clothing-try-on/

(8) 新しいAIショッピング機能で服をバーチャル試着；グーグル；https://blog.google/products/shopping/ai-virtual-try-on-google-shopping/

(9) ウェイフェア（Wayfair）の生成AIデコリファイでバーチャルショッピング；リテールワイヤー（RetailWire）；https://retailwire.com/discussion/shop-virtually-with-wayfairs-generative-ai-decorify/

(10) 新世代のARスマートミラーがファッション・美容業界にとって魅力的な理由；フォーブス；https://www.forbes.com/sites/stephaniehirschmiller/2023/05/19/how-ar-mirrors-offer-visual-marketing-meets-user-generated-content-for-fashion-and-beauty-retail/

(11) 共同ファッションイノベーション：AIを活用した創造性の解放；メディアム；https://medium.com/@spacerunners/collaborative-fashion-innovation-unlocking-creativity-with-ai-91b424d9e5ba

(12) パーソナライゼーションを正しく行うこと、または誤ることの価値は増大している；マッキンゼー；https://www.mckinsey.com/capabilities/growth-marketing-and-sales/our-insights/the-value-of-getting-

personalization-right-or-wrong-is-multiplying

(13) ニューエッグがチャットGPTを活用してオンラインショッピング体験を向上；ビジネスワイヤー（Business Wire）；https://www.businesswire.com/news/home/20230327005151/en/Newegg-Uses-ChatGPT-to-Improve-Online-Shopping-Experience

(14) カルフール（Carrefour）がオープンAI技術を統合し、生成AIによるショッピング体験を開始；カルフール；https://www.carrefour.com/en/news/2023/carrefour-integrates-openai-technologies-and-launches-generative-ai-powered-shopping

(15) イーベイショップボットベータ（eBay ShopBot Beta）によろしく；イーベイ；https://www.ebayinc.com/stories/news/say-hello-to-ebay-shopbot-beta/

(16) ウォルマート（Walmart）がパーティーの計画やデコレーションを支援する生成AIツールを実験中；TechCrunch；https://techcrunch.com/2023/10/04/walmart-experiments-with-new-generative-ai-tools-that-can-help-you-plan-a-party-or-decorate-a-space/

(17) メルカリ（Mercari）のAI搭載アシスタントがあなたのショッピングをサポート；ジーディーネット；https://www.zdnet.com/article/chatgpt-can-now-help-you-shop-via-mercaris-new-ai-powered-shopping-assistant/

(18) インスタカート（Instacart）がチャットGPTによる新しいアプリ内AI検索ツールを発表；TechCrunch；https://techcrunch.com/2023/05/31/instacart-in-app-ai-search-tool-powered-by-chatgpt/

(19) イーベイの新しいAIツールが写真を基に商品リストを生成；リテールダイブ（Retail Dive）；https://www.retaildive.com/news/ebay-ai-magical-listing-product-descriptions-listings/693185/

(20) ショッピファイマジック；ショッピファイ；https://help.shopify.com/en/manual/shopify-admin/productivity-tools/shopify-magic

(21) アマゾンが出品者のために商品説明を作成する生成AIツールを発

表；テッククランチ；https://techcrunch.com/2023/09/13/amazon-debuts-generative-ai-tools-that-helps-sellers-write-product-descriptions/

(22) ディーゼル（Diesel）のための製品タグ付け；ビュー（Vue）AI；https://vue.ai/resources/case-studies/product-tagging-for-diesel/

(23) サプライサイド：小売業者とサプライヤーにとっての生成AIまたはチャットGPTの次なる聖杯；Talk Business & Politics；https://talkbusiness.net/2023/06/the-supply-side-generative-ai-or-chatgpt-next-holy-grail-for-retailers-suppliers/

(24) マンゴが会話型生成AIプラットフォームを発表；Fashion United；https://fashionunited.uk/news/business/mango-launches-conversational-generative-ai-platform/2023100571951

## 第10章

(1) AI生成AIに関する教育分野での利用について；英国教育省；https://www.gov.uk/government/publications/generative-artificial-intelligence-in-education/generative-artificial-intelligence-ai-in-education#:~:text=Generative % 20AI % 20refers % 20to % 20technology,large% 20language% 20models% 20(% 20LLMs% 20)

(2) 教師たちは生成AIを積極的に活用している；ワイアード；https://www.wired.com/story/teachers-are-going-all-in-on-generative-ai/

(3) Kortext；Kortext；https://www.kortext.com/

(4) AIがエドテックカンファレンスで大きな注目を集める；インサイドハイアー（Inside Higher）Ed；https://www.insidehighered.com/news/tech-innovation/artificial-intelligence/2023/10/12/ai-buzz-dominates-annual-ed-tech-conference

(5) チェグ；チェグ；https://www.chegg.com/

(6) カーンアカデミー；オープンAI；https://openai.com/customer-stories/khan-academy

(7) 新しいAIチャットボットを発表；ユダシティ；https://www.udacity.

com/blog/2023/03/announcing-our-new-ai-chatbot-on-demand-learning-guidance-made-easy.html

（8）クイズレットがAIを活用して学習を容易に――個別指導、自動フラッシュカード、さらには楽曲まで；Fortune；https://fortune.com/education/articles/quizlet-ai-powered-tools-q-chat-magic-notes-quick-summary-gpt/

（9）DuolingoがAIとGPT-4を活用する驚異的な方法；フォーブス；https://www.forbes.com/sites/bernardmarr/2023/04/28/the-amazing-ways-duolingo-is-using-ai-and-gpt-4/

（10）「見過ごすことはできない」：学校が大学入試における生成AIの使用に関するガイドラインに取り組む；KQED；https://www.kqed.org/news/11964259/we-cant-pretend-it-away-schools-grapple-with-guidelines-for-using-generative-ai-on-college-applications#:~:text=The % 20California % 20Department % 20of % 20Education,broader % 20lessons % 20in % 20media% 20literacy.

（11）ユネスコ（UNESCO）：各国政府は学校での生成AIの規制を早急に進めなければならない；ユネスコ；https://www.unesco.org/en/articles/unesco-governments-must-quickly-regulate-generative-ai-schools

（12）ニューヨーク市の学校がAI専門家と協力してAI政策ラボを立ち上げる；Government Technology；https://www.govtech.com/education/k-12/nyc-schools-working-with-experts-to-launch-ai-policy-lab

（13）アプリケーション詐欺；コモンアプリケーション；https://www.commonapp.org/files/Common-App-Fraud-Policy.pdf

（14）教育省のAIによる業務負担軽減試験に教師が参加；TESマガジン（Magazine）；https://www.tes.com/magazine/news/general/artificial-intelligence-reduce-teacher-workload-government-trial

（15）英国の大学が生成AIに関する指針を策定；ガーディアン；https://www.theguardian.com/technology/2023/jul/04/uk-universities-draw-up-guiding-principles-on-generative-ai

## 第11章

(1) エイダについて；エイダ；https://ada.com/about/

(2) 生成AIは救急外来における迅速かつ正確な胸部X線画像解釈の未来か？；ニュースメディカル・ライフサイエンス（News Medical Life Sciences）；https://www.news-medical.net/news/20231008/Is-generative-AI-the-future-of-rapid-and-accurate-chest-radiograph-interpretation-in-the-ER.aspx

(3) 機械学習アルゴリズムに基づく皮膚病変のトリアージを行うスマートフォンアプリケーションの精度；欧州皮膚科学・性病学アカデミー誌；https://onlinelibrary.wiley.com/doi/10.1111/jdv.15935

(4) 新しい生成AIネイティブのヘルス企業リズムエックス AI、医師が適切な患者に適切なタイミングでハイパーパーソナライズされたケアを提供するための精密ケアプラットフォームを発表；PRニュースワイヤー；https://www.prnewswire.com/news-releases/new-generative-ai-native-health-company-rhythmx-ai-announces-precision-care-platform-for-doctors-to-deliver-hyper-personalized-care-to-the-right-patient-at-the-right-time-301947898.html

(5) ヘルスケア向け会話型AI；ハイロ；https://www.hyro.ai/healthcare/

(6) ネクストジェン・ヘルスケア、AIによる記録作成プロダクトを発表；ヘルスケア・ダイブ（Healthcare Dive）；https://www.healthcaredive.com/news/nextgen-healthcare-generative-ai-clinical-documentation-ambient-assist/696029/

(7) またもや、医師に対する電子カルテの負担を強調する研究を発表；ヘルスケア・ダイブ；https://www.healthcaredive.com/news/another-study-highlights-ehr-burden-on-physicians/504805/

(8) 試験運用では、生成AIがバプティストヘルス病院での臨床文書作成時間を短縮することが期待される；ヘルスケアITニュース（Healthcare IT news）；https://www.healthcareitnews.com/news/generative-

ai-reduces-clinical-documentation-time-baptist-health
(9) グーグルクラウド、ヘルスケア向けの新しい生成AI機能を発表；フォーブス；https://www.forbes.com/sites/saibala/2023/10/09/google-cloud-launches-new-healthcare-generative-ai-features/?sh=3de773ac7e5b
(10) ウイルスのアウトブレイクを予測するAIツール；ハーバード医科大学；https://hms.harvard.edu/news/ai-tool-can-help-forecast-viral-outbreaks
(11) 医療人材；WHO；https://www.who.int/health-topics/health-workforce#tab=tab_1
(12) 新しい米国医科大学協会（AAMC）レポートが医師不足の拡大を強調；米国医科大学協会；https://www.aamc.org/news/press-releases/new-aamc-report-confirms-growing-physician-shortage#:~:text=According%20to%20new%20data%20published,and%20specialty%20care%2C%20by%202033
(13) イングランドのNHS待機リスト、記録的な775万人に達する；BBCニュース；https://www.bbc.com/news/health-67087906
(14) ユニバーサル・ヘルス・カバレッジ；WHO；https://www.who.int/news-room/fact-sheets/detail/universal-health-coverage-(uhc)
(15) 医療とヘルスケアにおける生成AI：約束、機会、そして課題；フューチャーインターネット（Future Internet）；https://www.mdpi.com/1999-5903/15/9/286

## 第12章

(1) 生成AIは、今後5～10年の間にビデオゲーム開発の半分以上に貢献する見込みである；ベイン・アンド・カンパニー（Bain & Company）；https://www.bain.com/about/media-center/press-releases/2023/generative-ai-will-contribute-to-more-than-half-of-video-game-development-within-next-5-to-10-years-finds-bain--company/
(2) 生成AIがゲームの風景を革命的に変えている；テックワイヤー；

https://techwireasia.com/2023/06/gaming-ai-revolutionizing-generative-landscape-for-developers-and-gamers/

(3) ゴーストワイヤー AIツールの紹介；テックワイヤー；https://news.ubisoft.com/en-us/article/7Cm07zbBGy4Xml6WgYi25d/the-convergence-of-ai-and-creativity-introducing-ghostwriter

(4)『アサシン クリード』の開発者が、「AIは今後のAAAタイトルにおいて『避けられない』と述べている；ファンダム・ワイアー（Fandom Wire）；https://fandomwire.com/assassins-creed-developer-ai-unavoidable-aaa-titles/

(5)『ロード・オブ・ザ・フォールン』の開発者が開発中に生成AIを活用した；クリエイティブブロック（Creative Bloq）；https://www.creativebloq.com/features/lords-of-the-fallen-created-using-gen-AI

(6) このビデオゲームは、チャットGPT- 4とAIイメージングツールを使用して完全に作成された；オーガストマン（Augustman）；https://www.augustman.com/my/gear/gaming/chatgpt-game-like-angry-birds-made-using-ai-tools/

(7) 生成AIが古典的なコンピュータゲームに新たな命を吹き込んでいる；フォーブス；https://www.forbes.com/sites/bernardmarr/2023/09/22/generative-ai-is-breathing-new-life-into-classic-computer-games/

(8) 生成AIがゲーム開発を永遠に変える；アナリティクスインディア（Analytics India）；https://analyticsindiamag.com/generative-ai-will-change-game-dev-forever/

(9) 新しいAIツールが3Dアニメーションのゲームチェンジャーになる可能性；クリエイティブブロック；https://www.creativebloq.com/news/anything-world-animate-anything-ai

(10) この生成AIモデルがゲーム業界を変革する；クリプトポリタン（Cryptopolitan）；https://www.cryptopolitan.com/generative-ai-can-transform-gaming-industry/

(11) Auctoriaが生成AIを使用してビデオゲームモデルを作成；テックク

ランチ；https://techcrunch.com/2023/09/20/auctoria-uses-generative-ai-to-create-video-game-models/

(12) マイクロソフトがAIキャラクターをXboxに導入；ザ・ヴァージ；https://www.theverge.com/2023/11/6/23948454/microsoft-xbox-generative-ai-developer-tools-inworld-partnership

(13) グーグルクラウドがベトナムのトップゲーム開発者と戦略的パートナーシップを形成；データセンターニュース（Data Center News）；https://datacenternews.asia/story/google-cloud-forms-strategic-partnerships-with-vietnam-s-top-game-devs

(14) 生成AIがエヌビディアエースフォーゲームス（NVIDIA ACE for Games）でバーチャルキャラクターに命を吹き込む；エヌビディア；https://developer.nvidia.com/blog/generative-ai-sparks-life-into-virtual-characters-with-ace-for-games/

(15) XboxのCFOがゲームコンテンツ、ビジネスモデル、生成AIについて語る；MIT；https://mitsloan.mit.edu/ideas-made-to-matter/xbox-cfo-gaming-content-business-models-and-generative-ai

(16) 業界のベテランたちがジャム＆ティースタジオを設立し、生成AIを使用してマルチプレイRPGを制作；Game Developer；https://www.gamedeveloper.com/business/industry-vets-form-jam-tea-studios-to-build-multiplayer-rpg-using-generative-ai

(17) パードラボが1500万ドルを調達し、プレイヤーがAIツールでアニメゲームを作成できるようにする；デクリプト（Decrypt）；https://decrypt.co/155895/pahdo-labs-raises-15-million-players-make-anime-games-ai-tools

## 第13章

(1) ３分の２の大手法律事務所が生成AIを研究中；リーガルフューチャーズ（Legal Futures）；https://www.legalfutures.co.uk/latest-news/two-thirds-of-large-law-firms-researching-generative-ai

（2）60％の社内弁護士が法律事務所に生成AIの利用を期待している；リーガルダイブ（Legal Dive）；https://www.legaldive.com/news/law-firms-generative-ai-use-cases-lexisnexis-ai-survey/691913/
（3）生成AI：法的革命はやがて訪れる；フィナンシャルタイムズ（FT）；https://www.ft.com/content/0f36eb4e-b90f-4ffe-befc-daf01829c182
（4）生成AIがカリフォルニア・イノセンス・プロジェクトで冤罪と戦うためにどのように使用されているか；フォーブス；https://www.forbes.com/sites/bernardmarr/2023/10/06/how-generative-ai-is-used-to-fight-miscarriages-of-justice-at-the-california-innocence-project/
（5）ケーステクスト（Casetext）、「コカウンセル（CoCounsel）」を発表。オープンAI技術による画期的なAI法務アシスタント；PR ニュースワイヤー；https://www.prnewswire.com/news-releases/casetext-unveils-cocounsel-the-groundbreaking-ai-legal-assistant-powered-by-openai-technology-301759255.html
（6）デントンズ（Dentons）、チャットGPTのクライアント向けセキュリティ強化版を発表；デントンズ；https://www.dentons.com/en/about-dentons/news-events-and-awards/news/2023/august/dentons-to-launch-client-secure-version-of-chatgpt
（7）レクシスネクシス（LexisNexis）、生成AIプラットフォームを発表；ABA ジャーナル（Journal）；https://www.abajournal.com/web/article/lexisnexis-announces-new-generative-ai-platform-lexis-ai
（8）英国の法律事務所、法務AIスタートアップのハーベイと提携；ロイター；https://www.reuters.com/legal/transactional/uk-law-firm-is-latest-partner-with-legal-ai-startup-harvey-2023-09-21/
（9）AI @ Thomson Reuters；トムソンロイター；https://www.thomsonreuters.com/en/artificial-intelligence.html
（10）ドキュメント・インテリジェンス；トムソン・ロイター；https://legal.thomsonreuters.com/en/products/document-intelligence

## 第14章

(1) AIの新薬発見のポテンシャルを加速するには現実的な見直しが必要である；ネイチャー（Nature）；https://www.nature.com/articles/d41586-023-03172-6
(2) 生成AIが医療と新薬発見を革命的に変える方法；バーナード・マー、ユーチューブ；https://www.youtube.com/watch?v=dIOBS-T0Z-g
(3) 生成AIとゲノム：LLMがCOVID変異株の特性を予測；エヌビディア；https://blogs.nvidia.com/blog/generative-ai-covid-genome-sequences/
(4) リガージョンが36億化合物にわたる大規模なタンパク質—リガンド相互作用予測で、タンパク質と化学空間を結びつける；リガージョン；https://ir.recursion.com/news-releases/news-release-details/recursion-bridges-protein-and-chemical-space-massive-protein
(5) クイックキュア：インシリコ・メディシンが生成AIを使って新薬発見を加速させる方法；エヌビディア；https://blogs.nvidia.com/blog/insilico-medicine-uses-generative-ai-to-accelerate-drug-discovery/
(6) AI生成の新しいCOVID薬が第I相臨床試験に進む：全変異株に対して効果的；フォックスニュース；https://www.foxnews.com/health/new-ai-generated-covid-drug-enters-phase-i-clinical-trials-effective-variants
(7) アディソン（Aiddison）：生成AIを活用して新薬発見を革命化する；メルク；https://www.merckgroup.com/en/research/science-space/envisioning-tomorrow/future-of-scientific-work/aiddison.html
(8) 生成AIが次世代の免疫療法を推進するかもしれない；オムニアヘルス（Omnia Health）；https://insights.omnia-health.com/technology/gen-ai-may-power-next-generation-immunotherapies
(9) デルがリムリック大学と提携し、癌研究のためのAIプラットフォームを開発；ウインドウズセントラル（Windows Central）；https://www.windowscentral.com/hardware/dell/dell-university-of-limerick-ai-for-cancer-research
(10) グーグルディープマインドが7100万の「ミスセンス」変異の影響

を分類する新しいAIツールを発表；マーケットテックポスト（Market Tech Post）；https://www.marktechpost.com/2023/09/23/google-deepmind-introduces-a-new-ai-tool-that-classifies-the-effects-of-71-million-missense-mutations/
（11）AIがわずか6時間で4万の新しい化学兵器を提案；ザ・ヴァージ；https://www.theverge.com/2022/3/17/22983197/ai-new-possible-chemical-weapons-generative-models-vx
（12）ジェネレーティブデザインの4つの実例；アーキスター（Archistar）；https://www.archistar.ai/blog/4-examples-of-generative-design-in-action/
（13）オートデスクのジェネレーティブデザイン：AIを通じてデザインを最適化する；ダイレクトインダストリー（Direct Industry）；https://emag.directindustry.com/2023/03/15/autodesks-generative-design-optimizing-design-through-ai/
（14）マイクロソフトとシーメンスが製造業向け生成AIアシスタントを導入に向けて提携；インベストペディア（Investopedia）；https://www.investopedia.com/microsoft-and-siemens-team-up-to-introduce-a-genai-assistant-for-manufacturing-8384823
（15）テクノロジーがあなたをティファニーに変える可能性；ニューヨーク・タイムズ；https://www.nytimes.com/2021/04/23/fashion/jewelry-technology-augmented-reality.html
（16）テクノロジーがあなたをティファニーに変える可能性；ニューヨーク・タイムズ；https://www.nytimes.com/2021/04/23/fashion/jewelry-technology-augmented-reality.html
（17）ナイキがアルゴリズムを使用して最新のランニングシューズをデザインした方法；ワイアード；https://www.wired.co.uk/article/nike-epic-react-flyknit-price-new-shoe
（18）ファシャブルがアジュール マシンラーニング（Azure Machine Learning）とパイトーチ（Pytorch）を用いてファッションデザインの未来を再構築する；マイクロソフト；https://customers.microsoft.com/

en-us/story/1558909662014453187-fashable-retail-azure
(19) トヨタの研究所が車両デザインを加速する新しいAI技術を開発；トヨタ；https://media.toyota.co.uk/toyota-research-institute-develops-new-ai-technique-with-potential-to-help-speed-up-vehicle-design/
(20) 生成AIがどのようにEVバッテリーの開発に浸透しているか；テッククランチ；https://techcrunch.com/2023/10/14/how-generative-ai-is-creeping-into-ev-battery-development

## 第15章

(1) 生成AIの経済的可能性：次の生産性のフロンティア；マッキンゼー・アンド・カンパニー；https://www.mckinsey.com/capabilities/mckinsey-digital/our-insights/the-economic-potential-of-generative-ai-the-next-productivity-frontier
(2) 金融における生成AI：リスク考慮事項；国際通貨基金（IMF）；https://www.imf.org/en/Publications/fintech-notes/Issues/2023/08/18/Generative-Artificial-Intelligence-in-Finance-Risk-Considerations-537570
(3) ナットウエスト（NatWest）とIBMが協力し、生成AIを活用して顧客体験を向上させる取り組みを開始；PRニュースワイヤー；https://www.prnewswire.com/news-releases/natwest-and-ibm-collaborate-on-generative-ai-initiative-to-enhance-customer-experience-301977636.html
(4) 銀行を革新する：未来を形作るAIの役割；ザウヤ（Zawya）；https://www.zawya.com/en/opinion/business-insights/revolutionising-banking-the-role-of-ai-in-shaping-the-future-x5p6syun
(5) スクエア（Square）の新しいAI機能にはウェブサイトとレストランメニューのジェネレーターが含まれる；テッククランチ；https://techcrunch.com/2023/10/18/squares-new-ai-features-include-a-website-and-restaurant-menu-generator/
(6) ネイションワイド（Nationwide）生成AIを活用してビジネスラインの革新を進める；コロンバスビジネスファーストジャーナル；https://

www.bizjournals.com/columbus/news/2023/10/30/nationwide-s-innovation-with-generative-ai.html
(7) 中国の銀行がAIの波に乗ってコスト削減を図る；日経アジア；https://asia.nikkei.com/Spotlight/Caixin/Chinese-banks-jump-on-AI-bandwagon-to-cut-costs
(8) キーバンクが内部で生成AIを導入；バンクオートメーションニュース；https://bankautomationnews.com/allposts/ai/keybank-implements-gen-ai-internally/
(9) HSBCが「数百」の生成AIの潜在的なユースケースを持つ；CNBCテレビネットワーク；https://www.cnbc.com/video/2023/11/03/hsbc-has-a-few-hundred-potential-use-cases-for-generative-ai-hk-ceo.html
(10) 資産管理会社が生成AIの恩恵を受ける；マーケッツメディア；https://www.marketsmedia.com/asset-managers-benefit-from-adopting-generative-ai/
(11) モルガン・スタンレーが金融アドバイザーを助けるためにGPTをトレーニングする方法；フォーブス；https://www.forbes.com/sites/tomdavenport/2023/03/20/how-morgan-stanley-is-training-gpt-to-help-financial-advisors/
(12) ムーディーズとグーグルクラウドが金融サービス専門家向けの生成AIアプリケーションで提携；PRニュースワイヤー；https://www.prnewswire.com/news-releases/moodys-and-google-cloud-partner-on-generative-ai-applications-tailored-for-financial-services-professionals-301964682.html
(13) 決済業界における9つの新しいAIの動き；アメリカンバンカー；https://www.americanbanker.com/payments/list/9-new-ai-moves-in-the-payments-industry
(14) ストライプ（Stripe）がGPT-4を使用して不正対策を行う方法；フリーシンク；https://www.freethink.com/robots-ai/stripe-gpt4
(15) ストライプとオープンAIが提携、オープンAIの主要製品を収益化

し、GPT-4でストライプを強化；ストライプ；https://stripe.com/en-bg/newsroom/news/stripe-and-openai

(16) イントゥイットアシスト（Intuit Assist）が中小企業と消費者向けポートフォリオに生成AIをもたらす；フォーブス；https://www.forbes.com/sites/patrickmoorhead/2023/09/11/intuit-assist-brings-generative-ai-to-small-business-and-consumer-portfolio/?sh=7f6a414d29dd

(17) ネットスイートがERPパッケージ全体に生成AIを追加；CIO；https://www.cio.com/article/655912/netsuite-adds-generative-ai-to-its-entire-erp-suite.html

## 第16章

(1) コーディングアカデミーはAI時代に生き残ることができるか？；ファストカンパニー（Fast Company）；https://www.fastcompany.com/90931184/can-coding-academies-survive-the-ai-era

(2) AIは開発者のコーディングエラーを事故が起こる前に予測し修正することを目指す；ジーディーネット；https://www.zdnet.com/article/ai-aims-to-predict-and-fix-developer-coding-errors-before-disaster-strikes/

(3) AIはプログラミングを排除することはないが、より良くすることができる；インサイドビッグデータ（Inside Big Data）；https://insidebigdata.com/2023/11/13/ai-wont-eliminate-programming-but-can-make-it-better/

(4) 生成AIが開発者の生産性を向上させる方法；ニュースタック（The New Stack）；https://thenewstack.io/how-generative-ai-can-increase-developer-productivity-now/

(5) 調査が示す開発者体験におけるAIの影響；ギットハブ；https://github.blog/2023-06-13-survey-reveals-ais-impact-on-the-developer-experience/

(6) ソフトウェア会社のCEOは、チャットGPTを使用することでコーディングタスクの完了にかかる時間が約9週間から数日間に短縮される

と述べている；Business Insider；https://www.businessinsider.com/chatgpt-coding-openai-ceo-save-time-ai-jobs-software-2023-5?r=US&IR=T

(7) AIとコーディング：これらのテクノロジー企業が生成AIをプログラミングにどのように活用しているか；ギークワイヤー（Geek Wire）；https://www.geekwire.com/2023/ai-and-coding-how-seattle-tech-companies-are-using-generative-ai-for-programming/

(8) ラリー・エリソンがオラクルの生成AI戦略を概説；オラクル；https://www.oracle.com/artificial-intelligence/larry-ellison-cloudworld-genai-strategy/

(9) DEWA（Dubai Electricity and Water Authority）はデジタルトランスフォーメーションを推進するために新しいマイクロソフト生成AIツールを導入；ザウヤ；https://www.zawya.com/en/business/technology-and-telecom/dewa-adopts-new-microsoft-generative-ai-tool-to-drive-digital-transformation-yh60rr4j

(10) AIとコーディング：これらのテクノロジー企業が生成AIをプログラミングにどのように活用しているか；ギークワイヤー；https://www.geekwire.com/2023/ai-and-coding-how-seattle-tech-companies-are-using-generative-ai-for-programming/

(11) すべての企業が来年AIへの支出を増加させる計画を立てている；ジーディーネット；https://www.zdnet.com/article/every-enterprise-plans-to-increase-ai-spending-next-year/

## 第17章

(1) 意思決定のジレンマ：より多くのデータが不安と意思決定の麻痺を引き起こす；バーナード・マー；https://bernardmarr.com/the-decision-dilemma-how-more-data-causes-anxiety-and-decision-paralysis/

(2) 意思決定のジレンマ：より多くのデータが不安と意思決定の麻痺を引き起こす；バーナード・マー；https://bernardmarr.com/the-decision-dilemma-how-more-data-causes-anxiety-and-decision-paralysis/

(3) データリテラシー；タブロー；https://www.tableau.com/why-tableau/data-literacy
(4) AIがリーダーにプレッシャーの下でより良い意思決定を行う手助けをする方法；ハーバード・ビジネス・レビュー；https://hbr.org/2023/10/how-ai-can-help-leaders-make-better-decisions-under-pressure
(5) ジェットブルー航空がAIとLLMを活用して「世界で最もデータドリブンの航空会社」となる方法；コンステレーション・リサーチ；https://www.constellationr.com/blog-news/insights/how-jetblue-leveraging-ai-llms-be-most-data-driven-airline-world
(6) ビジネス情報分析とデータ分析における生成AIの5つの主要な利用法；ハッカーヌーン；https://hackernoon.com/5-main-uses-of-generative-ai-in-business-intelligence-and-data-analytics
(7) マイクロソフトファブリック（Microsoft Fabric）とマイクロソフトパワービーアイにおけるコパイロットの導入；マイクロソフト；https://powerbi.microsoft.com/en-us/blog/introducing-microsoft-fabric-and-copilot-in-microsoft-power-bi/
(8) テラデータがask.aiを発表、バンテージクラウドレイク（Vantage Cloud Lake）に生成AI機能を追加；ビジネスワイヤー；https://www.businesswire.com/news/home/20230911090555/en/Teradata-Launches-ask.ai-Brings-Generative-AI-Capabilities-to-VantageCloud-Lake
(9) クリックで生成AIを体験する；クリック；https://www.qlik.com/blog/experience-generative-ai-with-qlik
(10) タブロー AIによってタブローパルスがデータ体験を再構築する方法；タブロー；https://www.tableau.com/blog/tableau-pulse-and-tableau-ai
(11) オラクルがクラウドワールド（CloudWorld）2023で生成AIトレンドに再注力；フォーブス；https://www.forbes.com/sites/danielnewman/2023/10/03/oracle-doubles-down-on-generative-ai-trend-at-cloudworld-2023/?sh=5ccf33364acf
(12) アルタリクスがノーコードAIスタジオを発表、生成AIアプリケー

ションの開発を簡素化；シリコンアングル；https://siliconangle.com/2023/10/05/alteryx-launches-no-code-ai-studio-simplify-development-generative-ai-applications/
（13）マイクロストラテジー AIの導入：信頼できるデータに基づく生成AI；ビジネスワイヤー；https://www.businesswire.com/news/home/20231003746515/en/Introducing-MicroStrategy-AI-Generative-AI-on-Trusted-Data
（14）あなたのデータについて何でも聞ける；キネティカ；https://www.kinetica.com/blog/sqlgpt-ask-anything-of-your-data/
（15）スノーフレーク（Snowflake）のコーテックス（Cortex）がそのデータクラウドプラットフォームに生成AIを導入；インフォワールド；https://www.infoworld.com/article/3709518/snowflake-s-cortex-to-bring-generative-ai-to-its-data-cloud-platform.html
（16）アッキオ（Akkio）が生成レポートを発表し、データを即座に意思決定に変える；Akkio；https://www.akkio.com/press-release/akkio-launches-generative-reports

## 第18章

（1）生成AI：あなたの成功を決定するマインドセットの違い；フォーブス；https://www.forbes.com/sites/bernardmarr/2023/11/13/generative-ai-the-mindset-divide-that-will-determine-your-success/
（2）リアルタイムデータの活用方法：主要な事例とユースケース；バーナード・マー；https://bernardmarr.com/how-to-use-real-time-data-key-examples-and-use-cases/

## 第19章

（1）ダリ スリーがAI画像生成の次なるレベルへ進む可能性；デジタルトレンド（Digital Trends）；https://www.digitaltrends.com/computing/dall-e-3-testing-leaked-revealing-interesting-new-text-features/

(2) 新しいチャットGPTは『見る』ことができ、『話す』こともできる。使ってみた感想；ニューヨークタイムズ；https://www.nytimes.com/2023/09/27/technology/new-chatgpt-can-see-hear.html

(3) ディープマインドの共同創設者：生成AIはただの途中段階に過ぎない。次に来るのはインタラクティブAIだ；テクノロジーレビュー（Technology Review）；https://www.technologyreview.com/2023/09/15/1079624/deepmind-inflection-generative-ai-whats-next-mustafa-suleyman/

(4) エヌビディアが生成AIをロボットに導入する；eWeek；https://www.eweek.com/artificial-intelligence/generative-ai-robots-nvidia/

(5) 2024年の有権者を支援するために、メタはAI生成イメージを使用した政治広告にラベルを付け始めると発表；APニュース（News）；https://apnews.com/article/meta-facebook-instagram-political-ads-deepfakes-2024-c4aec653d5043a09b1c78b4fb5dcd79b

(6) 2024年の有権者を支援するために、メタはAI生成イメージを使用した政治広告にラベルを付け始めると発表；APニュース；https://apnews.com/article/meta-facebook-instagram-political-ads-deepfakes-2024-c4aec653d5043a09b1c78b4fb5dcd79b